# Inhalt

# Vorwort

Aller Anfang fiel auf einen Wochenendtag im August des Jahres 2003 – in Deutschland war es unerträglich heiß und Bedrückendes hing für Pädagogen und Eltern schulpflichtiger Kinder in der Luft: Die erste Vergleichsstudie PISA im Auftrag der OECD hatte ein unterdurchschnittliches Abschneiden deutscher 15-Jähriger im internationalen Vergleich erbracht. Schnell entstand daraus eine Debatte über die Unzulänglichkeiten an deutschen Schulen. Pädagogen, die sich an der öffentlichen PISA-Debatte beteiligten, bemühten sich um eine Versachlichung der Debatte, indem sie die Aufmerksamkeit auf die Frage der schwerpunktmäßig untersuchten Lesekompetenz lenkten – mithin auf die Frage, wie es möglich sei, Lesemotivation und Lesekompetenz bei Jugendlichen zu fördern.

**Ein „pädagogischer Schatz" aus dem Goldgräberland Kalifornien**
An jenem Wochenendtag lockte mich die Kühle meines privaten Arbeitszimmers an den PC. Wie schon manches Mal zuvor galt meine Internet-Recherche internationalen Modellen der Lese- und Sprachförderung für die Sekundarstufe. Solcherlei Neugierde leitete sich aus meiner Tätigkeit im Projekt „Lese- und Sprachförderung" des Hessischen Landesinstituts für Pädagogik (HeLP; jetzt Amt für Lehrerbildung) ab. Das Internet ist bekanntlich ohne Anfang und ohne Ende. Doch ein Satz, der sich auf meinen Bildschirm geschoben hatte, ließ mich bei meinen Recherchen dieses Tages innehalten: *„If Johnny can't read in class 9 it's not too late."* („Wenn Johnny in der 9. Klasse nicht lesen kann, ist es nicht zu spät.") Diese Verheißung hatte etwas verblüffend Optimistisches an sich, das mich nicht mehr los ließ.

Gewissermaßen als „pädagogische Schatzsucherin" war ich auf die in Deutschland gänzlich unbekannte Förderinitiative *Reading Apprenticeship* („Leseausbildung") gestoßen. Es handelt sich dabei um ein Projekt des kalifornischen Schulforschungs- und Entwicklungsinstituts *WestEd* unter der Leitung von Ruth Schoenbach und Dr. Cynthia Greenleaf. Nach dem Studium der Online-Präsentation des Projekts konnte ich mir bereits ein recht gutes Bild machen: *Reading Apprenticeship* stellte sich dar als eine ganz und gar *praktisch* ausgerichtete Leseausbildung nach Art einer handwerklichen Lehre, welche so genannte „Leselehrlinge" zu „Lesemeistern" werden lässt. Das Konzept erwies sich zudem als überraschend pragmatisch im

Ansatz. Es ging nicht (negativ) um die bohrende Analyse von Defiziten in der Lesekompetenz Jugendlicher, sondern (positiv) um die tatkräftige Ausrichtung auf Ziele. Das alles klang so ganz anders als viele deutsche Reaktionen auf die PISA-Studie und setzte einen erfreulichen Kontrapunkt zu dem verbreiteten *„Starren auf die Defizite"*, wie es die Vorsitzende der *Deutschen Gesellschaft für Lesen und Schreiben,* Prof. Renate Valtin, einmal formuliert hat.

Die Botschaft der Amerikaner war schlicht und einprägsam zugleich. Sie lautete: *„Lesen lässt sich wie ein Handwerk erlernen!"* Wenn das stimmt, dachte ich, sollten sich daraus auch für die schulische Praxis in Deutschland positive Handlungsperspektiven ableiten lassen, auch und gerade für solche Jugendliche, deren Schul- und Berufserfolg wegen mangelnder Lesekompetenz in Frage steht. Diese nicht zu übersehende Gruppe macht etwa ein Viertel deutscher Schüler und Schülerinnen in weiterführenden Schulen aus. Leseschwache finden sich in erster Linie in der Hauptschule. Aber auch in der Realschule und auf dem Gymnasium haben Lernende oftmals ihre liebe Not mit anspruchsvolleren Fachtexten. An negativen Schulkarrieren ist abzulesen, dass Schulabbrecher insbesondere an unzureichendem Lesen und Lernen aus Texten scheitern. Wie vielen meiner Kolleginnen und Kollegen ist mir die Problematik leseschwacher oder -unwilliger Jugendlicher aus eigener langjähriger Unterrichtspraxis in *allen* Schulformen der Sekundarstufe vertraut. Ich denke dabei zum Beispiel an eine Sechstklässlerin ukrainischer Herkunft, die schriftliche Arbeitsanweisungen in Sozialkunde nicht umsetzen kann, einen Wiederholer aus der 8. Jahrgangsstufe, der erklärt, Lesen sei nicht *„sein Ding"*, oder einen Zwölftklässler, der einräumen muss, er habe die Lektüre zwar gelesen, wisse aber nach wie vor nicht, worum es dabei inhaltlich gehe. Sie alle lassen uns Lehrer oftmals schier verzweifeln oder fordern doch all unseren methodisch-didaktischen Einfallsreichtum heraus.

Vor diesem Hintergrund rate ich jedem Kollegen und jeder Kollegin, es mir nachzutun und mehr als einen Blick auf das Konzept der Leseausbildung zu werfen. Das Projekt um die Wissenschaftlerinnen Schoenbach und Greenleaf besticht durch

- seinen hohen Erfolgsgrad, überzeugend nachvollziehbar am Kompetenz- und Motivationszuwachs der nach diesem Ansatz unterrichteten Jugendlichen, denen innerhalb von sieben Monaten ein Leistungssprung im Lesen von mehr als zwei Schuljahren gelang,
- seinen konsequent auf *alle* sprachbasierten Fächer und jeweils die *gesamte* Lerngruppe bezogenen Förderansatz,
- die anschauliche Dokumentation des Projekts, die das Vorgehen in allen einzelnen Arbeitsschritten nachvollziehbar macht.

Nach ersten Kontakten zur kalifornischen Projektgruppe stellten sich mir zwei Fragen:
1. Ist die in Kalifornien entwickelte Leseausbildung auf deutsche Verhältnisse übertragbar?
2. Was begründet den durchschlagenden Erfolg der Amerikaner?

Zu 1.: Drei Gründe sprechen aus meiner Sicht für die Erprobung an deutschen Schulen.

*Die deutsche Ausgangslage entspricht derjenigen in Kalifornien vor zehn Jahren.* Das, was die Situation an deutschen Schulen im Jahr 2005 ausmacht, nämlich Schülerinnen und (vornehmlich) Schüler in der Sekundarstufe, die weder gerne noch bedeutungsaufbauend lesen, und Lehrer, die angesichts der in Lehrplänen, Standards und zentralen Tests festgeschriebenen Anforderungen an diese Jugendlichen engagiert nach Lösungen suchen, entspricht den Ausgangsbedingungen, wie sie in der Millionenstadt San Francisco vor Beginn der Projektarbeit im Jahre 1995 zutreffend waren. Damals begab sich ein Team von Lehrern und Lehrerinnen verschiedener Fächer zusammen mit Schoenbach und Greenleaf am Wochenende regelmäßig in Klausur.

Sie wollten herausfinden, wie sie die 14- bis 17-Jährigen an ihrer Schule, der *Thurgood Marshall High School* mit mathematisch-naturwissenschaftlichem Schwerpunkt, „an die Texte" bekommen konnten. Viele dieser Schülerinnen und Schüler hatten bereits eine belastete Schulkarriere hinter sich, entstammten bildungsfernen Elternhäusern oder wiesen einen Migrationshintergrund mit je eigener Muttersprache auf. In den USA umfasst die Middle School zumeist die Klassen 6 bis 8 (11- bis 13-Jährige); die High School durchlaufen 14- bis 17-jährige Schüler in der 9. bis 12. Klasse.

*In den USA wie in Deutschland wurde das weiterführende Lesen vernachlässigt.* Bis in die jüngste Zeit gingen Unterrichtende in aller Regel davon aus, dass Jugendliche das Lesen als eine zu beherrschende Kompetenz in die Sekundarstufe bereits mitbringen. Deshalb wurde Lesen gemeinhin als Voraussetzung, nicht als Ziel des Lernens in weiterführenden Schulen betrachtet.

Die kalifornische Projektgruppe hatte diesen Irrtum erkannt und daraus Konsequenzen gezogen. Dabei lautete ihr Credo, dass es für die Jugendlichen niemals zu spät ist, Versäumtes nachzuholen. Allerdings hatten ihre ersten Untersuchungen ergeben, dass verkürzte Fördermaßnahmen wie Unterweisung im Dekodieren, d. h. im Erarbeiten einzelner Wörter, nicht ausreichend sind.

*Flüssiges verstehendes Lesen muss in der Sekundarstufe als komplexer Problemlöseprozess vermittelt werden.* Die Kalifornier sind davon überzeugt, dass alle gedanklichen Aktivitäten und Routinen, die den guten Leser ausmachen, prinzipiell darstellbar und lehrbar sind, zumal dann, wenn gleichzeitig die Lese-Ausdauer durch ein breites Spektrum eigenständig erarbeiteter Texte immer weiterentwickelt wird.

Die Pilotstudie, die sie im Schuljahr 1996/97 in der gesamten Jahrgangsstufe 9 der Thurgood Marshall High School durchführten, gab ihnen ebenso Recht wie nachfolgende Kontrollstudien. Die Jugendlichen veränderten ihre Einstellung zum Lesen innerhalb eines Zeitraumes von nur sieben Monaten grundlegend. Außerdem erreichten die Schüler einen durchschnittlichen Zuwachs an Lesekompetenz von mehr als zwei Schuljahren und holten somit ihren Leistungsrückstand vollständig auf. Dieser Erfolgsschwung setzte sich im darauffolgenden 10. Schuljahr fort und veranlasste die Jugendlichen dazu, die Leseausbildung als Wendepunkt ihrer schulischen Laufbahn zu bezeichnen.

Zu 2.: Was begründet den durchschlagenden Erfolg der Amerikaner? Die Antwort auf diese Frage ergab sich für mich erst aus dem Zusammenwirken meiner Studien des Projektdesigns mit der praktischen Erfahrung, die ich durch die intensive Kommunikation mit den Initiatorinnen Ruth Schoenbach und Cynthia Greenleaf seit 2003 aufbauen konnte. Die Grundzüge des Förderansatzes von „Lesen macht schlau" lassen sich wie folgt zusammenfassen:

Die Schulung der Lesekompetenz erfolgt ganzheitlich; sie stellt kein isoliertes Fertigkeitstraining dar, sondern steht durchgängig in Verbindung zu allen Facetten des komplexen Lesegeschehens. Zudem ist sie stets eingebunden in das Kontinuum aus Sprechen, Schreiben und Hören zu bedeutsamen Texten.

Die Vielfalt der verwendeten Texte verführt zum Lesen. Ein klassischer Roman hat darin ebenso seinen Platz wie ein Hypertext, die Lyrik eines Rap-Songs ebenso wie der Sportteil der Zeitung, so genannte „Torwächter-Texte" wie landesweite Vergleichsarbeiten sind gleichermaßen Lese- und Studienobjekte wie die multimedialen Botschaften der Werbung.

Dieser Textkosmos holt die Schüler bei ihren Leseerfahrungen und -interessen ab und lädt ein zu selbstständigem, Kenntnis wie Genuss stiftendem Lesen in Schule und Freizeit.

Fein aufeinander abgestimmte diagnostische Instrumente zur Selbst- und Fremdbeurteilung vom Fragebogen bis zum Videomitschnitt vermessen jeden Fortschritt in der Lesekompetenz und erlauben zugleich einen genauen Blick auf Stolpersteine des Verstehens. Die breite Palette diagnostischer Werkzeuge ermöglicht es den Unterrichtenden, gezielt und individuell zu fördern, was besonders die hohe Wirksamkeit auf Jugendliche der unteren Leistungsgruppen im Lesen erklärt.

Dieser Förderansatz macht das Unsichtbare sichtbar. So bezeichnen die Autorinnen die Methode, mit der Momentaufnahmen verstehenden wie auch kritischen Lesens möglich werden. Gewöhnlich verborgen bleibende gedankliche Routinen, Assoziationen, Hypothesen, Beurteilungen während des Lesens werden im so genannten „metakognitiven Gespräch" zutage gefördert, das heißt laut ausgesprochen. Ein solcher Blick „hinter den Vorhang beim Lesen" hilft unerfahrenen Lesern besonders.

Gute Informationsverarbeitung beruht auf strategischem, d. h. aufgaben- und zielbezogenem Einsatz von Lesetechniken. Die bewusste Auswahl dieser Werkzeuge wird folglich bei der Interpretation eines Gedichts anders ausfallen müssen als beim Erschließen eines sozialkundlichen Textes. Das Förderprogramm hält daher einen ganzen „Werkzeugkasten" für die Textbegegnung bereit, mit Strategien zur Überwachung und Steuerung der Prozesse vor, während und nach dem Lesen.

Nicht durch theoretisches Erläutern, sondern durch Modellieren, d. h. kleinschrittiges Demonstrieren und lautes Denken, vermittelt der Lehrer die Strategien, die der Schüler unter seiner Anleitung anschließend – gleichsam an einem Haltegeländer – erprobt, um sie zunehmend selbstständiger anzuwenden.

Entwicklungsfördernd ist auch die Klarheit des Geschehens im Klassenraum während der Leseausbildung. Wegmarken sind fest umrissene Lehr- und Lernziele und verlässliche Unterrichtsabläufe wie der immer wieder praktizierte Dreischritt aus individueller Reflexion, partnerbezogenem Austausch und Diskussion im Plenum. Durch derartige Routinen gewinnen die Schüler Orientierung.

Klare Strukturen gewinnt der Unterricht ebenfalls durch produktive Sozialformen des Lesens, die von regelmäßigen Still-Lesephasen im Unterricht bis zur Gruppenarbeit mit eindeutigen Regeln der Zusammenarbeit reichen. Beispiele hierfür sind der „literarische Zirkel" und „reziprokes Lernen".

Alle vorab skizzierten Merkmale erwachsen aus einem dynamischen Wechselspiel von Unterrichtsforschung und Unterrichtspraxis. Auch dieses Buch fügt sich ein in den Qualitätszirkel aus schulischer Praxis, wissenschaftsbasierten didaktischen Modellen und der Evaluation ihrer Wirksamkeit in Schule und Lehrerfortbildung.

**„Lesen macht schlau" – auch als Angebot für die deutsche Schulpraxis**
Monate nach der ersten Anbahnung meiner Kontakte zur kalifornischen
Projektgruppe war die Basis für eine produktive transkontinentale Zusammenarbeit geschaffen. Sie führte im Jahr 2004 zur Planung gemeinsamer
Veranstaltungen. Nicht zuletzt durch das große Engagement von Herrn Ulrich Steffens, damals Leiter des Dezernats „Schulqualität" am HeLP, und
von Frau Dr. Renate Vollmer, US-Generalkonsulat Frankfurt, ließ sich eine
Einladung an Ruth Schoenbach und Cynthia Greenleaf nach Deutschland
realisieren. In Vorträgen und Workshops stellten sie Theorie und Praxis ihres Projekts sowie dessen Effekte für die Schulentwicklung vor. Die Veranstaltungen wurden mit viel Beifall aufgenommen. Von einer Lehrerin war
zu hören, ihr seien *„völlig neue Türen geöffnet worden, von deren Existenz
sie zuvor nicht einmal gewusst habe"*.

Auch von fachwissenschaftlicher Seite wurde das Konzept gelobt. Die Le-
seforscherin Prof. Cornelia Rosebrock (Universität Frankfurt) und Erzie-
hungswissenschaftler Prof. Rudolf Messner (Universität Kassel) stuften den
amerikanischen Förderansatz als *„sehr aussichtsreich"* für das deutsche
Schulwesen ein. Beide wiesen darauf hin, dass es derzeit ein vergleichbar
umfassend konzipiertes Programm im deutschsprachigen Raum noch nicht
gebe. *„Wir sitzen in Deutschland noch in der Baugrube, während die Kali-
fornierinnen bereits ein Hochhaus errichtet haben"* (Messner).

Zusammen mit meinen Kollegen Jona Jasper und Ralf Schummer-Hof-
mann aus dem Leitungskreis des Projekts „Lese- und Sprachförderung" des
HeLP ( jetzt Amt für Lehrerbildung) folgte ich im Herbst desselben Jahres einer Gegeneinladung nach San Francisco, wo wir vor Ort eingebunden waren in eine einwöchige Veranstaltung für Teams von Lehrern, Universitäts-
dozenten, Fortbildnern und Schulaufsichtsvertretern aus zwanzig US-Bun-
desstaaten. Die Selbsterfahrung mit schwierigen Texten, etwa mit einer Ge-
schichtsquelle für den Mathematiklehrer oder einer mathematischen Text-
aufgabe für den Sozialkundelehrer, förderte bei allen Teilnehmern die Einsicht, dass eine optimale Leseförderung nur dann möglich ist, wenn alle
Schulfächer zusammenwirken. Den Praktikern erschloss sich ein umfang-
reicher „Baukasten" aus Forschungsliteratur, Unterrichtsvideos und för-
derdiagnostischen Verfahren, wie Schülerinterviews zum Leseverstehen.
Sie boten den Tagungsteilnehmern vielfältige Anregungen zur Ausgestal-
tung der Rolle von „Lesemeistern". Zum Schluss der Veranstaltung präsen-
tierte jedes Team konkrete Pläne zur Umsetzung der Lerninhalte in seinem
spezifischen pädagogischen Kontext, und es wurden feste Absprachen zur
Evaluation der Vorhaben getroffen.

Der ganzheitliche, nicht zuletzt auch auf intensive Schulentwicklung zielende Ansatz von *Reading Apprenticeship* entfaltet in der Synthese seiner vielen Komponenten eine Dynamik, von der auch die deutschen Bildungsstrategen sowie die Pädagogen vor Ort profitieren können. Denn bei genauem Hinsehen zeigt sich, dass die inzwischen zahlreichen deutschen Förderprogramme zur Verbesserung der Lesekompetenz kaum eigens auf die Zielgruppe der leseschwachen Schülerinnen und Schüler abgestellt sind. Das ergab auch eine Expertise, die das Berliner *Max Planck Institut für Bildungsforschung* im Auftrag des Bundesministeriums für Bildung und Forschung im Jahre 2005 erstellte (Förderung von Lesekompetenz, Berlin 2005). Die Expertise hat neben den sehr umfangreichen positiven Förderansätzen etliche weiße Flecken auf der Deutschlandkarte der Leseförderung ausgemacht. Dazu gehören u. a.:

- die Koordinierung der Leseförderung als Auftrag aller Fächer und Schulstufen,
- die Differenzierung der Fördermaßnahmen für schwache Leserinnen, z. B. für Schülerinnen anderer Muttersprachen oder für männliche Jugendliche,
- die Vermittlung von strategischen Textzugängen.

Diese Mängeldiagnose stellt nun alles andere als eine Kleinigkeit dar. Denn zu Recht weisen die Berliner Bildungsforscher darauf hin, dass just den Strategien verstehenden Lesens, bei denen der eigene Leseprozess thematisch ist, ein hohes Potenzial zugeschrieben werden muss. Es fehlt jedoch, was andererseits für bedeutsam erachtet wird. Genaue Vorgehensweisen beim verstehenden Lesen werden in deutschen Schulen nur selten vermittelt, obwohl erwiesenermaßen gerade die leseschwachen Schülerinnen und Schüler von strategischen Zugangswegen zu Texten besonders profitieren.

Im Licht dieser Widersprüchlichkeiten, die die Deutschlandkarte der Leseförderung zutage fördert, kommt dem Projekt *Reading Apprenticeship* seine eigentliche Bedeutung zu. Denn die Leseausbildung nach Schoenbach und Greenleaf wird von einem Konzept getragen, welches Textverständnis (im Sinne von verstehendem Lesen) ganz groß schreibt und sozusagen schon gestern den heutigen Desideraten deutscher Bildungsforscher entsprochen hat.

Dieses Praxishandbuch wendet sich an Fachlehrer, Fach- und Fachbereichskoordinatoren, Schulleitungen, Schulbehörden, aber auch an bildungspolitische Entscheidungsträger sowie an Fachwissenschaftler, die mit den Themen Literalität und Chancengleichheit im Bildungswesen befasst sind. Inhaltlich stellt dieser Wegweiser zu einer besseren Lesekompetenz zunächst den ganzheitlichen Ansatz des Leseförderprogramms „Lesen macht schlau" vor (Teil A), beschreibt sodann die Umsetzung im täglichen Unterricht (Teil B) und beleuchtet seine Bedeutung für die Lehrerfortbildung und die Schulentwicklung (Teil C).

Im *Teil A* werden die pädagogischen Konzepte diskutiert, die dem Praxishandbuch zugrunde liegen. Dabei wird die Notwendigkeit begründet, dem Erwerb von Lesekompetenz Jugendlicher an weiterführenden Schulen größere Aufmerksamkeit zu widmen, als dies bisher geschah. Im Mittelpunkt steht die optimistische Überzeugung, dass die Entfremdung der Schüler von den schulischen Lesewelten prinzipiell aufhebbar ist (Kap. 1). Dann wird die Komplexität des Lesens als Zusammenspiel von Leser, Leseanforderungen und Text erläutert. Vor diesem Hintergrund entsteht ein Referenzrahmen für das Lesen, basierend auf den vier zentralen Dimensionen des Unterrichtsgeschehens – der sozialen, der personalen, der kognitiven und der wissensbildenden Dimension. Die soziale Dimension erwächst aus einem Sicherheit stiftenden Wir-Gefühl im Klassenraum. Dieses erst ermöglicht den intensiven Austausch über das Gelesene, in dem auch Fehler als (Um-)Wege des Textverstehens ihren Platz haben, und in dem die Konstruktion von Textbedeutung als gemeinsame Aufgabe von Lehrern und Schülern verstanden wird. Die Beiträge der Jugendlichen zu diesem Gruppenprozess verbessern sich durch die systematische Förderung ebenso wie ihr Lesefluss und ihr Lesevolumen. Diese Faktoren vermitteln den Lernenden Selbstvertrauen und eine neue Identität als Leser oder Leserin, die personale Dimension. Sicherheit erlangen die Jugendlichen auch durch ein ganzes Bündel mentaler „Werkzeuge", das ihnen das Verstehen von Texten und die Behandlung von Problemstellen in der kognitiven Dimension erleichtert. So wächst ihre Fähigkeit, Texte gedanklich zu verarbeiten und sich Kenntnisse über Textstruktur, fachspezifische Denkmuster und fachliche Inhalte anzueignen, die wissensbildende Dimension. Eng verknüpft werden diese vier Dimensionen durch den gedanklichen Austausch über das Lernen, das so genannte „metakognitive Gespräch". Dieses besitzt eine innere Seite, nämlich die individuelle Zwiesprache mit dem Text, und eine äußere Seite, die im Aushandeln von Bedeutungen in der Gruppe besteht. Zahlreiche Methodenbausteine konkretisieren die auf diesen Verfahren aufbauende Entwicklung der Schüler zu kompetenteren Lesern (Kap. 2).

Im *Teil B* werden Organisationsmodelle für die unterrichtliche Umsetzung des Förderkonzepts vorgestellt. Die Autoren geben zunächst einen Überblick über das Curriculum des einjährigen Intensivkurses mit folgenden Bausteinen:
- persönliche und gesellschaftliche Bedeutung des Lesens,
- Lesen als Zugang zur Geschichte,
- die vielfältigen Lesewelten der Medien,
- Lesen im Bereich von Naturwissenschaften und Technik (Kap. 3).

Diese anspruchsvollen Inhalte werden durch Routinen des Verstehens zugänglich gemacht. Hier nimmt der klar strukturierte Gruppenprozess des reziproken Lernens mit seinem Training der Schlüsselstrategien (Fragen, Zusammenfassen, Vorhersagen und Klären) einen hohen Stellenwert ein. Die eigenen Lese- und Lernprozesse sind Gegenstand fortlaufender Reflexion in Form von Lesetagebüchern und Beobachtungsbögen zum Textverstehen. Das Zusammenspiel all dieser Dimensionen des Lesens brachte in Leistungstests quantitativ messbare Verbesserungen der Lesekompetenz hervor, zum anderen qualitative Verbesserungen in Form einer stärker positiven Einstellung zum Lesen. Davon profitierten *alle* Jugendlichen, die schwachen Schüler in besonderer Weise (Kap. 4, 5, 6). Nicht nur in Intensivkursen, sondern auch als Komponente des regulären Unterrichts, z. B. in den Fächern Englisch, Mathematik oder Sozialkunde, entfaltet die Leseausbildung ihre Wirksamkeit. Das wird im Kapitel 7 demonstriert. Kapitel 8 beleuchtet den Förderansatz im Kontext der ausgeprägten Heterogenität der Schülerschaft, der Stofffülle in den Lehrplänen sowie im Kontext gestiegener Leistungserwartungen an die Schulen.

*Teil C* des Buches stellt die Schubkraft des amerikanischen Lesefördermodells für die Bereiche der Lehrerfortbildung und der Schulentwicklung vor. Die Autoren berichten von ihren Erfahrungen, die sie mit kollegialen Netzwerken gemacht haben. Dabei werden Methoden skizziert, mit deren Hilfe die beteiligten Lehrerinnen und Lehrer die Reichweite, aber auch die Grenzen ihrer eigenen Fachexpertise bewusst erfahren. Schwierigkeiten ihrer Schüler beim Umgang mit anspruchsvollen Texten werden dadurch für sie besser nachvollziehbar – eine Einsicht, die ihre Rolle als „Lesemeister" prägt. (Kap. 9). Zuletzt stellen die Autorinnen ein strategisches Konzept vor, das die Leseförderung als Element der Schulentwicklung begreift. Voraussetzung für eine organisierte Lösung in diesem Sinne ist zunächst ein hohes Maß an Überzeugungsarbeit, die die Befürworter gegenüber den Kritikern solcher Initiativen leisten müssen. Schulweite Leseförderung benötigt einen langen Atem. Deshalb ist die Unterstützung der Schulverwaltung ebenso unabdingbar wie die Bildung von Lehrerarbeitskreisen und die Bereitstellung von Unterrichtsmaterialien sowie die curriculare Planung (Kap. 10).

Der Fundus an Anregungen, den dieses Praxishandbuch bereitstellt, ist überwältigend. Dem Förderansatz von Greenleaf und Schoenbach ist in den USA großer Erfolg beschieden gewesen und hoher Respekt gezollt worden. Erst jüngst (Sommer 2005) wurde die WestEd-Initiative von der Zentralregierung in Washington für ein bundesweites Forschungsprogramm ausgewählt – eine besondere Auszeichnung, die gewährleistet, dass der ganzheitliche Ansatz der Leseförderung eine breite und tiefe Verankerung in allen Bundesstaaten finden und zudem weiterentwickelt wird. Die deutsche Lesedidaktik wird sicher auch in den kommenden Jahren von der Arbeit des kalifornischen Projekts profitieren können.

Zuletzt möchte ich stellvertretend für all diejenigen, die das kalifornische Förderprogramm „Lesen macht schlau" auf seinem Weg in die deutsche Öffentlichkeit begleitet haben, Dank sagen: Prof. Cornelia Rosebrock und Prof. Rudolf Messner für ihr engagiertes Urteil, Dr. Renate Vollmer (US-Generalkonsulat Frankfurt) und Dr. Martina Kohl (Kulturabteilung der amerikanischen Botschaft) für die Kooperation, Ministerialrätin Gabriele Vogt (Referentin im Hessischen Kultusministerium), Helga Kennerknecht (stellvertretende Leiterin des Hessischen Amtes für Lehrerbildung), Dr. Christian Kubina (Dezernent für Fortbildung im Hessischen Amt für Lehrerbildung), Axel Görisch (Institut für Qualitätsentwicklung [IQ] Wiesbaden), Dr. Jürgen Markstahler (wissenschaftlicher Mitarbeiter des IQ), Ulrich Steffens (jetzt Leiter der Arbeitseinheit „Bildungsstudien und Bildungsberichte" am IQ) für ihre vielfältige Unterstützung und Bestärkung beim Start des Projekts in Hessen, Joseph Grosso, dem Leiter der Lizenzabteilung im amerikanischen Verlag Wiley, sowie Ruth Schoenbach und Dr. Cynthia Greenleaf für ihre spontane Bereitschaft zur Kooperation mit der hessischen Lehrerfortbildung und für ihr Vertrauen in die Verlässlichkeit der deutschen Partner.

*Dorothee Gaile*
*Wiesbaden*

# Teil A
# Neue Zugänge zum Lesen
# an weiterführenden Schulen

## 1. Neue Sicht des Problems: Krise und Chance

„Es ist ein Albtraum für mich, dass viele Schüler im Alter von 11 bis 13 Jahren nicht ihrer Jahrgangsstufe entsprechend lesen oder, falls sie dazu in der Lage sind, die Leseaufträge im Unterricht einfach nicht ausführen. Folglich versuche ich zu vermeiden, Schüler lesen zu lassen, indem ich ihnen so wenig Leseaufträge wie möglich gebe. Ich baue meinen Unterricht um das Lesen herum auf, um so sicherzustellen, dass die Schüler naturwissenschaftliches Verständnis erwerben." (Lehrerin an einer mittleren Schulform)

„Am Anfang war die High School eine wahre Herausforderung für mich. All diese Bücher, die ich lesen sollte, wurden auf mein Pult geknallt. Ich weiß, dass es noch härter werden wird, wenn ich auf das College gehe."

(Schüler einer 10. Klasse)

In den letzten Jahren machten regelrechte „Lesekriege" Schlagzeilen, bei denen mit lautierendem Lesen der Kampf gegen einen ganzheitlichen Ansatz im frühen Stadium des Lesenlernens aufgenommen wurde. Diese haben das weniger offensichtliche, aber äußerst bedeutsame Thema des Lesens nach den Grundschuljahren überdeckt. Dennoch gärt seit einiger Zeit im ganzen Land eine fast unbemerkte Krise unter Unterrichtenden der Sekundarstufen I und II. Diese Krise konzentriert sich auf die Lesekompetenz jugendlicher Schüler. Die Besorgnis von Lehrern – und zunehmend auch von Entscheidungsträgern in Verwaltung und Politik – konzentriert sich auf die Tatsache, dass viele Schüler Schwierigkeiten im Umgang mit anspruchsvollen Texten haben, dem vielfältigen Lesestoff im Rahmen des Lehrplans, den sie lesen und verstehen sollen.

Nun zeigt aber unsere neuere Arbeit mit Schülern und Lehrern mit einem Ansatz, den wir „Leseausbildung" nennen, dass Lehrer entscheidend zur Verbesserung der Lesefähigkeit dieser älteren Schüler beitragen können. Es ist nicht zu spät dafür, dass sich auch diese Jugendlichen als fähige Leser betrachten können, die in der Lage sind, Bücher und Artikel für Lernaufgaben einzusetzen, und die, vielleicht ebenso wichtig, fähig sind, unterschiedliche schriftliche Materialien für das eigenverantwortliche Lernen und für ihre Unterhaltung zu nutzen. In diesen ersten zwei Kapiteln befassen wir uns mit einigen der Ursachen für die Leseprobleme von Schülern und erörtern die Grundlagen unseres Ansatzes und seines derzeitigen Erfolgs.

## Die fast unbemerkte Krise

Das demokratische Ziel, dass ein breiteres Spektrum an Schülern höhere schulische Leistungsniveaus erreichen soll als jemals zuvor, ist der Motor für viele derzeitige Bildungsreformen. Einen Beweis hierfür liefern gestiegene Bildungsstandards. Der Forderung nach höheren Standards zu entsprechen, ist allerdings in allen Bildungsbereichen schwierig. Im Bereich des Lesens haben Tests gezeigt, dass die Mehrheit der Schüler zwar Grundkenntnisse besitzt, aber anspruchsvollere Texte nicht lesen und verstehen kann. Dies ist aber Voraussetzung für den Erfolg eines Menschen in einer informationsbasierten Gesellschaft. Solche Tests sagen aus, was die meisten Unterrichtenden an weiterführenden Schulen bereits wissen: Ihre begrenzte Leseleistung hindert Schüler daran, die anspruchsvolle Arbeit zu leisten, die erforderlich ist, um hohen Schulleistungs-Standards zu entsprechen.

Lehrer, die mit leistungsschwachen Schülern arbeiten, sind oft insbesondere wegen der schwachen Lesekompetenz frustriert. Sie sind besonders betroffen angesichts der Kluft zwischen den tatsächlichen schulischen Leistungen ihrer Schüler und den in den Reformen dargestellten Erwartungen an das Kenntnis- und Leistungsniveau von Schülern in den einzelnen Unterrichtsfächern.

Eine geringe schulische Leseleistung ist aber keineswegs nur ein Problem leistungsschwacher Schüler. Selbst unter den Schülern, die im Unterricht relativ gute Leistungen zeigen und bei standardisierten Tests verhältnismäßig gut abschneiden, können Lehrer einige benennen, die Schwierigkeiten mit dem Verständnis und der Interpretation von Unterrichtslektüre haben, die Leseaufträge nicht bewältigen können und die wahrscheinlich in ihrem weiteren Leben keine eigenständigen Leser werden. „Man kann sich nicht darauf verlassen, dass Schüler lesen", erklärt ein Lehrer. „Sie arbeiten mit an Projekten, aber sie scheinen Quellenmaterial oder -texte nicht zu lesen oder zu verstehen."

Sind Lehrer mit dem Widerstand von Schülern gegen das Lesen oder mit Schwierigkeiten beim Verständnis von Unterrichtsmaterial konfrontiert, reagieren sie unterschiedlich. Wenn sie unter dem Druck stehen, den Lehrplan erfüllen zu müssen, und nicht darauf vorbereitet sind, gleichzeitig

Schülern beim Lesen behilflich zu sein, wenn sie sicherstellen wollen, dass Schüler die Inhalte eines bestimmten Fachs verstehen, dann unterrichten viele unter Umgehung des Lesens. Sie passen sich den Umständen durch Veränderungen an, die vernünftig scheinen, von denen sie aber wissen, dass es Kompromisse sind. „Ich verrenke mich im Unterricht, um Inhalte zu vermitteln, ohne dass die Schüler ein Lehrbuch lesen müssen", berichtete uns ein Geschichtslehrer. „Ich habe aufgehört, Leseaufträge zu erteilen; Text ist in meinem Geschichtsunterricht fast nebensächlich", gab ein anderer zu.

## An die Grenze der Lesefähigkeit stoßen

Wir sind dazu übergegangen, die Schwierigkeiten von Schülern beim Lesen und Verstehen von Texten für den Fachunterricht als die *Grenze der Lesefähigkeit* zu bezeichnen – eine Grenze, die bestimmt, was Schüler sowohl im Unterricht als auch im Leben außerhalb der Schule bestenfalls erreichen können. Selbstverständlich bestimmt die Grenze der Lesefähigkeit auch, was ein Lehrer im Unterricht erreichen kann. Je weniger es Schülern möglich ist, sich eigenständig Zugang zu Wissen und Informationen in Büchern und anderen Textmaterialien zu verschaffen, die durch den Lehrplan vorgegeben sind, desto häufiger müssen Lehrer alternative Möglichkeiten anbieten, um Schülern dieses Wissen und die Informationen zu vermitteln.

Viele Lehrer an mittleren Schulformen, mit denen wir über die Lesekompetenz von Schülern gesprochen haben, machen ihrer Frustration Luft, manchmal in Form von Schuldzuweisungen: „Warum wurden die Schüler im Vorfeld nicht besser vorbereitet, damit sie lesen können, was sie lesen müssen, um in diesen Jahrgangsstufen erfolgreich zu sein?" Bei anderen drückt sich ein Gefühl des Unvermögens und der Ratlosigkeit aus: „Was soll ich denn machen, wenn sie nicht einmal eigenständig eine Seite in ihrem Lehrbuch bewältigen können? Ich bin Fachlehrer und keiner, der anderen das Lesen beibringt!" Die vielleicht beunruhigendste Antwort ist die resignierte Hoffnungslosigkeit, die in der oft geäußerten Meinung mitschwingt, dass „es zu spät ist für diese Schüler, den Mangel an Lesekompetenz wettzumachen."

Lehrer und politische Entscheidungsträger sind nicht die einzigen, die über die Grenze der Lesefähigkeit beunruhigt sind. Schüler, die täglich mit der Schwierigkeit konfrontiert sind, die ihnen ungewohnten Texte und Aufgabenstellungen in den höheren Jahrgangsstufen sinnentnehmend lesen zu müssen, haben einen sehr viel unmittelbareren und persönlicheren Grund zur Sorge. Für viele ist das Lesen etwas Rätselhaftes und sie sind zu der Überzeugung gelangt, dass sie nicht dafür geschaffen sind, Texte zu lesen.

Einige stehen Leseaufgaben mit einem zunehmenden Gefühl der Verzweiflung gegenüber, denn sie können zwar einzelne Wörter lesen, aber nicht einmal ansatzweise Sätze, Absätze und Kapitel erschließen.

Schüler passen sich ihren Leseschwierigkeiten ebenfalls an, indem sie häufig Leseaufgaben gänzlich vermeiden und darauf warten, dass der Lehrer ihnen das sagt, was sie wissen müssen. Schüler, die von sich glauben, sie seien Nichtleser oder schwache Leser, entwickeln verschiedene Überlebensstrategien. Einige versuchen, sich unsichtbar zu machen, indem sie sich still und leise ganz klein auf ihrem Stuhl machen, in der Hoffnung, nicht aufgerufen zu werden. Andere werden laut und provozieren Störungen, wenn sie fürchten, dass sie wegen ihrer Fehler bloßgestellt werden könnten. Wiederum andere nehmen eine Haltung an, die eindeutig ausdrückt: „Mir ist die Schule völlig egal." Diejenigen, die sich am meisten Mühe geben – oder vielleicht sind es einfach die mit der längsten Ausdauer –, kämpfen sich mühsam durch Textaufgaben.

## Unproduktive Reaktionen auf das Problem

Die Beunruhigung über mangelnde Lesekompetenz hat zahlreiche gut gemeinte, aber irrige und unserer Meinung nach unproduktive Reaktionen in Pädagogenkreisen hervorgerufen. Ihnen allen liegt ein unter Pädagogen um sich greifendes Gefühl zugrunde, dass es für Schüler, aus denen nicht bereits vor dem Eintritt in die weiterführenden Schulen kompetente, eigenständige Leser geworden sind, keine Chance mehr gibt.

Die Vorstellung, dass es im Alter von elf, vierzehn oder siebzehn Jahren zu spät ist, ein leistungsstarker und eigenständiger Leser anspruchsvoller Texte zu werden, ist nicht nur tückisch, sondern auch folgenreich. Ironischerweise wird diese Vorstellung untermauert durch die berechtigte Bedeutung, die in jüngster Zeit dem Lesen in den frühen Stadien beigemessen wird. Es ist unbestreitbar, dass es wichtig ist, Schüler in einem frühen Stadium ihres Schullebens zu kompetenten und engagierten Lesern auszubilden. Es ist jedoch sowohl falsch als auch destruktiv anzunehmen, dass Kinder, aus denen nicht schon in den ersten Jahrgangsstufen gute Leser geworden sind, diesen Mangel niemals wettmachen können. Ebenso irrig ist die Annahme, dass Kinder, die in den ersten Jahren gut lesen lernen, keinen weiteren Leseunterricht mehr brauchen.

Solche Annahmen beruhen auf einer beschränkten, unvollständigen und unproduktiven Vorstellung vom Lesenlernen. Das Beherrschen der technischen Lesefertigkeit – der Übersetzung der optischen Zeichen der Wörter auf einer Buchseite in Klang und ihre Aussprache – ist nur *ein* Bestandteil der Entwicklung von Lesekompetenz. Erfolgreiche Leser entwickeln sich im Laufe der Zeit durch einen kontinuierlichen Prozess, in dem sie lernen, unterschiedliche und zunehmend komplexere Texte sinnerfassend zu lesen. Jugendliche haben viele wichtige intellektuelle Ressourcen, die sie abrufen können, um leistungsstärkere Leser zu werden. Arbeiten wohlmeinende Pädagogen jedoch primär mit ihnen auf der Wortebene, versperren sie ihnen den Weg zu diesen für die Entwicklung höherer Lesekompetenz wichtigen Quellen.

Der Glaube, Lesen sei im Wesentlichen ein Vorgang, bei dem Wörter ausgesprochen werden, anstatt Textverstehen als aktive Bedeutungskonstruktion zu begreifen, ist in der Tat unter Schülern weit verbreitet. So war beispielsweise ein von uns befragter Schüler überrascht, als er das Thema eines Textabschnitts, den er gerade gelesen hatte, benennen sollte. „Ich weiß nicht, worum es ging", antwortete er, ohne ironisch zu klingen. „Ich war damit beschäftigt zu lesen. Ich habe darauf nicht geachtet."

### Zurück an den Anfang?

Ein Hauptziel des Unterrichtens ist es, die Entwicklung von Schülern hin zu aktiven, engagierten und eigenverantwortlichen Lernern zu fördern. Tatsächlich lenkt aber eine verbreitete Reaktion auf schwache Lesekompetenz Schüler in die gegenläufige Richtung: Schüler, die Schwierigkeiten mit dem Lesen haben, werden an den Anfang des Leselernprozesses zurückgeführt, indem ihnen erneut die Zuordnung von Graphemen und Phonemen von Wörtern beigebracht wird. Diese Reaktion basiert auf dem Glauben, dass ihre Leseschwierigkeiten auf der Unfähigkeit basieren, die optischen Zeichen der Wörter in Klang zu übersetzen, anstatt auf der fehlenden expliziten Vermittlung von Leseverständnisstrategien und auf fehlenden Gelegenheiten zur umfassenden, vielfältigen Lektüre.

Die Vorstellung, dass ein früher Leseunterricht es nicht vermocht hat, Schüler mit den notwendigen Fertigkeiten im Übersetzen von Buchstaben in Laute auszustatten, greift um sich. Sie wurde von Elterngruppen, Forschern und politischen Entscheidungsträgern verbreitet, die öffentlich Alarm schlugen über den ihrer Meinung nach unzureichenden Unterricht des lautierenden Lesens. Die meisten Jugendlichen jedoch, von Lehrern anfänglich beschrieben als „nicht fähig, selbst die Wörter auf einer Seite zu erkennen", haben wahrscheinlich viel weniger Probleme mit dem Lautieren als mit dem Verstehen, mit unbekanntem Vokabular, unzureichendem Hintergrundwissen, mit mangelnder Lesegeläufigkeit oder fehlendem Leseinteresse. Von diesen Schülern wurde in der Regel weder erwartet, dass sie viel lesen, noch gab es für sie in der Schule beim Lesen Hilfestellung. Als

Folge haben sie wenig Ausdauer, wenn sie in Texten auf Schwierigkeiten stoßen. In unserer Arbeit mit Schülern an mittleren Schulformen stießen wir nur selten auf Probleme beim Dekodieren. Da aber ein Team von Lehrern der Klassen 6 bis 8, mit denen wir arbeiteten, überzeugt war, dass die als besonders leseschwach identifizierten Schüler nicht lautierend lesen konnten, bat das Team einen Lesespezialisten, die Schüler zu testen. Der Experte fand heraus, dass elementare Leseprobleme bei diesen kulturell und sprachlich heterogenen Arbeiterkindern fast nicht existieren, auch wenn sie häufig Schwierigkeiten hatten, Texte zu verstehen.

Müssen solche Kinder den Leseunterricht noch einmal von vorn beginnen, verstärkt dies lediglich ihre fälschliche Annahme, Lesen sei nichts anderes als das Aussprechen von Wörtern. Diese Reaktion hilft Schülern nicht, die komplexen Verständnisprozesse und das Wissen über Texte und die Welt, auf das leistungsstarke Leser angewiesen sind, zu begreifen bzw. einzubeziehen. Zudem ignorieren Pädagogen eine der wichtigsten Ressourcen für die Verbesserung der Lesekompetenz, wenn sie Schülern einfach erneut das Zuordnen von Buchstaben zu Lauten beibringen: das Wissen und die kognitiven Stärken, die Jugendliche in ihrem Leben außerhalb des Schulgeländes schon längst nutzen.

### Die Suche nach Patentlösungen

Während unserer Arbeit an weiterführenden Schulen in den letzten Jahren sind wir wiederholt nach Programmen mit nachweislichen Ergebnissen im Hinblick auf die Verbesserung der Leseleistung von Schülern gefragt worden. Es ist leicht nachvollziehbar, warum diese Frage so oft gestellt wird. Leider gibt es keine schnelle Abhilfe bei Leseschwierigkeiten. Mehr als zwei Jahrzehnte der Forschung haben gezeigt, dass das Lesen ein komplexes kognitives und soziales Verfahren darstellt. Kein Ansatz, der über die reine Vermittlung von Fertigkeiten führt, könnte jedoch eine umfassende Lektüre ersetzen. Im Gegenteil haben wiederholte Studien gezeigt, dass die Vermittlung isolierter Grammatik-, Dekodier- oder Verstehensfertigkeiten wenig oder gar keine Auswirkung auf die Vorgänge hat, die bei Schülern während des Lesens ablaufen.

Wenn sie von Lehrern mit entsprechenden Kenntnissen und Fähigkeiten eingesetzt werden, können einige kommerzielle Programme und Produkte die Lesemotivation von Schülern, ihre Leseneigung und eine aktive Haltung beim Lesen stützen. Lehrkräfte können solche Programme auch nutzen, damit sich Schüler mehr darauf konzentrieren, ein erweitertes Repertoire an Fertigkeiten und Strategien in den Lesevorgang zu integrieren. Wir sind aber der Meinung, dass die begrenzten finanziellen Mittel von Schulen besser verwendet werden, wenn sie für Klassen- und Schulbüchereien und für den Ausbau des Wissens- und Unterrichtsrepertoires von Fachlehrern ausgegeben werden, anstatt für den Erwerb von vorgefertigten Leseprogrammen, die losgelöst von dem eingesetzt werden, was im Fachunterricht behandelt wird.

### Den Text nacherzählen

Die meisten Lehrer an weiterführenden Schulformen sehen ihre Verantwortung vorwiegend in der Vermittlung der wesentlichen Erkenntnisse und des Grundwissens ihrer Fachrichtungen – des *Inhalts*. Die mündliche Wiedergabe von Inhalten, die Schüler Lehrbuchtexten nicht entnehmen können oder wollen, ist eine natürliche Reaktion engagierter Lehrer. Bei der strategischen Entscheidung, der gesamten Klasse alternative Möglichkeiten des Zugangs zu den Grundgedanken und Lehrplaninhalten zu verschaffen, lesen Lehrer den Schülern manchmal vor, *erzählen Lehrbuchinhalte mündlich nach* oder zeigen ein entsprechendes Video. Wie ein Geschichtslehrer erklärte: „Weil man sich nicht darauf verlassen kann, dass die Schüler lesen, habe ich das Gefühl, ich fasse das Geschichtslehrbuch ständig zusammen, damit die Kids nicht das Wichtigste verpassen. Ich wünschte, ich müsste diese Rolle nicht so oft übernehmen, aber ich tue es immer wieder".

Viele Schüler scheinen heute diese kompensatorischen Maßnahmen als normal zu empfinden, weil sie üblich geworden sind. Eine Schülerin beschrieb uns, wie in ihrem Unterricht in den naturwissenschaftlichen Fächern mit dem Lesen umgegangen wird, eine Beschreibung, die auch für andere von uns untersuchte Klassen zutrifft: „Normalerweise schreibt die Lehrerin nur irgendwas auf OHP-Folie. Dann schreiben wir es ab und machen oft Laborarbeiten. Ich kann mich nicht erinnern, das Lehrbuch benutzt zu haben. Wir haben es, glaub ich, ein paar Mal benutzt, um nach irgendwas zu suchen."

Die Strategie, Inhalte zu vermitteln, ohne dass die Schüler irgendetwas oder nur kurze Passagen dazu lesen müssen, wird zu einer sich automatisch fortsetzenden Unterrichtspraxis. Wenn Schüler nicht willens sind, Leseaufträge eigenständig auszuführen, geben viele Lehrer jeden Gedanken daran auf, sie zum Lesen zu bewegen. Weil Schüler in einigen Fachunterrichtsstunden nicht lesen müssen, werden sie auch in den Unterrichtsstunden anderer Fächer nicht lesen wollen. Die Lehrer dieser anderen Fächer erwarten dann schließlich gar nicht mehr, dass Schüler eigenständig Fachtexte lesen. Auf diese Art und Weise ermöglichen es engagierte Lehrer, ohne das zu wollen, dass Schüler mit sehr begrenzter Lesekompetenz in die nächsten Klassen aufsteigen. Dadurch wird ihre Abhängigkeit von Lehrern verstärkt anstatt eigenständiges Lesen zu fördern, mit dem Lernende Informationen und Lehrplaninhalte erschließen und interpretieren können.

Eine solche Abhängigkeit von Lehrern dauerhaft fortzusetzen, heißt, Schülern die Chancen zu nehmen, die sie nur durch umfassende, eigenständige Lektüre von Texten bekommen. Es mag sein, dass Schüler der Meinung sind, viele Texte seien schwierig oder langweilig, hätten keinen Bezug zu ihrem Leben und seien ihnen weder sprachlich noch inhaltlich vertraut. Sollen Schüler aber ein breites Spektrum an Zukunftsoptionen haben, müssen sie das Selbstvertrauen und den Willen haben, sich solchen Texten zu nähern, und die Fähigkeit, dann auch ihren Sinn zu erfassen.

Wenn Schüler nicht dazu ermutigt und dabei unterstützt werden, die Grenzen ihrer Lesefähigkeit zu erweitern, werden viele niemals in der Lage sein, eigenständig solche Texte zu lesen, die *Torwächter* darstellen. Es handelt sich dabei um die Texte, die Schülern Chancen in Bildung und Kultur sowie für ihre wirtschaftliche und staatsbürgerliche Stellung eröffnen oder verschließen. Dazu gehören beispielsweise Standardprüfungen zum Textverständnis wie der SAT (Scholastic Aptitude Test) für den Eintritt in Universitäten, Lesetests für Einsteigerjobs, College- und Stellenbewerbungen, ferner Lehrbücher und andere Lesematerialien für die Ausbildung nach dem Schulabschluss und sogar der Antrag für ein Stipendium oder einen Ratenkredit.

### Schüler vor Langeweile schützen

Jeder, der schon einmal Lehrbücher weiterführender Schulen gelesen hat, weiß, dass viele davon weder gut geschrieben sind noch Interesse wecken. Das ist ein Grund, weshalb wir die Bemühungen so vieler Lehrer und anderer Pädagogen unterstützen, sorgfältig ausgearbeitete Lehrpläne zu gestalten, die eine Vielfalt von Genres sowie primäres Quellenmaterial integrieren. Andererseits wissen wir, dass es eben auch langweilige, schlecht geschriebene und anscheinend irrelevante Texte gibt – nicht nur in der Schule, sondern auch im Beruf und sogar zu Hause (denken Sie an Anleitungen zum Ausfüllen von Einkommensteuerformularen). Sollen Schüler in der Schule und später Erfolg haben, müssen sie willens und in der Lage sein, den Sinn sogar schlecht geschriebener Texte zu erfassen.

Viele Pädagogen sagen uns, Schüler sollten keine trockenen oder abstrakten Texte oder solche mit ungewohntem Erzählstil lesen müssen, eben keine Texte, die sie als langweilig, irrelevant oder als unzugänglich empfinden. Warum müssen Schüler den Roman *Die Zeitmaschine* von H. G. Wells lesen? Warum Shakespeare? Warum sollen sie das Geschichtslehrbuch lesen? Wir wissen aus jahrelanger Erfahrung mit vielen Lehrern, die ansprechende Lehrpläne mit authentischem Material und anderen relevanten Texten erstellt haben, dass Schüler mit diesen Texten genauso viele Schwierigkeiten haben wie mit weniger interessanten Texten. Das Problem geht eindeutig über das Material hinaus, das den Schülern zum Lesen zur Verfügung gestellt wird.

Selbstverständlich sollten Lehrer ihren Schülern gut geschriebene, interessante und abwechslungsreiche Texte in den verschiedenen Schulfächern zur Verfügung stellen, sodass sie eher bereit sind, sie zu lesen und zu verstehen. Ebenso selbstverständlich sollte Schülern erlaubt werden, Bücher ihrer Wahl zu lesen, weil dies ungeheuer wichtig ist für die Steigerung ihrer Motivation, ihrer Lesegeläufigkeit und ihres Leseinteresses. Legt man aber den Schwerpunkt allein auf Leseinteresse und Relevanz, kann dies im Extremfall dazu führen, dass Schüler nie etwas lesen oder lernen, an dem sie nicht bereits interessiert waren. Darüber hinaus könnten Lehrer, die Schüler vor Texten „schützen" wollen, die schwierig, schlecht geschrieben, langweilig oder irrelevant sind oder als solche gelten, dazu beitragen, dass schwache Schüler bei der Chancenverteilung auf den unteren Rängen verbleiben. Damit könnte die Chancenungleichheit in der heutigen, zunehmend wissensbasierten Gesellschaft vergrößert werden.

Durch unsere Arbeit sind wir zu der Überzeugung gekommen, dass Lehrer Schülern dabei helfen müssen, Strategien für die beharrliche Auseinandersetzung auch mit schwierigen Texten zu erwerben und zu verinnerlichen. Wir haben eine Verantwortung, jugendliche Leser dabei zu unterstützen, dass sie sich solcher Texte als informierte, kritische Denker annehmen. Gerüstet mit geeigneten Strategien und den entsprechenden geistigen Gewohnheiten, können sie dann selbst entscheiden, welchen Text sie durcharbeiten wollen oder nicht – Entscheidungen, die auf ihren *Zielen* basieren und nicht auf ihrer Lesekompetenz.

Unsere Erfahrung zeigt uns auch, dass Schüler schwierige und scheinbar langweilige Texte oft interessanter finden, wenn ihnen Techniken zum Verständnis solcher Texte an die Hand gegeben wurden. Schüler lernen gern; sie wollen Kompetenz und Wissen erwerben. Eine junge Frau, die sich besonders gut ausdrücken konnte, sagte vor den versammelten Lehrern einer Schule: „Wir wissen, dass wir nicht sehr gebildet sind. Wir wissen, dass es Dinge gibt, die wir nicht wissen, aber eigentlich wissen sollten. Aber wir sind nicht dumm; die meisten von uns sind ziemlich clever. Sie müssen uns nur Wege zeigen, die Dinge für uns aufschlüsseln, mit uns arbeiten und von uns erwarten, dass wir das auch tun."

## Grund zu Optimismus

Trotz aller Probleme und Herausforderungen haben wir Grund zu Optimismus hinsichtlich der Möglichkeit, die Lesekompetenz von Schülern an weiterführenden Schulen entscheidend zu verbessern. Unser Optimismus fußt auf unseren Erfahrungen mit Schülern und Lehrern, die sich mit der Art des Lernens befassen, wie wir es in diesem Buch beschreiben.

Wir sind überzeugt, dass allen Schülern ein Unterricht zuteil werden kann und sollte, der sie in die Lage versetzt, den Sinn ganz unterschiedlicher Texte zu erfassen. In der Zusammenarbeit mit einer Reihe von Lehrern und Schülern an Schulen der Sekundarstufen I und II in den letzten Jahren, haben wir begonnen, einen unserer Meinung nach höchst effektiven Ansatz für einen Unterricht zu entwickeln, der genau dies leistet. Er ermöglicht es unterschiedlichen Fachlehrern – von Lehrern naturwissenschaftlicher Fächer im ersten Jahr ihrer Tätigkeit bis hin zu Geschichtslehrern, die bereits zwanzig Jahre lang im Dienst sind – Leseunterricht in ihr Fachgebiet zu integrieren, ohne den Lehrplan zu erweitern.

## Ein Lehrer-Forscher-Team

Zwei von uns sind Lehrer an *High Schools* in der Bucht von San Francisco und zwei von uns sind leitende Mitarbeiter eines Forschungs- und Lehrerfortbildungsprojekts für Lesekompetenz bei WestEd, einem gemeinnützigen Institut für Bildungsforschung und Schulentwicklung mit Sitz in dieser Gegend (siehe www.wested.org). Unsere gemeinsame Arbeit begann 1995, als die Mitarbeiter des WestEd-Programms „Strategische Lese- und Sprachförderung" (Strategic Literacy Initiative – SLI) Lehrerteams für die Teilnahme an einem kombinierten Lehrerfortbildungs- und Forschungsvorhaben mit dem Schwerpunkt Lesekompetenz von Schülern gewann. Das ausdrückliche Ziel war eine gemeinsame, handlungsorientierte Forschungsarbeit, um zu ermitteln, was Fachlehrer an weiterführenden Schulen tun können, damit ihre Schüler leistungsstärkere Leser von Fachtexten und anderen anspruchsvollen Texten werden. Aus dieser Zusammenarbeit von Lehrern und Forschern entstand das „Netzwerk für strategische Lese- und Sprachförderung" (Strategic Literacy Network – SLN), in das später auch Lehrer von *Middle Schools* einbezogen wurden.

Die gemeinsame Forschungsarbeit des Netzwerks lief zweigleisig: Zunächst untersuchten und adaptierten wir die Ergebnisse vorliegender Forschungsarbeiten zum Leseverstehen, von denen sich nur wenige mit Schülern an mittleren Schulformen befassten, und zweitens führten wir eigene Untersuchungen durch. Sie konzentrierten sich auf die Jugendlichen in den Klassen der Netzwerklehrer, die Schwierigkeiten mit dem Lesen hatten. Vor allem entwickelten wir detaillierte video- und textbasierte Fallstudien einer Gruppe von dreißig Schülern der 9. Klasse. Diese waren von ihren Lehrern als repräsentativ für leseschwache Jugendliche identifiziert worden. Wir wollten ermitteln, wie jugendliche Schüler mit Leseaufträgen im Unterricht umgehen. Zudem wollten wir Unterrichtsmethoden entwickeln und testen, die geeignet schienen, Lernende in ihrer Kompetenz, fachspezifische Texte eigenständig sinnerfassend zu lesen, zu fördern.

Über einen Zeitraum von zwei Jahren sammelten die beteiligten Wissenschaftlerinnen und Netzwerklehrerinnen eine Fülle an Informationen über die Praktiken, Denkmuster und Auffassungen von Schülern in Bezug auf das Lesen. Wir führten ausführliche Befragungen zur individuellen Lesebiografie von Schülern durch, nahmen Schüler beim Lesen und Diskutieren auf Video auf und entwickelten die bereits erwähnten Fallstudien. Diese Informationen gaben uns reichlich Einblick in die Leseleistungen von Schülern. Diesen vielfältigen Mix ergänzten wir mit Reflexionen von Lehrern über die Leistungen ihrer Schüler und deren Analyse.

Aus all diesen Untersuchungen ging im Laufe der Zeit ein Ansatz hervor zur Verbesserung der Lesekompetenz von Schülern an weiterführenden Schulen, besonders im Hinblick auf anspruchsvolle Texte. Diesen Ansatz nannten wir „Leseausbildung", eine Methode, bei der der Unterrichtende als *Leseexperte* gegenüber seinen Schülern – den *Lehrlingen* – fungiert.

Es war immer die Intention des Netzwerks, zu erforschen, wie Fachlehrer die Lesekompetenz von Schülern bei gleichzeitiger Vermittlung von fachspezifischen Inhalten verbessern können. Nach dem ersten Jahr der Zusammenarbeit jedoch folgerten Lehrer der Thurgood Marshall Academic High School vorschnell, dass ihre Schüler intensiver gefördert werden müssten, als es durch die Einbettung der Leseausbildung in den normalen Fachunterricht gegeben war. Ihres Erachtens war ein separater, eigenständiger Kurs erforderlich, der sich ausschließlich und ausdrücklich mit anspruchsvollen Texten beschäftigte, und so entstand an ihrer Schule der einjährige Intensivkurs mit dem Titel „Lesen macht schlau". Unterdessen arbeiteten andere Netzwerklehrer weiterhin daran, das Konzept für die Leseausbildung in ihren Fachunterricht zu integrieren. Aus diesen Gründen entwickelte sich das Konzept in zwei Strängen: zum einen eigenständig und separat in einem obligatorischen Kurs für Schüler im ersten Jahr an einer städtischen *High School* und zum anderen eingebettet in den Fachunterricht an weiteren *Middle* und *High Schools* im Raum San Francisco.

Den Kern des Konzepts bildet die feste Überzeugung der Netzwerkmitglieder, dass Lehrer und ihre Schüler über nicht zu unterschätzende, wirkungsvolle, aber zumeist ungenutzte Ressourcen zur Verbesserung der Lesekompetenz von Schülern verfügen. Diese Überzeugung ergab sich aus den Auswertungen sowohl des separaten Kurses als auch des Fachunterrichts, in den das Konzept integriert wurde. Die Ergebnisse zeigen, dass der Ansatz dieser Leseförderung große Fortschritte brachte, und zwar nicht nur für die Leseleistung von Schülern, sondern auch für ihr erstarkendes Selbstgefühl, eigenständige Leser zu sein, die ihr weiteres Leben lang lesen werden.

## Die ungenutzten Ressourcen der Lehrer

„Mir wurde klar, dass das Nachdenken über das, was ich beim Lesen tat, viele Parallelen zu dem Ansatz des Schreibprozesses aufweist, mit dem ich seit Jahren in meinem Unterricht arbeitete. Es war, als wäre ein Licht angeknipst worden. Ich wusste, was ein kompetenter Leser tun musste, um einen Text sinnerfassend zu lesen – ich selbst tat es immerzu. Die Herausforderung war nun, die von mir angewendeten Strategien deutlich zu machen, zunächst mir selbst und dann meinen Schülern." Was dieser Lehrer entdeckte, war, dass Menschen, deren Ausbildung sie darauf vorbereitet hat, Englisch, Geschichte, Naturwissenschaft oder Mathematik zu unterrichten, viel darüber wissen, wie man den für ihre Fachrichtungen typischen Texten Informationen sinnvoll entnimmt und diese dann verwendet. Dieses Wissen hat ihnen in ihrer eigenen Ausbildung zum Erfolg verholfen. Sie stützen sich weiterhin bei der Lektüre von Fachbüchern und bei der Vorbereitung ihres Fachunterrichts darauf. Die meisten denken jedoch nicht über die geistigen Vorgänge nach, mit deren Hilfe sie Texte sinnerfassend lesen. Wenige Lehrer betrachten ihre eigene Fähigkeit, Fachtexte lesen zu können, als wertvolle Ressource, die Schülern helfen kann, solchen Texten erfolgreich zu begegnen.

Die Leseausbildung macht sich dieses Wissen zunutze. Genauer gesagt stützt sie sich darauf, dass Lehrer mit anderen Lehrern zusammenarbeiten, um sich wesentliche Merkmale ihrer eigenen Leseprozesse bewusst zu machen, nämlich die Strategien, auf die kompetente Leser angewiesen sind, um effektiv lesen zu können. In dem Maße, in dem Lehrer sich der komplexen Art und Weise bewusst werden, mit der sie selbst Texte lesen, bekommen sie ein neues Verständnis für die Schwierigkeiten, mit denen Schüler konfrontiert sind. Sie können dann beginnen, ihre Schüler in der Lesekunst zu unterweisen, indem sie ihnen die normalerweise unsichtbaren Verständnisprozesse, die bei ihnen selbst ablaufen, sichtbar machen. Als Lehrlinge werden die Schüler dann ihrerseits zu fähigen Lesern, die in der Lage sind, sich ihr eigenes Wissen zunutze zu machen und es auszubauen. Dabei beginnen sie, die Leseprozesse, die bei ihnen ablaufen, bewusst zu vollziehen und zu optimieren.

### Die ungenutzten Ressourcen der Schüler

Im Unterricht sehen wir Schüler eher aus dem verengten Blickwinkel der fachlichen Kompetenz. Ein durch leseunfähige oder -unwillige Schüler frustrierter Lehrer kann versucht sein, Lernende in erster Linie über ihre Probleme mit der Lesekompetenz zu definieren. Die Lebenserfahrung Jugendlicher, die sich insbesondere in ihrem Verhalten und ihrer sprachlichen Wendigkeit manifestiert, bietet ihnen viele Möglichkeiten der strategischen Kontrolle beim Lesen. In unseren Augen sind Schüler an weiterführenden Schulen junge Erwachsene mit wertvollen Fähigkeiten, die in einem sicheren, von Respekt und Gemeinschaftssinn geprägten Lernumfeld genutzt werden können. Wenn Lehrer mit einigen der üblichen Entwicklungseigenschaften Jugendlicher arbeiten statt dagegen, können sie mit den Schülern eine Gemeinschaft von Textforschern oder ein Team aus Leseexperten und Leselehrlingen aufbauen.

Die sozialen Ziele Jugendlicher können den bildungsbezogenen Zielen von Lehrern nützlich sein, wenn das Lernumfeld soziale Zusammenarbeit fördert. Jugendliche befinden sich in einer Lebenssituation, in der sie neue Identitäten ausprobieren und annehmen. Genau an diesem Punkt in ihrem Leben können sie ermutigt werden, neue Leseridentitäten zu erproben. Sie können sich bewusst werden, dass sie zu einem großen Teil selbst in der Hand haben, was aus ihnen im Leben wird.

Viele Jugendliche erkennen ihre Bildungsdefizite und versuchen, sie zu verbergen. Sie sind daher Situationen gegenüber außerordentlich empfindsam, in denen sie vor Gleichaltrigen gedemütigt werden könnten. In einem Lernumfeld hingegen, das die Fähigkeit Jugendlicher, auf bestimmte Probleme im Umgang mit Texten hinzuweisen, erwartet und würdigt, kann diese Empfindsamkeit junger Menschen ihren Leseschwierigkeiten gegenüber ein unschätzbarer Vorteil sein.

Der natürliche Wunsch vieler Jugendlicher, bei der Schaffung von etwas mitzuwirken, das größer ist als sie selbst, kann auch ein motivierender Faktor sein, der ihr Bemühen um eine bessere Lesekompetenz unterstützt. Trotz eines gewissen Anflugs von Zynismus wollen junge Leute nützlich sein, wollen etwas verändern, die Welt verbessern. Zusätzlich zu dem eigenen Interesse Jugendlicher an zukünftigen Bildungs- und Berufschancen kann dieser Wunsch sie motivieren, die Kodes der Macht in unserer Gesellschaft zu beherrschen, einschließlich der Standards und Konventionen der Schriftsprache.

**Die Ressourcen von Schülern und Lehrern nutzen**

Das Ziel der Leseausbildung ist es, Schülern Hilfestellung dabei zu geben, kompetentere Leser zu werden, indem ihnen die beim Lehrer ablaufenden Leseprozesse deutlich gemacht werden, wobei sie zugleich Einblicke in die bei ihnen selbst ablaufenden Leseprozesse bekommen und sie sich ein Repertoire kognitiver Problemlösungsstrategien aneignen. Dies liefert ihren Lehrern zusätzliche Informationen über die sozialen Kontexte, Strategien und Wissensgrundlagen, die Jugendliche in die Aufgabe einbringen, einen Text sinnerfassend zu lesen. Eine Leseausbildung ist im Kern eine Partnerschaft des Sachverstands, die sich sowohl darauf stützt, was Fachlehrer als Leser mit fachspezifischem Hintergrund wissen und tun, als auch auf die einzigartigen und oft unterschätzten Stärken Jugendlicher als Lerner.

Im Oktober 1996 begannen vier Lehrerinnen den neuartigen Intensivkurs „Lesen macht schlau" an der Thurgood Marshall Academic High School in San Francisco. Alle Schüler der Eingangsstufe 9 nahmen daran teil. Bis Mai desselben Schuljahres hatten die etwa zweihundert Schüler, die vorher und nachher getestet wurden, ihr Leseverstehen vom Stand am Ende einer durchschnittlichen 7. Klasse auf den Stand am Ende einer durchschnittlichen 9. Klasse verbessern können, wie durch normbezogene Lesetests ermittelt wurde (siehe Kapitel 10). Ihr Leistungssprung entspricht in etwa der Fähigkeit, zunächst eigenständig Bücher auf dem Niveau des Kinderbuchs *Wilbur und Charlotte* von E. B. White und dann eigenständig Bücher auf dem Niveau des Romanklassikers *Wer die Nachtigall stört* von Harper Lee zu lesen.

Diese Verbesserung der Testergebnisse zeigte sich für alle ethnischen Gruppen und in vier unterschiedlichen Klassen, in denen vier Lehrer einen Unterricht auf der Basis der Leseausbildung durchgeführt hatten. Sie ging einher mit beeindruckenden und gleichermaßen wichtigen Veränderungen der Einstellung gegenüber dem Lesen und der Lesegewohnheiten. Ein Schüler der 9. Klasse sagte uns: „Was ich jetzt kann und vorher nicht gemacht habe, ist, darüber nachzudenken, was in dem Buch steht, und zu versuchen zu reflektieren und mir Gedanken darüber zu machen, was in dem Buch vorgeht, anstatt es einfach zuzumachen und nichts zu denken, wenn ich es lese." Zusätzlich zu dem neu gewonnenen Interesse am Lesen zum Vergnügen haben die Schüler Wissen und Selbstsicherheit als strategische Leser unterschiedlichster Texte erworben.

Ein Jahr später zeigten Folgestudien, dass die verbesserten Testergebnisse nicht nur gehalten werden konnten, sondern dass die Schüler auch weiterhin rasche Fortschritte machten. In Befragungen sagten uns Schüler der 10. Klasse, wie sie das, was sie in dem einjährigen Intensivkurs im Lesen gelernt hatten, in der Schule, in Prüfungssituationen und in ihrem täglichen Leben nutzten. Diese Verbindung von positiven quantitativen und qualitativen Ergebnissen gibt Anlass zur Hoffnung, dass die fast unbemerkte Lesekrise im Fachunterricht weiterführender Schulen nicht das hartnäckige Problem ist, das es mitunter zu sein schien. Und es gibt noch mehr Gutes zu berichten: Die Test- und Untersuchungsdaten von Lehrern, die das Konzept der Leseausbildung in ihren Fachunterricht integrieren, geben ebenfalls Anlass zur Hoffnung.

Als Gruppe haben die Schüler auch im Regelunterricht statistisch gesehen bedeutsame Fortschritte gemacht, wenn ihr Leseverstehen durch normbezogene Testverfahren überprüft wurde. Diese Schüler aus heterogenen Großstadtklassen haben im Vergleich zu der im selben Test überprüften Kontrollgruppe Boden gut gemacht und damit ihren Leistungsrückstand entscheidend verringert. Darüber hinaus zeigten die Einschätzungen der Schüler im Hinblick auf sich selbst als Leser, auf ihre Lesegewohnheiten und ihre Einstellung gegenüber dem Lesen und ihre Kenntnis der Strategien zur Bewältigung von Leseaufgaben Fortschritte, die denen der Schüler des einjährigen Intensivkurses ähnlich waren.

## 2. Vom Leselehrling zum Leseexperten: Leseausbildung mit System

Ganz offensichtlich bestimmen die Vorstellungen, die Pädagogen von der Natur des Lesens haben, ihre Herangehensweise bei dem Versuch, die Lesekompetenz von Schülern zu verbessern. Wie wir in Kapitel 1 ausgeführt haben, befassen sich einige aktuelle Ansätze mit Leseschwierigkeiten auf der Wortebene als Voraussetzung für eine verbesserte Lesekompetenz auf anderen Ebenen. Unser Ansatz unterscheidet sich davon, weil wir ein anderes Verständnis von der Natur des Lesens haben. Es folgt ein kurzer Abriss dessen, was vorliegende Forschungsarbeiten und unsere eigenen Beobachtungen ergeben haben.

### Was ist Lesen?

*Lesen ist nicht nur eine Grundfertigkeit.* Viele meinen, Lesen sei eine Fertigkeit, die ein für alle Mal in den ersten Schuljahren vermittelt wird. Begreift man das Lesen so, ist die Lesekompetenz von Schülern das Verdienst (oder Versäumnis) der Grundschullehrer. Lehrer weiterführender Schulen müssen dann nur noch in jeder Jahrgangsstufe die für die neuen Inhalte relevante Terminologie und die relevanten Konzepte vermitteln. So gesehen, ist das Lesen ein einfacher Prozess: Leser dekodieren alle Wörter in einem Text (finden heraus, wie sie ausgesprochen werden) und verstehen dann automatisch ihre Bedeutung, so wie sie das auch mit der Alltagssprache tun. Das entspricht nicht unserem Verständnis des Lesens.

*Lesen ist ein komplexer Prozess.* Denken Sie einen Moment an das, was Sie zuletzt gelesen haben. Einen Aufsatz eines Schülers? Eine Mitteilung der Schule? Eine Zeitungsanalyse eines sich verschärfenden Konflikts in einem anderen Teil der Welt? Einen Bericht über die Wasserqualität in Ihrer Kommune? Einen Roman? Wenn Sie sich die dabei ablaufenden geistigen Vorgänge noch einmal vergegenwärtigen könnten, würden Sie bemerken, dass Sie beim Lesen einen Bezug zu einer bestimmten, mit dem Text zusammenhängenden *Wissens- und Erfahrungswelt* herstellen. Der Text ruft Stimmen, Erinnerungen, Wissen und Erfahrungen aus anderen Zeiten und Orten wach – einiges davon weit entfernt, anderes aktueller. Würden Sie einen Text mit komplexen Gedankengängen oder eine für Sie ungewohnte Textsorte lesen, müssten Sie daran arbeiten, ihn zu verstehen, wobei Ihr Lesen wahrscheinlich dadurch gekennzeichnet wäre, dass Sie öfter von Neuem beginnen und im Text zurückgehen müssten. Sie würden wahrscheinlich versuchen, Bezüge zu Ihrem vorhandenen Wissen und Verständnis herzustellen. Sie könnten über Ihnen unbekannte Wörter gestolpert sein, deren Bedeutung Sie aus dem Kontext zu erschließen versuchten. Und Sie könnten einen inneren Dialog mit dem Autor geführt haben, in dem Sie dem Gelesenen im Stillen zustimmten oder nicht.

Erfahrene Leser machen sich im Laufe des Lesens eine Vorstellung über den Sinn des Textes, darüber, was er im Wesentlichen aussagt. Diese Vorstellung dient ihnen als sich entwickelnder Rahmen für das Verständnis folgender Textteile. Im Verlauf des weiteren Lesens überprüfen sie diesen sich abzeichnenden Sinn und überwachen ihr Leseverständnis, wobei sie auf Widersprüche achten, die sich bei der Interaktion mit dem Text ergeben. Merken sie, dass sie den Sinn des Textes beim Lesen nicht mehr erfassen, stützen sie sich auf eine Vielfalt von Strategien, um ihre Voraussetzungen neu festzulegen. Sie gehen an Texte mit bestimmten Zielvorstellungen heran, die sie beim Lesen leiten; sie nehmen gegenüber dem Text eine Haltung ein und reagieren auf die Vorstellungen, die sich in der Auseinandersetzung zwischen dem Text und dem eigenen Ich formen.

Beim Lesen einer Zeitungsanalyse zum Thema globaler Feindseligkeiten etwa könnten Sie im Stillen der Darstellung der Fakten widersprechen, die Behauptungen des Verfassers infrage stellen und sich in eine hitzige Debatte mit Freunden über die Außenpolitik der USA zurückversetzt fühlen. Sie könnten sich an Ereignisse erinnern, über die während früherer Kriege im Fernsehen berichtet wurde. Beschäftigt mit Ihren Erinnerungen, merken Sie dann vielleicht, dass Sie nichts von dem Text aufgenommen haben, obwohl Ihre Augen mehrere Absätze überflogen haben, sodass Sie diese Absätze also noch einmal lesen, wobei Sie sich dieses Mal auf die Analyse konzentrieren.

*Lesen ist Problemlösung.* Lesen ist kein unkomplizierter Vorgang, bei dem einer Textseite lediglich Wörter entnommen werden. Es ist ein komplexer Prozess der Problemlösung, in dem der Leser daran arbeitet, sich den Sinn eines Textes zu erschließen, und zwar nicht nur über die Wörter und Sätze, sondern auch über die Vorstellungen, Erinnerungen und das Wissen, die durch diese Wörter und Sätze wachgerufen werden. Obwohl das Lesen auf den ersten Blick ein passiver, isolierter und einfacher Vorgang zu sein scheint, ist es in Wahrheit ein aktiver Prozess, der mit einem reichhaltigen Mix von Stimmen und Ansichten verbunden ist – denen des Verfassers, des Lesers und anderer, die der Leser irgendwann einmal gehört oder gelesen hat.

*Lesegeläufigkeit ist nicht das Gleiche wie Dekodieren.* Lesefertigkeit erfordert von Lesern, bestimmte Aufgaben relativ automatisiert auszuführen. Dekodierfertigkeiten – eine schnelle Worterkennung und die verfügbare

Kenntnis eines relevanten Wortschatzes beispielsweise – sind unerlässlich für erfolgreiches Lesen. Sie sind jedoch bei Weitem nicht ausreichend, insbesondere nicht, wenn es um komplexe oder auf andere Weise anspruchsvolle Texte geht.

Dennoch wird in vielen Diskussionen über schwache Leser die Fähigkeit des Dekodierens mit Lesegeläufigkeit verwechselt. Lesegeläufigkeit beruht auf der Fähigkeit des Lesers, nicht nur einzelne Wörter, sondern auch größere sprachliche Einheiten zu dekodieren oder zu identifizieren. Bei unserer Erforschung der Lesekompetenz – unserer eigenen und der unserer Schüler – haben wir festgestellt, dass die Geläufigkeit des Lesens, wie andere Aspekte des Lesens, von dem jeweiligen Text abhängt. Sind Lesern die einem Text eigenen sprachlichen Strukturen und Merkmale fremd, bricht ihre Sprachverarbeitungsfähigkeit zusammen. Das heißt auch, dass Lehrer von Schülern, die erzählende oder literarische Texte geläufig lesen, nicht erwarten können, dass sie darstellende Sachtexte oder primäres Quellenmaterial gleichermaßen flüssig lesen.

Lesegeläufigkeit beginnt sich zu entwickeln, wenn Schüler oft Gelegenheit haben, Texte zu lesen, die leicht für sie zu lesen sind. Mehrfaches Lesen schwierigerer Texte steigert die Lesegeläufigkeit. Und ein für jugendliche Schüler vielleicht noch wichtigerer Punkt: Lesegeläufigkeit nimmt zu, wenn sie die Gelegenheit haben, eine Vielfalt von Texten mit unterschiedlichen Themen zu lesen, und dabei unterstützt und bestärkt werden.

*Leseleistung ist situationsbedingt.* Jemand, der eine Textsorte versteht, hat nicht notwendigerweise die Kompetenz, alle Textsorten zu verstehen. Ein erfahrener Leser von Kochbüchern versteht, was mit „zum Auskühlen auf ein Gitter stürzen" gemeint ist, ist aber vielleicht überhaupt nicht in der Lage, den Sinn einer juristischen Mitteilung zu erfassen. Ein Politikstudent weiß, dass die Wendung „andererseits argumentiere ich" die Hauptaussage des Autors einleitet und dass diese Hauptaussage im Kontrast zu vorhergehenden Aussagen steht. Aber der gleiche Student ist vielleicht hilflos, wenn er versucht, die von einem Freund empfohlenen Gedichte zu lesen. Für eine fähige Leserin eines Reparaturhandbuchs für Motorräder machen die Anweisungen Sinn, die einen Professor für englische Literatur vielleicht überfordern; jedoch ist sie möglicherweise nicht in der Lage, den Chemietext ihres Sohnes zu verstehen. Und ein Chemielehrer kann sich völlig unsicher fühlen, wenn er versucht, die Quellentexte auf der Leseliste seines Geschichts-Kollegen zu verstehen.

Mit anderen Worten: Das Lesen ist beeinflusst von situationsbedingten Faktoren, wozu die Erfahrungen des Lesers mit bestimmten Textsorten und das Lesen für bestimmte Zwecke zählen. So genannte gute oder kompetente Leser lesen nicht notwendigerweise alle Texte mit der gleichen Leichtigkeit oder dem gleichen Erfolg. Zugleich gilt, dass so genannte schwache Leser bzw. Leute, die Schwierigkeiten mit dem Lesen haben, nicht notwendigerweise Probleme mit allen Texten haben. Forscher wissen allerdings ein paar Dinge über Leser, die erfolgreicher als andere eine ganze Bandbreite von Texten und Textsorten bewältigen.

*Kompetente Leser haben einige Schlüsseleigenschaften gemein.* Die verschiedenen Lesekompetenzforscher streichen unterschiedliche Eigenschaften guter oder kompetenter Leser heraus. Trotz der Meinungsunterschiede in vielen anderen Bereichen der Leseforschung herrscht weitgehende Übereinstimmung im Hinblick auf verschiedene wichtige Gewohnheiten, die kompetenten Lesern gemein sind. Dieser Konsens kann folgendermaßen zusammengefasst werden:

Kompetente Leser sind ...

- geistig beteiligt,
- motiviert, zu lesen und zu lernen,
- bei Leseaufträgen in der Lerngruppe aktiv,
- strategisch bei der Überwachung der interaktiven Prozesse, die das Leseverständnis begleiten: Sie setzen sich Ziele, die den Leseprozess formen, sie überwachen ihr aufkommendes Verständnis eines Texts und sie koordinieren eine Reihe von Verständnisstrategien, um den Leseprozess zu kontrollieren.

## Soziale Unterstützung für das Lernen

Unser Ansatz der Leseausbildung im Fachunterricht gründet sich auf unsere Vorstellung vom Lernen als einem sozial-kognitiven interaktiven Prozess. Nach dieser Vorstellung, die auf der Arbeit des russischen Psychologen Lem S. Wygotski (1896–1934) basiert, wird die kognitive Entwicklung von Kindern „sozial vermittelt" – das heißt, dass Kinder durch die Teilnahme an Aktivitäten mit „kompetenteren anderen" lernen, die die Kinder bei den Aufgaben unterstützen, welche sie allein noch nicht bewältigen können. Diese kompetenteren anderen – beispielsweise Eltern, Geschwister und Lehrer – wägen ab, inwieweit sie das Kind in die Bewältigung einer Aufgabe einbeziehen, und ermutigen es, die Aufgabe allmählich immer stärker selbst zu bewältigen. Indem sie dies tun – oft unbewusst oder spontan –, helfen sie Kindern, Aktivitäten (Sprechen, Kochen, Ball Spielen, Lesen) im Laufe der Zeit immer eigenständiger auszuführen.

Das Lernumfeld, das von diesen – mit mehr Wissen ausgestatteten – anderen und den Lernenden gemeinsam bei Aktivitäten wie Lesen oder Rätsellösen geschaffen wird, unterstützt Lernende einerseits und fordert sie andererseits heraus, mit den Aufgaben zu wachsen. Lernende beginnen so, die verschiedenen Dimensionen der Aktivität zu verinnerlichen und sie sich anzueignen; beispielsweise ihre Ziele und Funktionen, die für ihre Ausführung erforderlichen Handlungen und die kulturellen Instrumente, die für die Bewältigung der Aufgabe nötig oder ihr angemessen sind. Durch diesen sozialen Lernprozess werden die kognitiven Strukturen – die Denkweisen von Lernenden – geformt.

## Lesen als kognitives Training

Die Vorstellung sozial vermittelten Lernens bezieht sich nicht nur auf Aktivitäten mit sichtbaren Komponenten wie das Zubinden von Schnürsenkeln oder das Skaten oder das Kochen. Es bezieht sich gleichermaßen, und gleichermaßen bedeutsam, auf überwiegend kognitive Aktivitäten, die in unserem Hirn, im Verborgenen vorgehen. Forscher, die innerhalb der sozial-kognitiven Tradition arbeiten, haben verschiedene Arten einer Ausbildung im Denken beschrieben, in der Lernende die geistigen Aktivitäten, die charakteristisch sind für bestimmte kognitive Aufgaben wie das Rechnen, das Schreiben von Aufsätzen, die Interpretation von Texten und Ähnlichem, durch soziale Unterstützung unterschiedlicher Art verinnerlichen und sich zu Eigen machen. Das Lesenlernen ist eine von vielen Aufgaben, die kognitives Training erfordern.

Ein für die Vermittlung von Lesekompetenz verantwortlicher Pädagoge beschreibt die Idee der kognitiven Ausbildung im Lesen durch einen Vergleich zwischen dem Erlernen des Lesens und dem Erlernen des Fahrradfahrens. In beiden Fällen ist ein kompetenterer Anderer anwesend, der dem Anfänger hilft, der den Anfänger aktiv in die Aktivität einbezieht und ihn auf oft übersehene und verborgene Strategien hinweist. Von Beginn an müssen Leselehrlinge in den gesamten Prozess der Problemlösung bis hin zum sinnerfassenden Lesen schriftlicher Texte einbezogen werden, selbst dann, wenn sie anfänglich nicht in der Lage sind, alle für ein erfolgreiches Lesen erforderlichen individuellen Strategien und Unteraufgaben allein anzuwenden bzw. durchzuführen. Insbesondere müssen die verborgenen kognitiven Aspekte hervorgehoben und dem Lernenden sichtbar gemacht werden. Jugendlichen Lesern zu zeigen, was hinter dem Vorhang kompetenten Lesens vor sich geht, ist eine besonders wirksame Hilfe für sie auf dem Weg dahin, es einmal ebenso zu beherrschen wie Erwachsene.

**Lesekompetenz entmystifizieren: Das Unsichtbare sichtbar machen**
Wenn Schüler zunehmend komplexe Denkweisen und Lösungswege für unterschiedliche kognitive Probleme übernehmen sollen, brauchen sie andere, die über mehr Wissen verfügen als sie selbst, andere, von denen sie lernen können, diese komplexen Aktivitäten durchzuführen. Der oft falsche Umgang mit Texten im Unterricht hinterlässt bei Schülern den Eindruck, dass Leseverstehen durch Zauberei entsteht. Damit Schüler beginnen können, ein Repertoire von Aktivitäten für das Verstehen von Texten zu erwerben, muss der Leseprozess entmystifiziert werden. Sie müssen sehen können, was sich im Hirn eines kompetenten Lesers abspielt, sie brauchen jemanden, der das Unsichtbare sichtbar macht, indem er die bei ihm oder ihr ablaufenden geistigen Aktivitäten laut ausspricht.

Kurz gesagt beruht unser Ansatz des Erwerbs von Lesekompetenz im Fachunterricht auf der Vorstellung, dass die komplexen Gewohnheiten und Aktivitäten leistungsstarker Leser vermittelt werden können. Wir sind aber nicht der Meinung, dass sie durch *Übertragung* vermittelt werden können, indem Schülern Strategien gezeigt werden, die sie üben müssen, um sie dann allein anwenden zu können. Wie wir es verstehen, erfordert stattdessen ein Lehr- und Lernumfeld, das Selbstvertrauen und Kompetenz von Schülern im Umgang mit unterschiedlichen anspruchsvollen Texten fördern kann, die Interaktion von Schülern und Lehrern in mehreren Dimensionen des Unterrichts. Es ist die Orchestrierung dieses interaktiven Lehr- und Lernumfelds im Unterricht, die wir *Ausbildung zum strategischen Leser* nennen.

Im folgenden Teil dieses Kapitels präsentieren wir kurz die unterschiedlichen Dimensionen des Lehrens und Lernens im Unterricht, die das Konzept der Leseausbildung kennzeichnen, und geben einen Überblick über die Lernchancen von Schülern, die nach diesem Förderansatz unterrichtet werden.

## Dimensionen des Unterrichts bei der Leseausbildung

Die folgenden Modelle beschreiben die vier Schlüsseldimensionen, die unseres Erachtens nötig sind, um die Entwicklung weiterführenden Lesens zu unterstützen (Abb. 2.1):

* *Soziale Dimension:* der Aufbau einer Lerngemeinschaft im Unterricht, einschließlich der Bewusstmachung der Kenntnisse und Fähigkeiten, die jedes Mitglied einbringt, sowie die Schaffung eines sicheren Umfelds, damit Schüler offen über ihre Leseschwierigkeiten sprechen können

- *Persönliche Dimension:* die Entwicklung der Identität und des Selbstbewusstseins von Schülern als Leser sowie ihrer Gründe für das Lesen und ihrer Ziele im Hinblick auf die Steigerung der Leseleistung
- *Kognitive Dimension:* die Entwicklung der geistigen Prozesse von Lesern, einschließlich ihrer Problemlösungsstrategien
- *Inhaltlich-fachliche Dimension:* die Identifizierung und Erweiterung des Wissens, das Leser an einen Text herantragen und durch Interaktion mit dem Text weiterentwickeln.

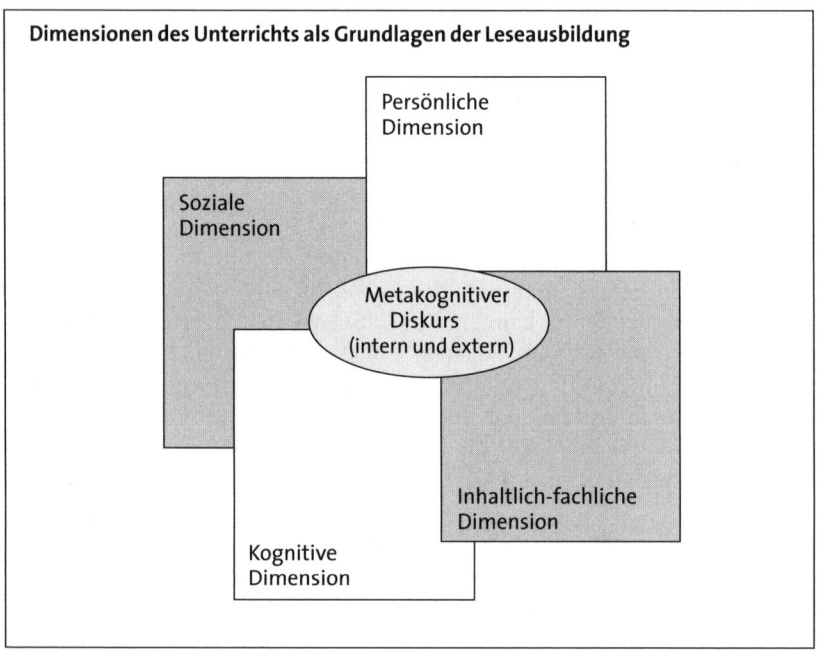

Abb. 2.1

### Der zentrale metakognitive Diskurs

Im Zentrum dieser eng aufeinander bezogenen Dimensionen steht ein alle Teilbereiche verbindender fortlaufender Diskurs, in dem Lehrer und Schüler über ihre persönliche Einstellung zum Lesen, über die Lernumgebung und die Ausstattung des Klassenraums, über ihre geistigen Aktivitäten und über Wissensaspekte diskutieren und damit die Faktoren benennen, die Leseverständnis ermöglichen. Dieses Sprechen über das Denken und Lernen, der so genannte *metakognitive* Diskurs findet auf zweierlei Weise statt: intern, wenn Lehrer und Schüler die individuell bei ihnen ablaufenden geistigen Prozesse wahrnehmen und überdenken; extern, indem sie über ihre Leseprozesse, Strategien, Wissensressourcen, Motivationen und Interaktionen mit Texten und affektiven Reaktionen auf Texte sprechen.

Metakognition ist, einfach gesagt, das Nachdenken über das eigene Denken. Wie es ein Forscher definiert: „Metakognition bezieht sich auf das Wissen, das man über seine eigenen kognitiven Prozesse und Produkte oder alles damit Zusammenhängende hat". In einem metakognitiven Diskurs werden sich die Teilnehmer somit ihrer geistigen Aktivität bewusst und können sie beschreiben und mit anderen darüber diskutieren. Solche Gespräche ermöglichen es Lehrern, ihre unsichtbare gedankliche Aktivität sichtbar zu machen, und sie ermöglichen es Lehrern wie Schülern, die Auswirkungen ihrer eigenen Denkprozesse überlegt zu analysieren und zu beurteilen. Viele Forschungsarbeiten in den letzten zwei Jahrzehnten haben Metakognition als Schlüssel zu tiefgründigem Lernen und flexibler Anwendung von Wissen und Fertigkeiten definiert.

Die vier, die Ausbildung im Lesen stützenden Dimensionen des Unterrichts sind verbunden durch das wichtigste Element: das gemeinsame Sprechen über sinnerfassendes Lesen von Texten. Durch Metakognition entwickeln Leselehrlinge ein Bewusstsein für die bei ihnen ablaufenden Leseprozesse und für die Tatsache, dass es überhaupt Leseprozesse gibt. Auf vielerlei Art, in Unterrichtsgesprächen zwischen Lehrern und Schülern, Kleingruppengesprächen, schriftlichen persönlichen Überlegungen und in Lesetagebüchern, in denen die individuelle Lektüre reflektiert wird, in persönlichen Briefen an den Lehrer oder sogar über Figuren aus Büchern, können Schüler beginnen, das eigene Denken kennen zu lernen, anzuwenden und weiterzuentwickeln.

Wenn solche Diskurse und Reflexionen zur Routine werden, geben sie Schülern fortgesetzt Gelegenheit zu überdenken, was sie tun, wenn sie lesen – wie sie versuchen, Texte zu lesen, und wie ihre Strategien ihnen dabei helfen. Interne und externe Diskurse über Leseprozesse und die Beziehungen, die sie zwischen und unter Lehrern und Schülern möglich machen, nehmen eine Schlüsselstellung in der Leseausbildung ein.

Darüber hinaus sind die soziale, die persönliche, die kognitive und die inhaltlich-fachliche Dimension des Unterrichts über einen metakognitiven Diskurs verbunden, und jede dieser Dimensionen hat eine eigene metakognitive Komponente, wie in den folgenden Abschnitten beschrieben wird.

## Die soziale Dimension

Die Leseausbildung beginnt mit der Schaffung eines sozialen Umfelds, in dem Schüler ihre Kenntnisse und Schwierigkeiten offenbaren sowie andere Schüler und ihre Lehrer als potenzielle Unterstützung für ihr eigenes Lernen sehen (Abb. 2.2). Um diese soziale Dimension zu entwickeln, erarbeiten Lehrer mit den Schülern das Bewusstsein, dass sie Teil einer sicheren Lesegemeinschaft sind.

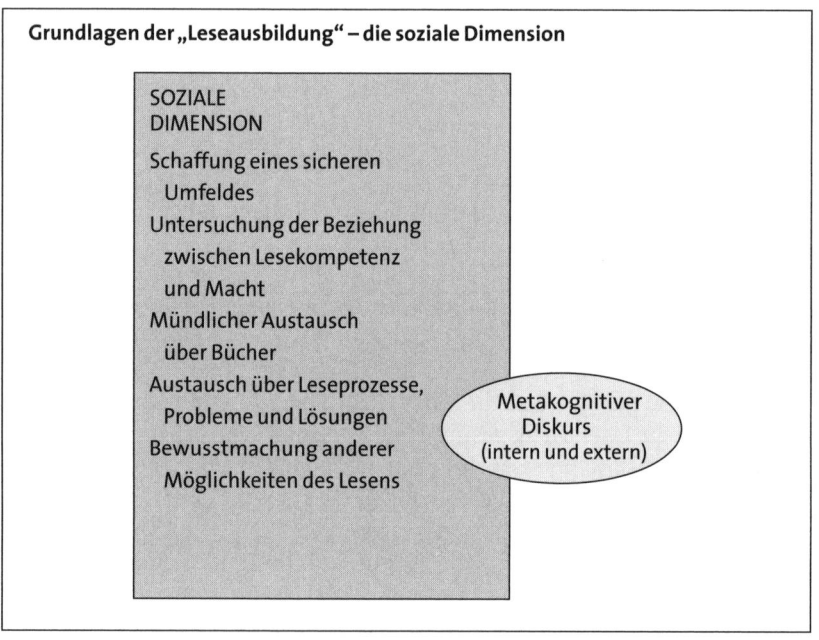

Grundlagen der „Leseausbildung" – die soziale Dimension

SOZIALE
DIMENSION

Schaffung eines sicheren
Umfeldes
Untersuchung der Beziehung
zwischen Lesekompetenz
und Macht
Mündlicher Austausch
über Bücher
Austausch über Leseprozesse,
Probleme und Lösungen
Bewusstmachung anderer
Möglichkeiten des Lesens

Metakognitiver
Diskurs
(intern und extern)

Abb. 2.2

Dieses Gefühl von Sicherheit zu schaffen, ist Grundlage für die Untersuchung der Leseprozesse. Um Schülern helfen zu können, aktive und strategische Leser zu werden, müssen wir von den Schülern selbst hören, was beim Lesen in ihrem Kopf vor sich geht. Deshalb müssen sie sich sicher fühlen, wenn sie Probleme, Nichtübereinstimmung mit Texten und sogar Desinteresse zum Ausdruck bringen. Sie müssen sich selbstverständlich trauen, darüber zu sprechen, an welcher Stelle sie einen Text nicht mehr verstanden haben, was für sie verwirrend war, wie sie normalerweise dieser Art von Verständnisproblem begegnen und wie gut diese Strategien ihnen helfen.

Die Motivation von Schülern zu lesen und daran zu arbeiten, ihre Lesekompetenz zu verbessern, steht in enger Beziehung zu ihrer kulturellen und
*Peer-Group*-Identität. Inwieweit eine gute Lernleistung von Schülern als
Mittel für einen Statusgewinn unter Gleichaltrigen gilt, variiert. Für einige
Schüler kann einer besseren Leseleistung, verglichen mit anderen in ihrer
sozialen Gruppe, ein Stigma anhaften. Anderen Schülern sind ihre Schwierigkeiten beim Lesen peinlich. Wenn Schüler ein Lernumfeld haben, in dem
sie unbesorgt ihre Leseschwierigkeiten erörtern können, werden sie ihnen
weniger peinlich sein. Bei Schülern Leseinteresse zu wecken, in deren sozialer Gruppe das Lesen negativ belegt ist, ist schwer. Bücher zu Themen,
die junge Menschen ansprechen, können helfen, dieses Interesse zu
wecken. Eine andere wichtige Möglichkeit besteht darin, dass sich Schüler
mit Fragestellungen über das Lesen, zur Lesekompetenz und deren Verbindungen mit politischer, ökonomischer und kultureller Macht auseinander
setzen.

Im Folgenden sind drei Unterrichtsaktivitäten dargestellt, die Lehrern
helfen, die soziale Dimension in der Leseausbildung zu etablieren.

### Ein sicheres Umfeld schaffen
- Darüber sprechen, was Schülern ein Gefühl der Sicherheit gibt, damit sie
  Fragen stellen oder ihre Probleme im Unterricht zeigen können.
- Regeln für den Unterricht vereinbaren, damit alle Schüler ihre Ideen und
  Probleme äußern können, ohne sich dabei dumm vorzukommen.
- Darüber sprechen, was Schülern ein Gefühl der Sicherheit gibt, damit sie
  sich am Lernen im Unterricht beteiligen können.
- Normen für den Unterricht vereinbaren, sodass sich Schüler an Lernak-
  tivitäten beteiligen können, ohne sich „uncool" zu fühlen.

### Die Beziehung zwischen Lesekompetenz und Macht untersuchen
- Untersuchen und darüber sprechen, welche Menschen in unserer Ge-
  sellschaft lesen, was sie lesen, warum sie lesen und wie das Lesen ihr Le-
  ben beeinflusst hat.
- Untersuchen und darüber sprechen, welche Menschen in unserer Ge-
  sellschaft nicht lesen und wie das Nichtlesen ihr Leben beeinflusst hat.
- Lesen und sprechen über die historische Aberkennung der bürgerlichen
  Rechte, die bestimmte gesellschaftliche Gruppen aufgrund mangelnder
  Lesekompetenz traf.
- Sprechen über die Beziehung zwischen Lesekompetenz und Macht unterschiedlicher Art, einschließlich ökonomischer, politischer und kultu-
  reller Macht.

## Über Bücher sprechen

- Sich über Bücher austauschen, die Lehrer und Mitschüler spannend, lustig, interessant oder wichtig fanden.
- Darüber sprechen, wie Lehrer und Mitschüler Bücher auswählen, die sie in der Freizeit gern und auch zu Ende lesen.
- Sich mit Lehrern und Mitschülern über die Reaktionen auf die Ideen, Ereignisse in Texten und die Sprache von Texten austauschen.

Lehrer und Schüler müssen ein Gefühl dafür entwickeln, dass die Untersuchung der eigenen und der fremden Leseprozesse eine gemeinschaftliche Aufgabe ist, die von gegenseitigem Respekt getragen wird. Dies ist die wichtigste Voraussetzung für eine erfolgreiche Ausbildung im Lesen. Fühlen sich Schüler einmal sicher, sich an Leseaktivitäten im Unterricht zu beteiligen und sich über die bei ihnen ablaufenden Leseprozesse und ihre Schwierigkeiten auszutauschen, kann die Lesegemeinschaft im Unterricht ihren Mitgliedern entscheidende Impulse hinsichtlich Vielfalt und Bandbreite von Interpretationen, Erfahrungen und Perspektiven bieten, mit denen unterschiedliche Leser an unterschiedliche Texte herangehen.

Schüler verfügen über vielfältige Stärken, einschließlich eines breiten Hintergrundwissens und allgemeiner Lebenserfahrungen. Jeder von ihnen kann deshalb in bestimmten Situationen mehr wissen als die anderen und dabei helfen, bestimmte Texte zu verstehen und Strategien und Kenntnisse für das Verständnis vieler Texte zu erwerben. Lehrer fungieren als Experten, deren Wissen genutzt werden kann. Dies betrifft Lesestrategien, relevante Hintergrundinformationen und Erfahrungen mit bestimmten Textsorten und den Funktionen, die sie erfüllen. In einem Unterricht, in dem der Austausch über individuelle Leseprozesse, Leseschwierigkeiten und Versuche, sie zu lösen, die Norm ist, haben Lehrer viele Möglichkeiten, ihre Sachkenntnis mit anderen zu teilen. Sie können auch die Aufmerksamkeit von Schülern auf die Tatsache lenken, dass unterschiedliche Leser in einer Klasse unterschiedliche wertvolle Kompetenzen einbringen, die Einfluss auf ihre Interpretation von Texten haben.

Insbesondere zwei Kategorien von Aktivitäten verstärken die soziale Dimension in einem Unterricht, in dem Schüler Zugang haben zu unterschiedlichen Kenntnissen, um mit Leseproblemen umgehen zu können.

## Austausch über Leseprozesse, Probleme und Lösungen

- Darüber sprechen, was in Texten unklar ist.
- Sich darüber austauschen, wie Lehrer und Schüler jeweils mit Verständnisproblemen bei Unterrichtstexten umgehen.

• Sich beteiligen an Unterrichts- oder Kleingruppengesprächen, in denen der Sinn schwieriger Texte erschlossen werden soll.

**Sich andere Möglichkeiten des Lesens bewusst und sie sich zu Eigen machen**

• Auf das jeweilige Wissen und die verschiedenartigen Erfahrungen achten, mit denen unterschiedliche Leser (Lehrer und Mitschüler) an einen Text herangehen, und darauf achten, wie dadurch die Interpretation des Gelesenen beeinflusst wird.
• Darauf achten, wie unterschiedliche Leser *laut denken* und auf Texte reagieren, während sie daran arbeiten, sich ihren Sinn zu erschließen.
• Auf die unterschiedlichen Lesestrategien achten, die unterschiedliche Leser anwenden, um Texten Sinn zu entnehmen.
• Die unterschiedlichen Strategien ausprobieren, die andere Leser anwenden, um sich den Sinn von Texten zu erschließen.

## Die persönliche Dimension

Die persönliche Dimension der Leseausbildung konzentriert sich darauf, das individuelle Verhältnis von Schülern dem Lesen gegenüber auf vielerlei Art und Weise zu entwickeln (Abb. 2.3). Unterrichtsaktivitäten unterstützen einzelne Schüler bei der Entwicklung eines zunehmenden Bewusstseins ihrer selbst als Leser und fordern sie dazu heraus, eigene Ziele und Motivationen, Vorlieben und Abneigungen, Hoffnungen und potenzielle Fortschritte hinsichtlich des Lesens zu entdecken und zu verfeinern. Diese Arbeit entwickelt sich innerhalb des sozialen Kontexts des Unterrichts und stützt diesen wiederum. In dem Maße, in dem einzelne Schüler sich selbst als Leser wahrnehmen, bringen sie die Beschreibungen ihrer vielfältigen Leseprozesse, ihre Reaktionen auf Texte sowie ihre Fragen und Interpretationen in die Unterrichtsgemeinschaft ein, die alle reichlich Stoff für Unterrichtsgespräche bieten.

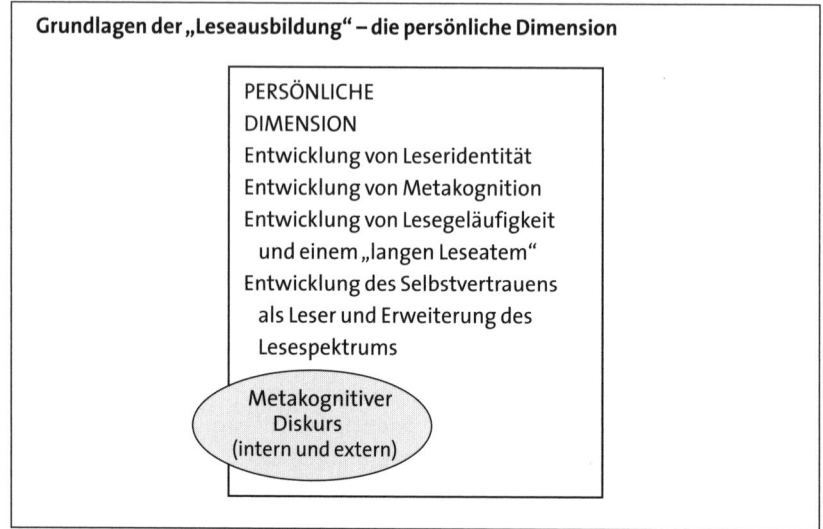

Abb. 2.3

Die Aktivität des Lesens, die Fähigkeit, verschiedene metakognitive und kognitive Strategien anzuwenden, um Texte sinnentnehmend lesen zu können, ist eng verknüpft mit dem *Willen* zu lesen. Wenn Schüler das Gefühl haben, sie seien keine guten Leser, können Frustration, Verlegenheit oder Versagensangst sie davon abhalten, sich mit dem Lesen zu beschäftigen. Ohne Vertrauen in sich selbst als Leser machen Schüler oft keinerlei ernsthafte Versuche, ihre Lesekompetenz zu verbessern.

Für die meisten Jugendlichen ist der Wunsch, selbst für zentrale Bereiche ihres Lebens wie Kleidung, Musik und Freizeit verantwortlich zu sein, ein wichtiges Thema in ihrer Entwicklung. Unserer Erfahrung nach haben wir den Kampf schon halb gewonnen, wenn wir die Leseausbildung als einen Weg zu mehr individueller Autonomie und Kontrolle sowie zu einer erweiterten Palette künftiger Lebensoptionen überzeugend darstellen können.

Es zu lernen, eigenständig ungewohnte Textsorten und komplexe Texte zu lesen, ist harte Arbeit. Wenn Schüler das Lesen nicht in Bezug zu ihren eigenen Interessen und Zielen setzen, sondern es als etwas betrachten, das sie nicht verbessern können, werden sie kaum die dafür notwendige Mühe aufwenden. Damit schwache Leser motivierter und ausdauernder werden, ist es außerordentlich wichtig, alles zu tun, damit ihre Bemühungen auch wirklich zum Erfolg führen.

Bei der Entfaltung der persönlichen Dimension der Leseausbildung arbeiten Lehrer und Schüler gemeinsam daran, eine neue Identität als Leser, ein Bewusstsein der bei ihnen ablaufenden Leseprozesse sowie mehr Ausdauer beim oft mühsamen Erwerb besserer Lesefertigkeiten und mehr Selbstvertrauen zu entwickeln, um mit neuen und ungewohnten Texten fertig zu werden.

Forscher im Bereich Lesekompetenz haben das Selbstverständnis von Lesern als wichtigen Aspekt der Motivation identifiziert. Besonders für Schüler, die sich selbst als Nichtleser oder schwache Leser sehen, ist die Herausbildung einer *Leseridentität* entscheidend. Lehrer können wiederholt eingesetzte Aufgabenstellungen oder regelmäßige Aktivitäten in den Unterricht integrieren, die Schülern dabei Hilfestellung leisten, sich selbst als Leser zu sehen und herauszufinden, welche Texte sie mögen und welche nicht. Solche Übungen helfen den Schülern darüber hinaus, ihre Stärken und Schwächen als Leser zu identifizieren und ihre sich selbst gesetzten Ziele als sich weiterentwickelnde Leser zu artikulieren und zu überwachen. Die folgenden Unterrichtsaktivitäten können Schülern helfen, sich selbst als Leser zu sehen.

**Entwicklung von Leseridentität**
- Vorherige Leseerfahrungen aufschreiben und sich mit anderen darüber austauschen.
- Lesegewohnheiten, Vorlieben und Abneigungen notieren und sich mit anderen darüber austauschen.
- Ziele für die persönliche Entwicklung der Leseleistung setzen und sie regelmäßig überprüfen.

Metakognitives Bewusstsein zu erlangen, ist ein notwendiger Schritt, um Kontrolle über die eigenen geistigen Aktivitäten zu bekommen. Das Bewusstsein der eigenen Denkprozesse ermöglicht es Lernenden, „eigenes Denken und Handeln zu reflektieren und zu analysieren, wie und warum sie mit ihrer Denkweise bestimmte Ziele erreichen und andere nicht". Zudem ist das Wissen um das eigene Denken mit anderen Formen des Wissens vergleichbar, weil es sich durch Erfahrung erweitert (das heißt durch die metakognitive Aktivität selbst) und durch Übung zunehmend automatisiert wird.

Schüler finden die Bewusstmachung der bei ihnen ablaufenden geistigen Prozesse ungewohnt, aber oft auch faszinierend. Es folgen einige Beispiele für Unterrichtsaktivitäten, die Schülern helfen, über ihr eigenes Denken nachzudenken.

**Entwicklung von Metakognition**

- Darauf achten, was in unterschiedlichen alltäglichen Situationen im Kopf vorgeht.
- Spezifische, in unterschiedlichen alltäglichen Situationen ablaufende Denkprozesse identifizieren.
- Darauf achten, worauf die Aufmerksamkeit beim Lesen gerichtet ist.
- Die vielfältigen Prozesse identifizieren, die während des Lesens ablaufen.
- Jeweilige gedankliche Aktivitäten selbst bestimmen; ablaufende Leseprozesse entsprechend steuern und kontrollieren.

Leser, die Schwierigkeiten haben und desinteressiert sind, befinden sich in einer paradoxen Situation. Sie müssen Leser werden, denen das Lesen geläufiger ist, um selbstsichere Leser zu werden, denen das Lesen mehr Spaß macht. Es ist aber schwierig, diese Geläufigkeit zu entwickeln, wenn man kein Selbstvertrauen und Interesse am Lesen hat. Unsere Kollegen haben bei ihren Praxiserfahrungen mit „Lesen macht schlau" und im „Netzwerk für strategische Lese- und Sprachförderung" eine Reihe von Möglichkeiten entwickelt, sich diesem schwierigen Bereich zu nähern.

**Entwicklung von Lesegeläufigkeit und mehr Leseausdauer**

- Den Schülern deutlich machen, dass jeder Leser, einschließlich der Lehrkraft, die Chance hat, sich während des gesamten Lebens als Leser weiterzuentwickeln.
- Die Rolle bestimmen, die Anstrengung bei der Verbesserung des Leseverstehens spielt; darauf achten, dass sich diese Anstrengung auszahlt.
- Auf Fortschritte achten, die man bei der Entwicklung hin zu einem leistungsstärkeren Leser macht, und sie würdigen; mehr Geduld mit sich selbst als Lernendem haben.
- Auch dann weiterlesen, wenn der Text verwirrend oder langweilig wird.
- Die Leseausdauer verbessern, um längere Texte und über einen längeren Zeitraum lesen zu können.

Es gibt ein weiteres Paradox, mit dem die Lehrer bei der Entwicklung eines persönlichen Bezugs von Schülern zum Lesen konfrontiert sind. Dies besteht darin, dass Leser, die sich hinsichtlich ihrer Fähigkeiten nicht sicher sind, auch weniger geneigt sind, Risiken einzugehen, die mit der Annäherung an neue Textsorten verbunden sind. Die Lesepalette zu erweitern, ist jedoch ein wichtiger Weg, Selbstvertrauen als Leser zu gewinnen. Schüler (und ihre Lehrer) sind sich oft nicht bewusst, wie viel sie täglich lesen. Die

Fertigkeiten, Strategien und das Wissen, das Schüler anwenden, um dieser täglichen Lektüre wie Mitteilungen von Freunden und Eltern, Internetseiten, Film- und Musikrezensionen, Songtexten und Computerhandbüchern Sinn zu entnehmen, sind wertvolle Ressourcen, die Lehrer im Unterricht bewusst machen müssen. Wenn Schüler davon überzeugt werden können, dass sie bereits viele Textsorten gemeistert haben, hilft dies, ihr Selbstvertrauen aufzubauen, das sie für die Annäherung an weniger vertraute Texte brauchen.

Unsere Kollegen haben zahlreiche Unterrichtsaktivitäten eingesetzt, um ein solches Selbstvertrauen aufzubauen und die Palette der Texte zu erweitern, die Schüler lesen. Im Folgenden ihre Empfehlungen:

**Entwicklung eines Selbstvertrauens als Leser und Erweiterung des Lesespektrums**
- Bringen Sie die vielfältigen Textsorten, die Schüler im täglichen Leben lesen, in den Unterricht ein.
- Ermitteln Sie, wie Schüler sich diesen unterschiedlichen Textsorten nähern und sie sinnerfassend lesen.
- Verknüpfen Sie die Kompetenzen, die Schüler beim Umgang mit diesen Texten erkennen lassen, mit den Fähigkeiten, die Schüler im Umgang mit ungewohnten Texten brauchen.
- Lassen Sie Schüler mit Unterstützung der Klasse kurze Texte lesen, die einer breiten Palette ungewohnter Textsorten entnommen sind.
- Lenken Sie die Aufmerksamkeit auf das, was Schüler verstehen, wenn sie ungewohnte Texte lesen.

### Die kognitive Dimension

Die kognitive Dimension der Leseausbildung konzentriert sich auf die Erweiterung des Repertoires an kognitiven Strategien, mit denen Schüler Texte sinnerfassend lesen können (Abb. 2.4). Über die persönlichen und sozialen Aktivitäten von Schülern und Lehrern, bei denen sie über die bei ihnen ablaufenden Leseprozesse nachdenken und sich darüber austauschen, beginnen sich die unterschiedlichen Umgangsweisen von Lesern mit Texten abzuzeichnen. Damit sind die Weichen gestellt für das Erlernen neuer und vielleicht wirkungsvoller Möglichkeiten des Lesens. Das Ziel der Unterrichtsarbeit in der kognitiven Dimension ist die Erweiterung des Repertoires an Strategien, die Schüler eigenständig anwenden können, um die bei ihnen ablaufenden Leseprozesse und damit ihr Leseverständnis zu kontrollieren.

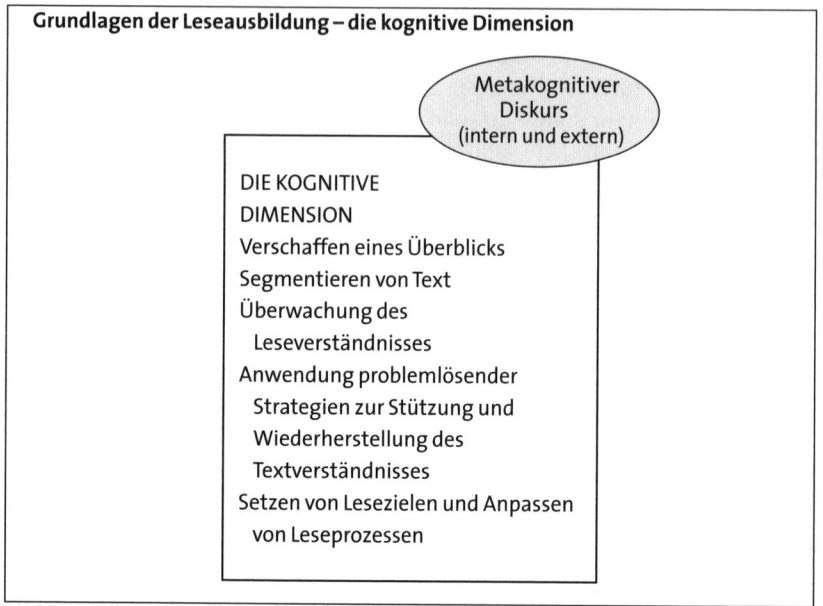

Abb. 2.4

Seit den 70er-Jahren des letzten Jahrhunderts wurden in zahlreichen For-schungsarbeiten viele verschiedene kognitive Strategien benannt, die von leistungsstarken Lesern angewendet werden, um einen schwierigen Text zu enträtseln und das Leseverständnis wieder herzustellen, wenn es ihnen ab-handen gekommen ist: Einige davon erörtern wir in diesem Abschnitt. Die Forschungsarbeiten zeigen, dass diese Zugangswege den Schülern vermit-telt werden können, die sie nicht spontan von sich aus anwenden. Wenn Schüler diese Strategien einmal erworben haben und sie für eigene Lese-zwecke nutzen, wachsen ihr Selbstvertrauen und ein Gefühl der Kontrolle über die bei ihnen ablaufenden Leseprozesse. Es ist jedoch wichtig, das Ver-mitteln und Üben von Strategien genau da in die Lektüre von Fachtexten im Unterricht zu integrieren, wo diese Techniken den leseschwachen Schülern auch nützlich sind. Werden Schülern kognitive Strategien isoliert vermittelt – losgelöst von den Texten, die ihre Anwendung erfordern, und ohne weite-re Unterstützung –, werden Schüler nicht zu leistungsstarken und unab-hängigen Lesern.

Anfänglich geben Strategien wie extensives Lesen, kursorisches Lesen und überspringendes Lesen Schülern einen Überblick über den gesamten Text, obwohl einzelne Aspekte vielleicht späterer Klärung bedürfen. Teil des strategischen Umgangs mit Texten ist es, mit Mehrdeutigkeiten und Unklarheiten zu leben. Schüler können sich Problempunkte im Text später vornehmen, vielleicht mit einigen Problemlösungsstrategien, nachdem sie einen Blick auf das Ganze geworfen haben. Diese Strategien ermöglichen es Schülern, sich Texten zu nähern, die ihnen sonst zu schwierig vorkommen. Lehrer können Schülern beim Üben demonstrieren, wie sie sich solchen Texten nähern. So liefern sie ein genaues Modell für das gewünschte Lernverhalten.

### Sich einen Überblick verschaffen
- Texte extensiv und kursorisch lesen,
- über Mehrdeutigkeiten und Unklarheiten hinweglesen,
- überspringend lesen, um zu sehen, ob sich offene Fragen klären,
- das Bild, das man sich vom Textinhalt gemacht hat, überdenken, um das Leseverständnis zu überprüfen.

Forschungen haben auch ergeben, dass kompetente Leser einen Text unter Anwendung vielfältiger Strategien in verständliche Blöcke unterteilen. Den Text zu unterteilen, ist eine besonders nützliche Lesestrategie, wenn er im Ganzen nicht verstanden wird. Wenn der problematische Abschnitt des Texts noch einmal gelesen wird, können Leser oft das *Segment* identifizieren, dem sie sich näher widmen müssen, und sich nur auf diesen Teil konzentrieren, um das Leseverständnis wieder herzustellen. Unsere Kollegen haben einige dieser Strategien zur Segmentierung von Texten in ihren Unterricht aufgenommen.

### Segmentieren von Text
- Texte in Sinneinheiten, beispielsweise komplexe Sätze in einzelne Sätze, zerlegen,
- den Bezug von Pronomen und anderen Bindewörtern im Text klären,
- Texte detailliert lesen (Interpretationen auf spezifische Hinweise im Text beziehen).

Über mehr als zwei Jahrzehnte haben Forschungsarbeiten gezeigt, dass leistungsstärkere Leser ihre Lesetätigkeit überwachen, dass sie überprüfen, welche Fortschritte das eigene Leseverständnis macht. Weniger leistungsstarken Lesern ist oft nicht bewusst, wie gut sie einen Text verstehen, aber zahlreiche Interventionsstudien zeigen, dass dieses kritische Bewusstsein und die anschließende Kontrolle des Leseverständnisses vermittelt werden können. Die folgenden Aktivitäten ermöglichen es Lehrern, Schülern das gewünschte Lernverhalten genau zu zeigen und sie anzuleiten, damit sie ihr Verständnis beim Lesen schwieriger Texte überwachen können.

**Überwachung des Leseverständnisses**
- Überprüfen, ob sich Leseverständnis einstellt,
- das Leseverständnis durch Zusammenfassen oder Paraphrasieren überprüfen,
- entscheiden, ob zu diesem Zeitpunkt Unklarheiten beseitigt werden müssen.

Forscher haben herausgefunden, dass es wichtig ist, Lesern in der Ausbildung dabei zu helfen, ihre innere Beteiligung während des Lesens aufrechtzuerhalten. Das Interesse von Schülern an und ihr Verständnis von Texten wird gestützt durch Unterrichtsaktivitäten, die ihnen helfen zu verstehen, dass Lesen ein aktiver, problemlösender Prozess ist, bei dem Texten Sinn entnommen wird, und dass sie sich auf all ihr Wissen und ihre Erfahrung stützen müssen, weil das gesamte Ich eines leistungsstarken Lesers am Leseprozess beteiligt ist.

**Die Anwendung problemlösender Strategien zur Stützung und Wiederherstellung des Textverständnisses**
- Formulieren von Fragen an Text, Autor und sich selbst,
- Auseinandersetzung mit dem Text über Randbemerkungen,
- Visualisieren des im Text Beschriebenen,
- Herstellen eines sinnvollen Bezugs zwischen dem Text und anderem Wissen, anderen Erfahrungen oder Texten,
- erneutes Lesen von Textabschnitten zur Klärung von Unklarheiten,
- Zusammenfassen, Nacherzählen oder Paraphrasieren von Texten oder Textteilen,
- Darstellung von Textkonzepten oder -inhalten in grafischer Form,
- Darstellung von Textkonzepten oder -inhalten durch Metaphern und Analogien,
- Organisieren der thematischen Aspekte eines Texts und den Überblick behalten durch grafische Organisationshilfen, durch Aufzeichnungen wesentlicher Punkte, durch ein fortlaufendes Protokoll der Gedanken zum Text.

Kompetente Leser lesen Texte unterschiedlich, abhängig vom Zweck des Lesens. Der Zweck bestimmt den Leseprozess. Manchmal überfliegt man vielleicht eine Fernsehprogrammzeitschrift, um die Sendezeit einer Show herauszufinden, die man gern sieht. Ein anderes Mal sieht man sich für jeden Kanal an, was zu einer bestimmten Zeit geboten wird, liest sogar die Filmrezensionen, um zu entscheiden, was man sich ansehen will. Anfänglich müssen sich Schüler bewusst entscheiden, warum sie bestimmte Texte lesen wollen, selbst wenn die Texte als Leseauftrag hereingegeben wurden. Dann können Schüler durch Fragen und Austausch mit anderen im Unterricht feststellen, wie der Zweck die Art und Weise beeinflusst, mit der man sich einem Text nähert.

Lehrer können Schülern dabei helfen, zu erkennen, dass der Zweck des Lesens die bei ihnen ablaufenden Leseprozesse bestimmt, indem sie dies zunächst vorbildhaft demonstrieren und die Lernenden anschließend beim eigenen Tun unterstützen.

**Setzen von Lesezielen und Anpassen von Leseprozessen**
- Bestimmen der Zielvorstellungen, bevor man beginnt, einen Text zu lesen,
- Lesen desselben Texts zu unterschiedlichen Zwecken,
- darauf achten, wie der Zweck den Leseprozess bestimmt,
- Variieren der Leseprozesse in Abhängigkeit von den Lesezielen.

Bei der Leseausbildung sind Schüler nicht nur damit beschäftigt, unterschiedliche Strategien für die Steuerung von Leseprozessen und für das Wiederherstellen des Textverständnisses einzuüben, sondern auch die Auswirkungen dieser Strategien auf ihr Leseverhalten und ihre Leseentwicklung zu beurteilen. Schüler tauschen sich aus über das, was sie tun, um sich den Sinn eines Textes zu erschließen. Sie tauschen sich auch darüber aus, *wie* sie das tun, werden sich dabei ihrer eigenen Lesestrategien bewusst und können anderen in ihrer Lerngruppe Hilfestellung leisten.

## Die inhaltlich-fachliche Dimension

Wie viele andere Faktoren beim Lesen stützt das Wissen – entweder über die Welt oder über die Thematik eines Textes, über die Funktion, die bestimmte Texte erfüllen, oder über die fachspezifischen Denkweisen sowie die fachspezifische Verwendung von Sprache – das verstehende Lesen und entwickelt sich gleichzeitig als Ergebnis des Lesens. Damit Schüler kompetente Leser werden, müssen sie etwas über die Themen wissen, denen sie im Text begegnen, um Verbindungen zu den dargestellten Gedankengängen herstellen und ihr Vorverständnis verfeinern zu können. Damit Schüler Zugang zu unterschiedlichen Texten bekommen, müssen sie wissen, wie die

Konventionen – die Richtungshinweise, die Autoren geben – zu deuten sind. Diese leiten den Leser durch die Gedankengänge des Autors. Um Texte im Fachunterricht zu verstehen, müssen Schüler auch die spezifische Art zu denken und damit zu lesen kennen, die die Praxis des Naturwissenschafts-, Geschichts-, Mathematik- und Literaturunterrichts bestimmt. Dieses unterschiedliche Wissen über Inhalte, über Texte und über die den Fachunterricht kennzeichnenden Denkweisen ist eine entscheidende Stütze für das Leseverständnis (Abb. 2.5).

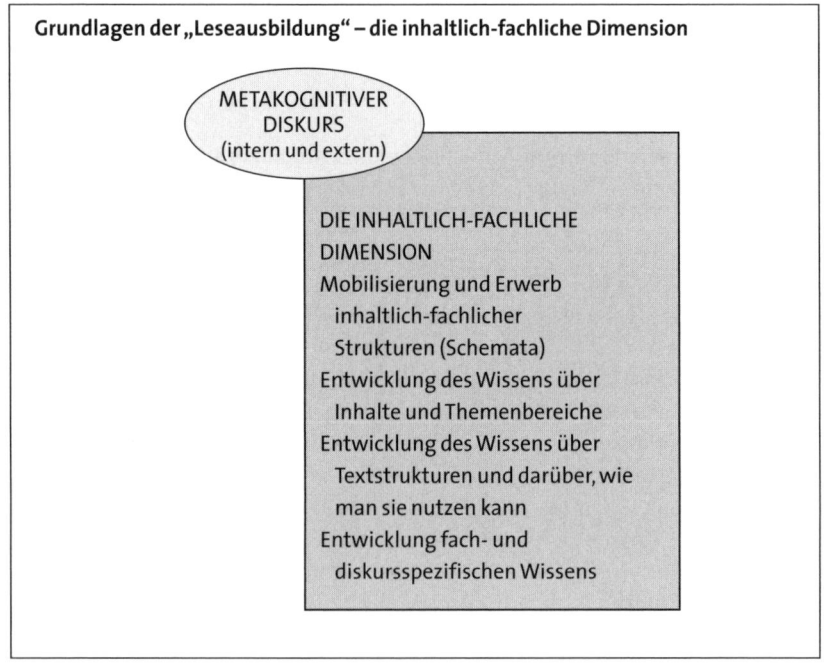

Abb. 2.5

Forschungen über die geistigen Prozesse kompetenter Leser haben zu einigen modernen Schlüsselerkenntnissen darüber geführt, wie diese Prozesse ablaufen, wie Menschen denken und sogar womit sie denken. In den 70er-Jahren des letzten Jahrhunderts durchgeführte Studien zeigten, wie Leser mit Texten interagieren und wie sie beim Versuch, Texten Sinn zu entnehmen, die Fülle ihres Wissens einbringen. Leser nehmen Informationen in Texten nicht einfach passiv auf, sondern mobilisieren aktiv ihre Wissensstrukturen, um sich in der Interaktion den Sinn von Texten zu erschließen.

Beim Lesen werden, ausgelöst durch bestimmte Gedankengänge, Wörter oder Situationen, ganze Wissens- und Assoziationswelten wachgerufen. Diese Wissensstrukturen sind bekannt als *Schemata*. Schemata für bestimmte Wissens- oder Informationsnetzwerke werden beim Lesen aktiviert und die existierenden Schemata werden beim Lesen ergänzt, wenn der Leser auf neue Informationen stößt. Darüber hinaus beeinflussen die existierenden Schemata die Art und Weise, wie man sich einem Text nähert und wie man sich den Sinn eines Textes erschließt.

Schemata, bestehend aus einer Fülle an Text- und Weltwissen, sind als Assoziationsnetzwerke organisiert, die durch ein einziges Wort aktiviert werden können. So kann das Wort *Ball* Bilder von Mustern auf dem Fußball, Banden und Markierungen sowie von Schiedsrichtern, Feldspielern und sogar Sportkommentatoren heraufbeschwören, die am Spiel beteiligt sind. Tore, Fouls, zufällige Daten über bestimmte Spieler und sogar die Gerüche und Geräusche in Fußballstadien können einem sofort und automatisch einfallen, wenn solche Bilder und Vorstellungen in das Bewusstsein dringen. Für einen anderen Leser beschwört das gleiche Wort, *Ball,* vielleicht ein konkurrierendes Schema herauf: Bilder von langen Kleidern und dunklen Anzügen, festliche Musik und die Befangenheit beim ersten Abschlussball der Tanzstunde. Kompetente Leser wissen, dass sie jedes Schema zurückweisen müssen, das sich als ungeeignet erweist, sowie sie auf weitere Informationen im Text stoßen. Weniger erfahrene Leser halten dagegen oft an ungeeigneten Bildern fest, die einen sinnvollen Bezug verhindern.

Wissen kann auch auf andere Weise gespeichert werden, beispielsweise als *Regelsystem* für bestimmte Textsorten. Kompetente Leser von Kindergeschichten verfügen über ein *Regelsystem für Geschichten,* das es ihnen ermöglicht vorherzusagen, wie es nach „es war einmal" weitergehen wird. Wissen kann auch als *Skript* für ein Ereignis mit einer bekannten und vorhersagbaren Struktur wie eine Geburtstagsfeier oder ein Essen im Restaurant gespeichert werden. Aufgrund der Erfahrung, wie man sich in Restaurants verhält, haben einige ein *Skript* für das Finden eines Platzes, für das Heranrufen des Kellners oder der Kellnerin, das Überreichen der Speisekarte und so weiter. Sie sind daher nicht überrascht, wenn eine Person mit einem kleinen Schreibblock auf sie zukommt und fragt: „Haben Sie schon gewählt?"

Bei der Leseausbildung helfen Lehrer Schülern nicht nur, geeignete Schemata für bestimmte Texte zu aktivieren, sondern auch, zu erkennen, dass Texte ganze Netzwerke assoziierten Wissens und assoziierter Erfahrung aufrufen. Folgende Aktivitäten können Schülern die nötige Praxis vermitteln.

**Mobilisierung und Erwerb inhaltlich-fachlicher Strukturen (Schemata)**
- Das Erkennen unterschiedlicher Schemata, die durch ein einziges Wort aktiviert werden können,
- Austausch über Schemata, die Leser aktivieren, während sie einen bestimmten Text lesen,
- Identifizierung der Schemata, die geeignet sind, um sich den Sinn eines bestimmten Textes zu erschließen,
- Zurückweisen von konkurrierenden, aber für bestimmte Texte ungeeigneten Schemata.

Viele Studien haben gezeigt, dass Schüler mit Vorwissen über die Themenbereiche, die ihnen in einem Text begegnen, mehr vom Text verstehen und auch mehr Informationen aus ihm ziehen als Schüler, die dieses Wissen nicht haben.

Weil Vorwissen eine so wichtige Quelle für Textverständnis ist, sind viele lesevorbereitende Unterrichtsaktivitäten konzipiert worden, um Schemata aufzubauen, die bei Schülern das Textverständnis und die Fähigkeit, Informationen zu speichern, verbessern. So werden Schülern beispielsweise lesevorbereitende Übungen oder kurze Zusammenfassungen vor dem Lesen des Textes gegeben. Pädagogen haben viele Möglichkeiten entwickelt, um das bei Schülern vorhandene Wissen zu den Themen zu aktivieren, über die sie lesen werden. Und schließlich haben viele Studien gezeigt, dass Schüler angesichts neuer und konkurrierender Informationen große Schwierigkeiten haben, vorherige Annahmen oder Vorstellungen fallen zu lassen. Strategien, um fälschliche Annahmen zu artikulieren und infrage zu stellen, sind wichtig, wenn Lehrer den überzeugenden, aber falschen Betrachtungsweisen von Schülern entgegentreten wollen.

Lehrer können Übungen wie die folgenden einsetzen, um Schüler auf das Aufnehmen neuer Informationen vorzubereiten.

**Entwicklung des Wissens über Inhalte und Themenbereiche**
- Brainstorming und Wissen und Informationen zum Thema austauschen,
- widersprüchliches Wissen oder widersprüchliche Informationen zum Thema identifizieren,
- sich in ähnliche Situationen versetzen wie die, denen man im Text begegnet,
- im Text enthaltene themenspezifische Termini sondieren,
- Stellung zu einem Thema nehmen, bevor darüber gelesen wird, vielleicht in einem Aufsatz über das Thema,

- beurteilen, wie vorheriges Wissen oder vorherige Vorstellungen über ein Thema zu den Darlegungen im Text passen.

Obwohl Vorwissen über den Inhalt eines Texts eine wichtige Grundlage ist, die Leser nutzen, um ihr Textverständnis zu steigern, ist es nicht das einzige, das sie brauchen. Es hat sich ebenso gezeigt, dass das Wissen darüber, wie unterschiedliche Texte strukturiert sind und wie diese Strukturen die Organisation und Verknüpfungen der Gedanken des Autors erkennen lassen, das Textverständnis und das Gedächtnis beeinflusst. Kompetente Leser nutzen ihre Kenntnisse der Textstrukturen, um die wesentlichen Punkte zu verstehen. Wenn sie berichten, woran sie sich erinnern, reflektiert ihre Zusammenfassung die Textorganisation. Weniger erfahrene Leser, die sich offensichtlich der Textstrukturen nicht bewusst sind, haben Schwierigkeiten, die Textinformation zu organisieren und ihrem Stellenwert entsprechend einzuordnen. Bei unserer Arbeit mit Jugendlichen treffen wir oft Schüler, die einem üblichen Erzähltext folgen können, die aber die Strukturen darstellender Sachtexte verwirrend finden. Darstellende Sachtexte stützen sich häufig auf einen wissenschaftlichen Diskurs, der durch komplexe Sätze mit zahlreichen Nebensätzen, durch Substantivierungen, die für umfassende fachliche Konzepte stehen, und durch Ableitungen aus dem Lateinischen und Griechischen gekennzeichnet ist. Zahlreiche Forschungsarbeiten zeigen jedoch, dass Schüler ein besseres Textverständnis bekommen, wenn ihnen vermittelt wurde, Textstrukturen durch unterstützende Mittel wie grafische Organisationshilfen oder die überblickende Betrachtung eines Textes zu identifizieren.

In der inhaltlich-fachlichen Dimension einer Leseausbildung können Lehrer Schülern durch Aktivitäten wie den folgenden Hilfestellung leisten.

**Entwicklung des Wissens über Textstrukturen und ihre Nutzung**
- Herausarbeiten, wie bestimmte Texte strukturiert sind,
- auf Strukturmuster achten, die in gleichartigen Texte vorkommen,
- Entdecken der texttypischen Sprache,
- Bestimmen der Stämme, Präfixe und Suffixe von Wörtern mit lateinischem oder griechischem Ursprung, die man oft in darstellenden Sachtexten findet,
- Wortfelder erstellen, die mit bestimmten Vorstellungen oder Fachbereichen in Verbindung gebracht werden,
- sich Textorganisation und -struktur zunutze machen, um das Verständnis bestimmter Texte zu fördern,

- sich vor dem Lesen einen Überblick über den Inhalt eines Textes verschaffen, um ein Textschema aufzubauen; auf strukturelle Elemente wie Überschriften, Untertitel und Illustrationen achten,
- darauf achten, dass bestimmte Wörter oder Wendungen eine bestimmte inhaltliche Richtung des Textes signalisieren,
- Signalwörter und -wendungen verwenden, um das Textverständnis zu stützen und um vorherzusagen, welche Richtung der Text als Nächstes nehmen wird.

Es ist bisher wenig erforscht worden, wie das Wissen über spezifische Denkweisen und die Verwendung von fachspezifischer Sprache effektiv in den Leseunterricht integriert werden können. Trotz des relativen Mangels an Forschungsarbeiten glauben wir, dass Schüler die spezifischen „geistigen Gewohnheiten", die charakteristisch für bestimmte Fachbereiche sind, verstehen müssen, um Fachtexte sinnerfassend lesen zu können. Wir haben beobachtet, wie wichtig es für unsere eigenen Schüler ist zu verstehen, welche Funktion bestimmte Texte in der Welt erfüllen und zu welchen sozialen Praktiken sie beitragen. Die bloße Kenntnis der Themen und Textstrukturen hilft Schülern nicht, denen der größere Sinnzusammenhang eines Fachtextes unklar ist. So ist ihnen beispielsweise oft nicht bewusst, dass wissenschaftliche Arbeit durch das Streben nach Erklärungen oder Entdeckungen motiviert ist, oder dass Geschichte ein Arbeitsgebiet ist, das sich der Interpretation und Erklärung von Ereignissen widmet, oder dass das Studium der Literatur als ästhetische Erforschung menschlicher Verhältnisse verstanden werden kann.

Fachspezifisches Wissen hängt mit der allgemeinen Vorstellung kommunikativer Kompetenz zusammen – der Kompetenz, bestimmte Formen von Sprache oder Diskurs zu erzeugen und zu verstehen –, die sich in einem bestimmten sozialen Rahmen entwickelt. In den letzten zwei Jahrzehnten haben Forschungen in den unterschiedlichen Fachbereichen wie Linguistik, Sozialpsychologie, kognitive Wissenschaft, Anthropologie und Erziehung zum einen gezeigt, wie kompetente Leser und Verfasser bestimmter Texte sich die für die Rezeption und Produktion von Texten erforderlichen einzelnen Fertigkeiten oder Prozesse aneignen; zum anderen haben sie dargelegt, wie man mit der eigenen Literalität teilhaben kann an der Art zu lesen und zu schreiben, die von bestimmten Leser- und Autorenkreisen geschätzt wird. Sie lernen spezifische Umgangsweisen mit Wörtern, indem sie sich aktiv mit dem Lesen und Schreiben unter Anwesenheit und Anleitung von erfahrenen Fachleuten mit mehr fachlichem Können beschäftigen.

Autoren, die gemäß den Praktiken und Konventionen eines Fachbereichs schreiben, setzen oft voraus, dass Leser die für den Fachbereich spezifische Denkweise schätzen und verstehen. Spezialisierte Denkweisen gehen mit spezialisierter Verwendung von Sprache einher, die wir *fachspezifischen Umgang* mit Wörtern nennen. Durch unterrichtliche Erfahrungen mit „Lesen macht schlau" und durch unser weiter reichendes Netzwerk von Lehrern an weiterführenden Schulen haben wir erforscht, wie man Schülern ein größeres Wissen über fachbereichsspezifische Textstrukturen, Wortverwendung und Denkweisen erschließen kann. Dieses Wissen ist besonders wichtig, wenn Pädagogen jugendliche Schüler im Lesen von Fachtexten ausbilden wollen, und dennoch ist es bisher kaum in den Fachunterricht einbezogen worden. Wir glauben, dass die Vermittlung von Wissen über Textstrukturen von Fachtexten und die fachliche Arbeit, die diese Texte widerspiegeln, es Schülern ermöglicht, die Kodes von Fachtexten zu knacken, um erfolgreichere und letztendlich eigenständigere Lernende zu werden.

Lehrer können Schülern beim Erwerb fach- und diskursspezifischen Wissens helfen, indem sie ihnen ihre eigenen fachspezifischen geistigen Gewohnheiten durch lautes Denken und Unterrichtsgespräche transparent machen und so zur Entmystifizierung der versteckten Kodes beitragen – der Art, wie Sprache verwendet wird, der Konventionen der Form und der weiter reichenden Fragestellungen und Standards von Forschung und Erkenntnis, auf die es in bestimmten Fachbereichen ankommt. Darüber hinaus können sie Schüler mit Unterrichtsaktivitäten wie den folgenden beschäftigen.

### Entwicklung fach- und diskursspezifischen Wissens

- Mögliche Absichten identifizieren, die Autoren beim Verfassen bestimmter Texte verfolgen,
- mögliche Zielgruppen ausmachen, an die sich bestimmte Texte zu wenden scheinen,
- feststellen, welche Funktion bestimmte Texte in bestimmten Umständen erfüllen,
- weiter reichende Fragestellungen, Ziele und geistige Gewohnheiten erforschen, die bestimmte Fachbereiche kennzeichnen,
- erforschen, welche Funktion Texte in bestimmten Fachbereichen erfüllen,
- die spezifische Verwendung von Sprache in bestimmten Fachbereichen identifizieren.

In Teil B hauchen wir der Leseausbildung durch Beschreibungen des praktischen Unterrichts Leben ein, indem wir den metakognitiven Diskurs und alle vier Dimensionen veranschaulichen. Wir stellen darüber hinaus Unterrichtsstunden und spezifische Aufgabenstellungen der Leseausbildung sowie den Unterricht unserer Kollegen des „Programms für strategische Lese- und Sprachförderung" dar. Weil es sich hierbei um realen Unterricht handelt, lassen sich die Unterrichtsaktivitäten nicht klar der einen oder anderen der eng verbundenen Dimensionen der Leseausbildung zuordnen, obwohl wir uns um der Erläuterung willen bemühen, dies zu tun. Dennoch ist die Tatsache, dass sich die Dimensionen unseres Ansatzes überlagern, ein wichtiger Bestandteil des Bildes, das wir zeichnen wollen. Unterrichtsbereiche überlappen sich, Unterrichtsaktivitäten verfolgen mehrere Absichten und wir tun immer mehr, als zunächst offenkundig zu sein scheint, während wir Lehren und Lernen im Unterricht entwickeln. Wir hoffen, dass sich aus diesen Darstellungen der praktischen Arbeit eine Vision von Unterricht abzeichnet, in dem junge Menschen engagiert und motiviert sind und sichtlich Stärke, Wissen und Eigenständigkeit als Leser gewinnen.

# Teil B
# In der Unterrichtspraxis

## 3.  Der Aufbau der Lesekompetenz

„Ich möchte auch sagen, dass mir das Lesen zur Gewohnheit geworden
ist, seitdem ich an diesem Unterricht teilgenommen habe und Sie es zu einem
Schwerpunktthema gemacht haben. Was ich meine, ist, dass ich jetzt, wenn ich
aus dem Haus gehe, statt eines Walkmans ein Buch mitnehme."

(Schüler einer 9. Klasse)

In nur sieben Monaten zwischen Oktober 1996 bis Mai 1997 verbesserte eine heterogen zusammengesetzte Gruppe von Schülern einer 9. Klasse – die
gesamte Eingangsstufe an der Thurgood Marshall Academic High School in
San Francisco – ihr Leseverstehen um einen Leistungssprung von durchschnittlich zwei Jahren. Dies ergab ein landesweit verwendeter normierter
standardisierter Lesetest. Diese Leistungszunahme war über alle ethnischen Gruppen und alle vier Klassen mit unterschiedlichen Lehrern gleich,
in denen der innovative Intensivkurs „Lesen macht schlau" stattfand. Die
verbesserten Testergebnisse waren begleitet von beeindruckenden Veränderungen in den Einstellungen der Schüler zum Lesen und in ihren Lesegewohnheiten. Nachdem sie ihre Antworten bei einer im Oktober durchgeführten Leseumfrage mit den Antworten in der gleichen Erhebung im Mai
verglichen hatten, äußerten sich viele Schüler mit Stolz und Überraschung
über die Veränderungen, die sie bei sich selbst feststellten: „Ich bin überrascht, weil sich meine ganze Einstellung dem Lesen gegenüber verändert
hat, seitdem ich an diesem Unterricht teilgenommen habe, und das ist die
absolute Wahrheit" und „Ich bin stolz auf mich als Leser. Ich bin wirklich
besser geworden".

Dies ist eine seltene Erfolgsgeschichte an einer großstädtischen staatlichen
Schule. Die Grundlagen dafür wurden gelegt, als sich zwei Autorinnen dieses
Buches, die an der Thurgood Marshall Academic High School unterrichten,
und andere Lehrer dieser Schule einem Problem stellten, das vielen Lehrern
an weiterführenden Schulen in den gesamten Vereinigten Staaten vertraut
ist: Die Mehrheit der Schüler unserer Eingangsklassen scheint unfähig zu
sein, die unterschiedlichen Texte zu lesen und zu verstehen, die Bestandteil

des Geschichts-, Naturwissenschafts-, Englisch- und Mathematikunterrichts sind. Eine Mitautorin von uns, Christine Cziko, leitete den Fachbereich Englisch während der Einrichtung des Kurses „Lesen macht schlau" und koordinierte die Zusammenarbeit mit den Mitarbeitern von WestEd bei der Konzeption und Umsetzung dieses Unterrichts vor Ort. Eine andere Mitautorin, Lori Hurwitz, war in ihrem ersten Dienstjahr Lehrerin, als dieser Kurs erstmalig stattfand, und sie hält ihn auch heute noch ab.

Zu der Zeit, als unser Team beschloss, das Problem in Angriff zu nehmen, war die *Thurgood Marshall Academic High School,* die den Unterrichtsbetrieb im Herbst 1994 aufnahm, eine noch ziemlich neue Schule. Das Kollegium beschäftigte sich aktiv damit, der Schule eine Identität zu geben und nach neuen Wegen zu suchen, um den Schülern besser gerecht zu werden. Die Bedingungen der Schule – einerseits eine Nachbarschaftsschule in einem der ärmsten Viertel San Franciscos, andererseits eine Schule mit den Schwerpunkten Mathematik, Naturwissenschaften und Technik, die alle Schüler gut auf den Eintritt ins College vorbereiten will – stellten für Lehrer, Schüler und Eltern gleichermaßen eine Herausforderung dar.

Die Schüler werden per Losverfahren aufgenommen, wobei die Schüler aus der unmittelbaren Umgebung der Schule bevorzugt behandelt werden. Die einzige Aufnahmevoraussetzung ist die Unterschrift eines Familienmitglieds auf einem Antragsformular. Die Jugendlichen gehören unterschiedlichen ethnischen Gruppen an: Afroamerikaner machen etwa 30 Prozent der Schülerschaft aus, Hispano-Amerikaner weitere 25 Prozent, Amerikaner chinesischer Herkunft etwa 24 Prozent und Amerikaner philippinischer Herkunft sowie andere Nichtweiße jeweils etwa acht Prozent. Es gibt auch eine geringe Anzahl an Amerikanern japanischer Herkunft, Weißen und amerikanischen Indianern. Für etwa 13 Prozent der Schüler ist die Herkunftssprache nicht Englisch, d. h., sie lernen Englisch als Zweitsprache; 43 Prozent der Schüler sind bildungsmäßig benachteiligt (hierzu zählen alle Jugendlichen, die im Lese- oder Mathematiktest weniger als 40 Prozent der Grundanforderungen erfüllten).

Obwohl den Schülern vor der Aufnahme gesagt worden war, dass das Wort *Academic* im Namen der Schule harte Arbeit für sie bedeutet, waren viele nicht auf die Anforderungen des Curriculums vorbereitet. In den ersten zwei Jahren des Schulbetriebs bemerkten wir und viele unserer Kollegen, dass eine große Zahl unserer Schüler Schwierigkeiten hatte, größere Leseaufträge zu erledigen, wie sie der Lehrplan erforderte. Obwohl wir etliche Strategien ausprobierten, um größere Erfolge zu erzielen, darunter weit gespannte fächerübergreifende Gemeinschaftsprojekte, die das schulische Engagement der Schüler durchaus verbesserten, hatten unsere

Schüler in mindestens einem Unterrichtsfach immer noch die schwächsten Noten. Ein Großteil von ihnen erreichte weit unter dem Durchschnitt liegende Lernergebnisse.

Für diese Schüler untermauerten die schlechten Noten, die sie in dieser neuen *High School* mit ihren hohen Lernanforderungen bekamen, das Bild, das sie von sich selbst hatten, nämlich Menschen ohne intellektuelle Veranlagungen zu sein. In Gesprächen sagten sie, dass sie einen großen Unterschied sähen zwischen sich und Gleichaltrigen, die es intellektuell gesehen „kapiert hätten". Eine nähere Untersuchung ergab, dass dieses Gefühl intellektueller Unzulänglichkeit seine Wurzeln in ihren individuellen Lesebiografien hatte, die von Schwierigkeiten gekennzeichnet waren.

## Vermittlung von Kompetenz im Umgang mit schwierigen Texten

Als diese Themen im Zusammenhang mit der schwachen schulischen Leistung von Schülern an unserer Schule immer mehr ins Blickfeld rückten, hatte ein Team aus Englisch- und Sozialkundelehrern begonnen, am „Programm für strategische Lese- und Sprachförderung" teilzunehmen. Die Ideen, Forschungsarbeiten und Unterrichtsstrategien, die wir in diesem kollegialen Netzwerk entwickelten, bildeten den Kern des neu konzipierten Kurses „Lesen macht schlau". Ziel des Unterrichts war es, unsere Schüler darauf vorzubereiten, die Texte selbstsicherer und kompetenter lesen zu können, die ihnen in unterschiedlichen Fächern im Verlaufe der folgenden Schuljahre und darüber hinaus begegnen würden.

Obwohl wir den Kurs einführten, um auf einen dringenden Bedarf zu reagieren, wussten wir, dass die Ideen und Ansätze für die Lektüre von Fachtexten, auf die wir uns in diesem gesonderten Kurs konzentrierten, letztendlich in den regulären Unterricht integriert werden mussten. Um hier einen Anfang zu machen, bemühten wir uns, zwei Sozialkundelehrer als weitere Teamer für den einjährigen Probelauf von „Lesen macht schlau" zu gewinnen.

Eine der wichtigsten Entscheidungen unserer Schule im Zusammenhang mit dem Kurs war es, ihn für alle Eingangsklassen obligatorisch zu machen. Wir waren davon überzeugt, dass es allen Eingangsklassen von Nutzen sei, sich der geistigen Strategien bewusst zu werden, die beim Lesen unterschiedlicher Textsorten angewendet werden. Wir waren auch der Meinung, dass unterschiedliche Leser voneinander lernen können, und wir wollten keine Schulkultur schaffen, in der nur die so genannten langsamen Schüler ihre Lesefertigkeit verbesserten, die anderen aber nicht.

Darüber hinaus wollten wir wirkungsvolle Ansätze testen, mit denen die Schüler zu sachverständigeren Lesern in allen Fächern werden können. Und wir glaubten, das gesamte Kollegium würde diese Bemühungen eher unterstützen, wenn der Förderkurs für alle Schüler obligatorisch wäre und nicht nur für diejenigen, die als am meisten gefährdet galten.

Obwohl wir die entscheidende und volle Unterstützung unseres Schulleiters und vieler anderer Fachbereiche hatten, fanden nicht alle unsere Kollegen Gefallen an der Idee dieses „verpflichtenden Wahlunterrichts". Eine verbreitete Sorge angesichts der bereits bestehenden schulischen Anforderungen war, dass der Lesekurs anderen Unterricht ersetzen sollte oder dass wertvolle Zeit für Wahlfächer verloren ginge. Diese Bedenken waren begründet und der Fächer(aus)tausch ist nach wie vor eine Schwierigkeit bei der Durchführung dieses Kurses. Einige Lehrer äußerten auch die Befürchtung, dass ein Lesekurs nicht fesselnd genug sei, um von Schülern ernst genommen zu werden. Andere wichtige Bedenken von Kollegen betrafen das Fehlen fertiger und anschlussfähiger Lehrpläne und Bewertungsinstrumente für einen solchen Unterricht. Diejenigen von uns, die sich für diesen Kurs einsetzten, überzeugten die Kollegen davon, dass eine Zusammenarbeit mit den Mitarbeitern des „Programms für strategische Lese- und Sprachförderung" sinnvoll wäre. Im Laufe des Sommers sollte gemeinsam ein Lehrplan erstellt und die Sichtung geeigneter Materialien und Bewertungsinstrumente vorgenommen werden.

Wir vier Mitglieder des Lehrerteams für den Unterricht „Lesen macht schlau" verpflichteten uns darüber hinaus, uns einmal pro Woche für eine Stunde nach dem Unterricht zusammenzusetzen, um den Lehrplan im Verlauf des Versuchsjahres zu aktualisieren, auszufeilen und in einigen Fällen weiter auszuarbeiten. Schon vor Beginn und während der gesamten Dauer des Versuchsjahres sammelten wir Unterrichtsmaterialien für die Unterrichtseinheiten und suchten nach einer Auswahl kurzer Texte, die

1. unterschiedliche Ansichten über die Rolle des Lesens im Leben des Menschen wiedergeben,
2. zum Üben mit unterschiedlichen, beispielsweise im Naturwissenschafts-, Geschichts- oder Literaturunterricht eingesetzten Texten geeignet sind und die
3. eine angemessene Herausforderung darstellen, das heißt, nicht so schwierig sind, dass Schüler sie überhaupt nicht lesen können, aber schwierig genug, um Schüler zu motivieren, einige der neu erlernten Strategien anzuwenden.

Als Reaktion auf die Bedenken im Kollegium hatten wir versprochen, regelmäßig über den Verlauf des Kurses zu berichten, alle Fragen des Kollegiums zu diskutieren und in Gesamtkonferenzen über den Leistungsstand der Schüler zu informieren. Zu Beginn des nächsten Schuljahrs konnten wir hoch erfreut über die Fortschritte berichten, die die Schüler der 9. Klasse sowohl hinsichtlich ihrer Leseleistung als auch ihrer Lesegewohnheiten und ihrer Einstellung zum Lesen gemacht hatten (siehe Anhang B). Später in diesem Herbst setzten wir uns mit unseren ehemaligen Kursteilnehmern – die jetzt in der 10. Klasse waren – zusammen und teilten ihnen mit, welche Fortschritte der gesamte Jahrgang im Hinblick auf die Leseleistung erreicht hatte. Wir arbeiteten auch weiterhin mit den Mitarbeitern des „Programms für strategische Lese- und Sprachförderung" zusammen, um die Testergebnisse dieser Schüler zu verfolgen (wobei immer die gleichen Bewertungsinstrumente verwendet wurden). Wir freuen uns, berichten zu können, dass die Fortschritte, die diese Schüler während des Versuchsjahrs erzielten, in der Abschlussklasse immer noch Bestand hatten.

## Der Lehrplan

Der Unterricht in „Lesen macht schlau" ist als einjähriger Kurs konzipiert, um Schüler, die in die 9. Klasse kommen, zu strategischen Lesern auf einem höheren Niveau zu machen. Er konzentriert sich darauf, dass sie unterschiedliche Textsorten engagiert, flüssig und automatisiert lesen können, die sie allen Fächern, in ihrer Ausbildung, im Beruf und im alltäglichen Leben benötigen.

Der Unterricht basiert auf der genauen Untersuchung des Lesens, wobei die Lehrer die Leseexperten und die Schüler die Leselehrlinge sind. Die Lernziele (siehe Kasten auf S. 64/65) orientieren sich an unserem Bemühen, die umfangreichen Arbeiten zur Leseforschung zusammenzufassen und die Forschungsergebnisse mit den spezifischen Leselern- und Entwicklungsbedürfnissen Jugendlicher zu verbinden.

**Umgang mit schwierigen Texten: Fähigkeiten von Schülern**

| Kompetenzbereich | Lernziele |
|---|---|
| Persönliche Dimension | • Die eigenen Vorlieben, Gewohnheiten, Prozesse und Fortschritte als Leser bewusster wahrnehmen<br>• Eigene Ziele setzen für eine sinnvolle Auseinandersetzung mit Lektüre<br>• Geläufigkeit des Lesens steigern<br>• Selbstsicherheit, Risikobereitschaft, Konzentration und Ausdauer beim Lesen entwickeln |
| Soziale Dimension | • Sich mit anderen über Unklarheiten in Texten austauschen<br>• Sich mit anderen über erfolgreiche Prozesse und Ansätze für das Verständnis von Texten austauschen<br>• An Klein- und Großgruppengesprächen über das Lesen und über Texte teilnehmen<br>• Alternative Standpunkte zu schätzen wissen |
| Kognitive Dimension | • Den eigenen Lern- und Verstehensprozess überwachen<br>• Fragen unterschiedlicher Art an den Text stellen<br>• Den Text zusammenfassen<br>• Unklarheiten im Text klären durch erneutes Lesen (Rückschau), nach Hinweisen im Kontext suchen, weiterlesen und Unsicherheiten akzeptieren<br>• Vorhersagen über weitere Textinhalte auf der Basis von Inhalt und Struktur des Textes machen |
| Wissensbildende Dimension: | • Verschiedene Strategien anwenden, um Zugang zu Informationen in Lehrbüchern und anderem Unterrichtsmaterial zu bekommen und diese zu interpretieren<br>• Texte vorbereitend lesen und Fragen an den Text formulieren<br>• Grafische Organisationshilfen nutzen, um Wissensstrukturen zu organisieren und zu erweitern<br>• Relevantes Wissen und relevante Erfahrungen identifizieren und darauf zugreifen |
| Wissensbildende Dimension: Texte | • Textmerkmale wie Signalwörter, Struktur und Fachvokabular identifizieren<br>• Mit neuen Wörtern strategisch umgehen, indem Vorerfahrungen, Kontext und strukturelle Signale zur Bedeutungskonstruktion herangezogen werden |

| | |
|---|---|
| Wissensbildende Dimension: Fächer und Diskurse | • Strategische Signalwörter und Wendungen identifizieren und nutzen<br>• Weiter reichende Fragestellungen, Ziele und Denkgewohnheiten erkennen, die für bestimmte schulische Fachrichtungen kennzeichnend sind<br>• Texte als konstruierte Artefakte betrachten, bestimmt für Leser, die mit den Welten, die sie repräsentieren, vertraut sind<br>• Mit Spezialvokabular, Semantik, Konzepten, Wendungen, Idiomen verschiedener Fachrichtungen und Diskurse vertraut werden |
| Schriftliche Aufgaben | • Von einer bestimmten Perspektive aus schreiben<br>• Auf Textauszüge reagieren<br>• Texte paraphrasieren<br>• Verschiedene Texte für unterschiedliche Zwecke verfassen (Interviews, Reflexionen, Zusammenfassungen, Briefe, Beschreibungen, Lesetagebücher, Werbung, Lernjournal, Poster, mündliche Darstellungen) |
| Forschendes Lesen | • Informationen aus Texten kategorisieren, zusammenfassen und organisieren<br>• Informationsquellen bewerten<br>• Primäre und sekundäre Quellen identifizieren<br>• Primäres Quellenmaterial interpretieren |

Die teilnehmenden Schüler waren aufgefordert, sich ein Jahr lang an der Erforschung des Lesens zu beteiligen, wobei untersucht werden sollte, was Lesen ist und was kompetente Leser tun, wenn sie lesen. Sie unterschrieben die Leitlinien für den Kurs, die umrissen, was von ihnen im Hinblick auf ihre Leistungen und die Durchführung erwartet wurde (Kopiervorlage S. 66). Sie sollten sich selbst als Leser kennen lernen und ihre Lesemotivation steigern, indem sie Fragestellungen wie die folgenden untersuchten:

• Was sind meine Eigenschaften als Leser?
• Welche Strategien wende ich beim Lesen an?
• Welche Rolle spielt das Lesen im privaten und öffentlichen Leben von Menschen?
• Welche Rolle wird das Lesen in meiner zukünftigen Ausbildung und für meinen beruflichen Werdegang spielen?
• Welche Ziele möchte ich mir setzen und verfolgen, um mich als Leser weiterzuentwickeln?

### Lesen macht schlau: Umgang mit schwierigen Texten

In diesem Kurs geht es ums Lesen. Ziel des Unterrichts ist es, euch dabei zu helfen, interessierte, geläufige und kompetente Leser unterschiedlicher Texte zu werden, die ihr privat, in der Ausbildung und im Beruf verstehen müsst.

In der ersten Unterrichtseinheit „Lesen in seiner persönlichen und gesellschaftlichen Bedeutung" werden wir die Natur des Lesens erforschen. Was ist Lesen? Welche Rolle spielt das Lesen im privaten und öffentlichen Leben? Welches sind die Eigenschaften erfolgreicher Leser und welche Strategien wenden sie an? In welchem Zusammenhang stehen Lesekompetenz und eure eigenen Zielen in der Ausbildung und im Beruf?

Ihr werdet die „freie Lesezeit" nutzen, in der ihr lesen könnt, was ihr wollt, damit euch das Lesen geläufiger wird und damit ihr lernt, selbst Bücher auszuwählen, die euch Spaß machen. Durch die Einträge in ein Lesetagebuch werden euch eure Lesestärken und -schwächen bewusst. Ihr werdet üben, bestimmte Denkstrategien anzuwenden, die euch helfen, unterschiedlichen Lesestoff zu verstehen.

Ihr werdet lernen, wie ihr euch auf etwas konzentriert, wie ihr mit Ablenkungen umgeht und wie ihr eure Zeit organisiert, um leistungsstarke Lerner zu werden. Die Fertigkeiten, Gewohnheiten und Kenntnisse, die euch dieser Unterricht vermittelt, werden euch auch in allen anderen Fächern nützen.

### Erwartetes Verhalten

1. In diesem Unterricht gelten die allgemeinen Regeln unserer Schule.
2. Respektlosigkeit anderen Teilnehmern des Unterrichts gegenüber wird nicht toleriert.
3. Erscheint pünktlich zum Unterricht und macht aktiv mit.
4. Für die Noten zählt alles:
   • das stille Lesen in der freien Lesezeit und die dazu geführten Lesetagebücher,
   • Lerntagebücher für die Unterrichtseinheiten und andere schriftliche Aufgaben,
   • Buchprojekte oder Buchvorstellungen,
   • Hausaufgaben, Tests und Lernkontrollen,
   • Teilnahme am Unterricht, Vorbereitung und Zusammenarbeit mit anderen.

Wenn ihr Probleme oder Fragen habt, dann vereinbart bitte einen Termin mit mir. Ich werde euch helfen, wo ich kann.

_____
Lehrerin

Ich habe die oben genannten Leitlinien für den Unterricht gelesen und verstanden.

_____     _____
Unterschrift des Schülers/der Schülerin     Unterschrift eines Elternteils

Während der Erprobung von „Lesen macht schlau" unterrichteten wir drei Unterrichtseinheiten:
- Lesen in seiner persönlichen und gesellschaftlichen Bedeutung,
- die vielfältigen Lesewelten der Medien,
- Lesen als Zugang zur Geschichte.

Mittlerweile haben wir eine vierte Einheit konzipiert:
- Lesen im Bereich von Naturwissenschaften und Technik.

*Erste Unterrichtseinheit: Lesen in seiner persönlichen und gesellschaftlichen Bedeutung.*

In dieser zwölfwöchigen Einheit beschäftigen sich Schüler mit der Erforschung der privaten und öffentlichen Bereiche des Lesens anhand gelenkter Reflexion über die eigene Lesebiografie und -erfahrung und die anderer Personen. Während der Erforschung des privaten Aspekts lesen sie Erzählungen von Autoren wie Malcolm X, dem Bürgerrechts-Aktivisten aus den Sechzigerjahren, Claude Brown, dem 2002 verstorbenen afroamerikanischen Schriftsteller aus Harlem, Frederick Douglass, dem Sklaven aus den USA des 19. Jahrhunderts, und der Gegenwartsautorin Maxine Hong Kingston, die einer chinesischen Einwandererfamilie entstammt. Wir ziehen die Standpunke dieser so verschiedenen Autoren zur Beantwortung der Frage heran: Warum lesen?

Vielleicht ist der wichtigste Aspekt dieser Unterrichtseinheit, dass sich die Schüler erstmalig mit selbst gewählter Lektüre in der „freien Lesezeit" beschäftigen müssen. Dabei lesen Schüler mindestens zweimal pro Woche 20 bis 25 Minuten lang ein Buch ihrer Wahl. Obwohl uns bewusst ist, dass die Lektüre aller von Schülern selbst gewählter Bücher auf freiwilliger Basis erfolgen soll, argumentieren wir, dass Schüler weiterhin das Lesen vermeiden würden, solange sie nicht darüber Rechenschaft ablegen müssen. Von den Schülern wird erwartet, dass sie jeden Monat mindestens 200 Seiten lesen, ein Lesetagebuch führen, Briefe an ihren Lehrer schreiben, in denen die individuelle Lektüre reflektiert wird, und ein Projekt oder einen Vortrag über ihr Buch ausarbeiten. Weit davon entfernt, Schüler beim Lesen zu entmutigen, vermittelt die ernsthafte Behandlung der „freien Lesezeit" den Schülern, wie wichtig das Lesen ist. Dies wirkt sich so aus, dass diejenigen, die aufgehört hatten zu lesen, als sie in die *Middle School* überwechselten, wieder Interesse daran finden. (Siehe eine detaillierte Beschreibung der ersten Unterrichtseinheit im Anhang A).

*Zweite Unterrichtseinheit: die vielfältigen Lesewelten der Medien.* Sechs Wochen lang wird den Schülern Werbung in Form von visuellen Texten präsentiert, die gedruckten Texten ähneln, mit denen sie bereits in Berührung gekommen sind. Den Schülern wird beigebracht, Texte als Schöpfungen von Autoren *zu erforschen,* die zu einer bestimmten Zeit und an einem bestimmten Ort, zu einem bestimmten Zweck, für eine bestimmte Zielgruppe entstanden sind und bestimmte Standpunkte widerspiegeln. Die Schüler lernen visuelle Metaphern, Symbolik, überzeugende Argumente, Schlüsselbotschaften, Storyboard-Entwürfe, Produktionsanleitungen und Zielgruppen kennen. Sie stellen im Team eigene Werbung her.

*Dritte Unterrichtseinheit: Lesen als Zugang zur Geschichte.* Die dritte Unterrichtseinheit, die wir im ersten Jahr zu einer langen (16-wöchigen) Einheit ausdehnten, soll Schülern durch das Verständnis moderner Ausdrücke der totalitären Machtausübung und der Aggression zwischen Gruppen helfen, eigene Erfahrungen in einen historischen Kontext einzubetten. Die Schüler lernen, wie sie Strategien beim Lesen von Fachlehrbüchern und primärem Quellenmaterial anwenden können.

*Vierte Unterrichtseinheit: Lesen im Bereich von Naturwissenschaften und Technik.* In dieser Einheit, die erstmals im Frühjahr 1999 konzipiert und durchgeführt wurde, wenden Schüler Strategien beim Lesen von naturwissenschaftlichen Lehrbüchern und primärem Quellenmaterial an. Sie untersuchen und berichten über eine Vielfalt von Texten, darunter wissenschaftliche Erklärungen natürlicher Katastrophen wie Erdbeben, Tornados, Hurrikans und Tsunamis.

In allen vier Unterrichtseinheiten angewendete Schlüsselstrategien sind „freie Lesezeit" (mit freier Wahl der Lektüre), reziprokes Lernen (RL) mit den entsprechenden Elementen (Formulieren von Fragen an den Text, Klären von Unklarheiten, Zusammenfassen von Textstellen oder ganzem Text, Vorhersagen der weiteren Textinhalte). Ausdrücklich vermittelt werden kognitive Strategien und Strategien zur Überwachung des eigenen Lern- und Verstehensprozesses, die das Lesen vielfältiger Texte erleichtern. Während des gesamten Kurses reflektieren Schüler über die bei ihnen ablaufenden Lese- und Lernprozesse in Unterrichtsgesprächen sowie in schriftlichen Aufträgen verschiedener Art wie Lerntagebüchern, zweispaltigen Leseprotokollen, Briefen und Aufsätzen.

Auch weiterhin werden wir die Unterrichtsinhalte von „Lesen macht schlau" weiterentwickeln und ausfeilen. Lehrer anderer Schulen, die Teil des „Netzwerks zur Entwicklung strategischer Lesekompetenz" sind, beginnen bei der Planung und Umsetzung ähnlicher Kurse an ihren Schulen, unsere Konzepte zu übernehmen. Der grundlegende Ansatz – Schüler durch vielfältige Unterrichtsaktivitäten und -übungen in die Erforschung des Lesens einzubinden und Leselehrgänge zu entwickeln – ist weiterhin maßgeblich für die Gestaltung des Lehrplans an der Thurgood Marshall

School und an anderen Schulen, die unsere Ideen in ihr eigenes Leseförderprogramm integrieren.

In den folgenden drei Kapiteln beschreiben Christine Cziko und Lori Hurwitz, die beide im Kurs „Lesen macht schlau" unterrichten, wie sich die Lesegewohnheiten und -fertigkeiten von Schülern ebenso wie ihre Einstellung zum Lesen positiv verändert haben.

# 4. Wecken von Verantwortung für den eigenen Leseprozess

Mit dem Kurs „Lesen macht schlau" verfolgten wir zwei wesentliche Ziele: Wir wollten das zur Unterstützung der Leseneigung von Schülern erforderliche Gemeinschaftsgefühl und zugleich die Entwicklung ihrer individuellen Identität und Motivation als Leser fördern. In der folgenden Betrachtung unserer Arbeit in ihrer sozialen und persönlichen Dimension stellen wir unsere Begründung verschiedener Unterrichtsaktivitäten sowie Anleitungen zu ihrer Durchführung vor.

### Die soziale Dimension

Für diejenigen von uns, die diesen Kurs konzipierten, war es von Anfang an klar, dass wir ohne die aktive Beteiligung von Schülern nicht vorankommen würden. Wir brauchten ihre Aussagen darüber, was beim Lesen in ihren Köpfen vorgeht, wo sie nicht mehr weiterkommen, was ihnen unklar ist, was sie leicht finden und was nicht. Wir mussten das Gefühl vermitteln, dass Schüler und Lehrer eine *Lesergemeinschaft* bilden, die sich einer gemeinsamen Untersuchung widmet, deren Ziel es ist, die Leseleistung der Schüler zu steigern.

Immer wieder betonten wir, dass alle Individuen während ihrer Schullaufbahn, ihres privaten Lebens und in ihrer Freizeit Texten begegnen, die sie leicht verstehen, und solchen, mit denen sie Probleme haben. Wir erklärten, dass das Lesen keine magische Fertigkeit ist, über die man verfügt oder nicht, sondern dass es sich bei dem Lesen, wie wir es verstehen, stattdessen um einen fortlaufenden Prozess der Problemlösung handelt, und dass Texte größere und kleinere Verständnisprobleme mit sich bringen. Wir versicherten den Schülern aber, dass sie diese Probleme beim Lesen lösen können, wenn sie untereinander und mit dem Lehrer zusammenarbeiten. Sie können Strategien, Fertigkeiten und Gewohnheiten erwerben, die ihnen dabei helfen, interessierte und kompetente Leser zu werden.

Die Schüler mussten für diese Untersuchung eine gemeinsame Sprache sprechen. In den ersten Unterrichtsstunden machten wir sie mit Begriffen wie *Lesegeläufigkeit, Kompetenz, Leseinteresse* und *Schema* bekannt und erklärten mit leicht verständlichen Worten die hinter diesen Begriffen stehenden Vorstellungen. Einer unserer Lehrer bemerkte dazu: „Wir haben die Schüler wie echte Partner behandelt und es schien ihnen zu gefallen, dass wir das machten, von dem die ‚Experten' sagten, es würde ihre Leseleistung steigern." Wir gaben den Schülern eine Kopie der folgenden Liste vereinfachter Definitionen, die sie in ihren Lerntagebüchern aufbewahren und während des gesamten Unterrichts zu Hilfe nehmen konnten.

**Begriffe und Erläuterungen für Jugendliche, die am Kurs „Lesen macht schlau" teilnehmen**

- *Metakognition:* eine bewusste Untersuchung dessen, was du verstehst und was du nicht verstehst, wenn du liest oder denkst
- *Schema:* was man schon weiß, bevor man etwas Neues liest oder lernt
- *Interesse:* innere Verbindung zu etwas
- *Geläufigkeit:* die Fähigkeit, etwas so schnell und mühelos zu tun, dass man kaum darüber nachdenken muss
- *Kompetenz:* Fähigkeit, etwas gut können
- *Text:* Verständigung durch den Gebrauch von Sprache (geschrieben oder gesprochen)
- *Segmentieren:* das Zerlegen von Text in Sinneinheiten
- *Strategie:* ein Handlungsplan
- *Zusammenfassung:* Auswahl der wichtigsten Textstellen und Umsetzung in eigene Worte
- *Paraphrasieren:* Aussagen eines Textes in eigene Worte fassen

**Es ist cool, keinen Überblick zu haben**

Aus Erfahrung wussten wir, welche Anstrengungen Schüler auf sich nehmen, um demütigende Situationen vor Gleichaltrigen zu vermeiden. Sie tun fast alles, um zu verbergen, was sie als eigene Unzulänglichkeit betrachten. Wenn wir ihnen helfen wollten, selbstbestimmte, strategische Leser zu werden, mussten wir eine Möglichkeit finden, damit sie sich sicher genug fühlten, um zu äußern, was sie beim Lesen eines Textes verwirrte.

Über die gesamten ersten Wochen des Unterrichts hinweg betonten wir, wie nützlich es ist, über das zu sprechen, was nicht verstanden wurde. Wenn Schüler äußerten, was ihnen unklar war, und Fragen stellten, zollten wir ihnen besondere Anerkennung. Je genauer sie angeben konnten, *wo* im Text sie den Faden verloren hatten und *warum* sie etwas schwierig fanden, umso mehr Anerkennung bekamen sie. Als sich dieses Vorgehen durchsetzte, bei dem Schüler gelobt wurden, wenn sie ihre Leseschwierigkeiten diskutierten, bemerkten wir, dass sich bei vielen etwas veränderte. Einer unserer Kollegen formulierte es so: „Es war, als konnte die ganze Energie, die sie vorher aufgewendet hatten, um ihr Versagen zu verbergen, jetzt dafür eingesetzt werden, zu verstehen, was sie lasen – oder wenigstens zu verstehen, wo sie den Faden verloren hatten oder was ihnen Probleme bereitete.“

Um unseren Schülern klar zu machen, dass sie nicht die Einzigen sind, die Schwierigkeiten mit bestimmten Texten haben, forderten wir sie auf, irgendeinen Text mitzubringen, von dem sie glaubten, dass sie ihn lesen könnten, mit dem wir aber Probleme haben würden. Meistens brachten sie Songtexte und manchmal Computerhandbücher mit. Als sie dann ihren Lehrern zuhörten, die vor der Klasse versuchten, den Sinn der Rapmusik oder der technischen Handbücher zu verstehen, indem sie *laut dachten* (den Prozess des Sinnentnehmens verbalisierten), löste dies Heiterkeit aus. Diese Demonstration zeigte aber auch, dass erfolgreiches Lesen das Verständnis darüber erfordert, wie unterschiedlich Sprache verwendet wird und wie sie in wechselnden Kontexten wechselnde Inhalte vermittelt. Sie machte den Jugendlichen auch deutlich, dass sie vielleicht mehr Sachkenntnis auf dem Gebiet des Lesens hatten – im Umgang mit bestimmten Texten, deren Sprache, Inhalte und Regeln sie bereits kannten –, als sie dachten.

Durch diese Übung erfahren Lehrer die gleiche Frustration, wie wenn man versucht, eine Tür zu öffnen, für die man keinen Schlüssel hat – ein Gefühl, das Schüler oft haben, wenn sie versuchen, anspruchsvolle Texte zu lesen. Gleichzeitig ermöglicht sie Schülern, ihre eigene Sachkenntnis als Leser bestimmter Textsorten zu erkennen und sich darüber zu freuen. Indem wir zuerst den bei uns ablaufenden Leseprozess durch lautes Denken demonstrierten und dann Schülern halfen, selbst *laut zu denken,* begannen wir und unsere Schüler, Gespräche über die jeweils ablaufenden Leseprozesse zu führen. Der Schwerpunkt dieser Gespräche lag darauf, *wie* verschiedene Leute mit mehr oder weniger Erfolg versuchen, unterschiedliche Texte sinnverstehend zu lesen. Diese Gespräche waren von entscheidender Bedeutung, weil sie den Schülern ermöglichten, sich über Probleme und Lösungen des komplexen Prozesses des sinnverstehenden Lesens von Texten auszutauschen.

### Lesen findet im Kopf statt

„Jetzt weiß ich, dass man einfach da sitzen und Wörter lesen kann, aber dabei eigentlich nichts liest oder vielleicht liest, aber trotzdem nichts versteht."

Der Ausgangspunkt unserer Erforschung des Lesens war die einfache, aber äußerst wichtige Frage: Was ist Lesen? Die meisten Schüler gaben darauf Antworten, die auf ihren Erfahrungen des Lesenlernens in den ersten Jahrgangsstufen beruhte. „Na ja, das ist einfach", sagte einer, „Lesen ist das Aussprechen der Wörter, die man sieht, wenn man eine Seite mit Wörtern anschaut." Unsere Aufgabe als Leseexperten war es, ein solches Verständnis des Lesens zu erweitern. Wir hinterfragten diese schlichte Betrachtungsweise des Lesens, indem wir beispielsweise wissen wollten, ob jemand eine Seite wirklich gelesen hat, wenn er alle Wörter auf der Seite aussprechen, aber nichts darüber sagen kann, was er gelesen hat. Über solche Gespräche erkannten viele Schüler das eigene Verhalten und konnten das beschreiben, was wir *„mit dem Mund* statt *mit dem Kopf lesen"* nannten.

„Wenn jemand einen Text mit Mund und Lippen liest und sein Geist sich nicht auf diesen bestimmten Text konzentriert, dann liest er nicht. Lesen heißt, einen Text im Kopf zu lesen. Als ich beispielsweise mein Buch in den Stilllesephasen des Unterrichts las, las ich mit meinen Lippen, mein Kopf war aber beschäftigt, darüber nachzudenken, was ich später essen wollte, und dabei handelte das Buch von Mord."

Aufbauend auf dem Verständnis, dass beim Lesen geistige Prozesse wirksam sind, die einem Leser eindeutig bewusst sein können und die er deshalb kontrollieren kann, führten wir das für den Unterricht wichtigste Verfahren ein: das Nachdenken über das eigene Denken oder auch die Metakognition.

### Metakognition: das Nachdenken über das eigene Denken

Jeder, der schon einmal mit Jugendlichen gearbeitet hat, weiß, dass sie oft enorm mit sich selbst beschäftigt sind und sich mit Fragen der individuellen Identität und der Stellung innerhalb der Peergroup befassen. Es wurde uns klar, dass wir dieses Interesse an der eigenen Person nutzen konnten, um Schüler dazu zu bringen, über die bei ihnen ablaufenden Leseprozesse nachzudenken. Die Vorliebe der Schüler für die Beschäftigung mit sich selbst trug stark dazu bei, dass sie zunehmend motiviert wurden aufzudecken, wie und was sie beim Lesen dachten, und ihre Gedanken und Denkprozesse mit denen ihrer Freunde zu vergleichen.

**Auf den „metakognitiven Bus aufspringen"**

Trotz des natürlichen Interesses an sich selbst und aneinander hatten viele Schüler anfänglich Schwierigkeiten, das Konzept der Metakognition zu verstehen. Wir ließen den Schülern relativ viel Zeit, um sich mit anderen über deren Denkprozesse auszutauschen (externer Diskurs), bevor wir sie aufforderten, ihre eigenen Reflexionen über das Denken zu beschreiben (interner Diskurs). Bei der Suche nach Anekdoten und Analogien, die Metakognition veranschaulichen, kam eine Lehrerin auf die Idee mit dem *metakognitiven Bus:*

> „Ich stellte die Stühle im Klassenraum hintereinander in zwei Reihen wie die Sitzplätze in einem Bus auf. Ich setzte mich auf den ersten Stuhl und tat so, als ob ich versuchen würde zu lesen, aber jedes Mal abgelenkt würde, wenn ein neuer Fahrgast einstieg. Ich sagte zu den Schülern: ‚Okay, das bin ich, wie ich lese' und legte das Buch auf den Stuhl. Dann setzte ich mich auf den zweiten Stuhl: ‚Das bin ich, wie ich beobachte, wie ich abgelenkt werde.' Dann begann ich zu sprechen, als ob ich berichten würde, was ‚das Ich mit dem Buch' machte, indem ich Kommentare wie die folgenden abgab: ‚Oh, jetzt machst du es schon wieder, siehst dir all die hübschen Mädchen an. Solltest du nicht eigentlich die Erzählung für Frau Hurwitz' Unterricht zu Ende lesen? Na gut, du sagst also, das sei langweilig? Was wirst du also tun – durchfallen?' ‚So', sagte ich zu ihnen, ‚wende ich metakognitive Strategien an'."

Als sich unsere Schüler daran gewöhnt hatten, über das Denken nachzudenken, fingen wir mit gelenkten Diskussionen über den Leseprozess an. Nachdem sie ganz unterschiedliche Texte gelesen hatten, baten wir die Schüler, sich auf bestimmte Fragen über die Art, wie sie lesen, zu konzentrieren wie:

• Woran merkst du, dass du einen Text auf einmal nicht mehr verstehst?
• Kannst du bestimmte Textstellen nennen, bei denen du den Faden verlierst?
• Was machst du, wenn du merkst, dass du etwas nicht verstehst?

Als die Schüler schon im Ansatz gelernt hatten, ihre Leseprozesse und -probleme zu erkennen und zu beschreiben, gaben wir ihnen ein Arbeitsblatt mit Hinweisen, was zu tun ist, wenn man Probleme beim Lesen eines Textes hat.

**Maßnahmen, um Verständnisprobleme beim Lesen zu lösen**
- Ignoriere den Teil, den du nicht verstehst, und lies weiter, um zu sehen, ob es verständlicher wird.
- Lies den Teil, den du nicht verstehst, noch einmal.
- Lies den Satz (die Sätze) vor dem Teil, den du nicht verstehst, noch einmal.
- Versuche, den Teil, den du nicht verstehst, mit etwas anderem, das du schon kennst, in Zusammenhang zu bringen.

### Die persönliche Dimension

„Ich habe mich in der Schule mit keinem Buch beschäftigt, wenn ich es nicht musste. Ich habe nur gelesen, was ich lesen musste. Und dann half mir Frau Cziko Bücher zu finden, die ich gerne lese – ich lese gern. Krimis und Bücher, die in den 70er- und 80er-Jahren des 20. Jahrhunderts spielen. Ich glaube, ich lese jetzt mehr, weil ich weiß, was ich gern lese."

Besonders auffällig bei den Schülern, die von Anfang bis Ende der 9. Klasse an unserem Kurs teilgenommen hatten, war die veränderte Sicht auf ihr Verhältnis zum Lesen. Als wir Schüler das erste Mal fragten, ob sie zu Hause zum Vergnügen lesen, antworteten die meisten mit einem eindeutigen Nein! Am Ende des Jahres sagte die Mehrheit der Schüler von sich, dass sie gerne liest.

### Warum lesen?

Zusammen mit den Mitarbeitern des Förderprogramms für den strategischen Umgang mit Texten erarbeiteten wir die erste Unterrichtseinheit „Lesen in seiner persönlichen und gesellschaftlichen Bedeutung", um Schüler dabei zu unterstützen, die Frage nach den Beweggründen für das Lesen aus verschiedenen Blickwinkeln zu erforschen und um ein Bewusstsein ihrer selbst als Leser, ihre *Identität als Leser oder Leserin* zu entwickeln. Es war uns klar, dass Schüler eigene, authentische Gründe für das Lesen finden mussten, damit das, was sie im Kurs lernten, anhaltende Wirkung zeigen konnte.

Gegen Ende diskutierten wir mit den Schülern die Beziehung zwischen Lesekompetenz und Macht in unserer Gesellschaft. Sie lasen Auszüge aus Biografien, Gedichten und Erzählungen, in denen die Autoren sich mit der Frage beschäftigen, wozu Lesen dient. Anschließend diskutierten sie, wie Lesen das Leben dieser Menschen bereichert hatte. Das waren mitunter Rollengespräche, in denen die verschiedenen Autoren oder ihre Figuren diskutierten, warum sie lesen.

Wir wussten, dass es für unsere ethnisch heterogene Schülergruppe wichtig war, überzeugende Aussagen von solchen Menschen über die Bedeutung des Lesens kennen zu lernen, mit denen sie sich identifizieren konnten. Aus diesem Grunde wählten wir Texte unterschiedlicher Autoren, darunter die bereits erwähnten Frederick Douglass, Maxine Hong Kingston und Malcolm X, sowie Emily Dickinson, die bekannte amerikanische Dichterin aus dem 19. Jahrhundert, und Rudolpho Anaya, ein hispano-amerikanischer Autor der Gegenwart (siehe die vollständige Liste im Überblick über die erste Unterrichtseinheit in Anhang A). Die Schriften von Malcolm X erwiesen sich als besonders interessant für viele unserer Schüler, die darin ein Symbol des Kampfes gegen Rassismus sahen. Malcolm X' *Empfehlung* zu lesen bedeutete vor allem für die männlichen Afroamerikaner, sich wohler dabei zu fühlen, das Beherrschen des Lesens und Schreibens als Teil ihrer Identität zu sehen. Sie hatten nun weniger Angst, *wie Weiße zu handeln,* wenn sie dieser Beschäftigung ernsthaft nachkamen.

Beim Lesen der Texte hatten die Schüler den Arbeitsauftrag, in eine Tabelle einzutragen, wie der Autor/die Autorin oder eine Figur aus dem Text die Frage nach der Motivation für das Lesen beantwortet haben könnte. Dies ist die Tabelle eines Schülers.

| Warum lesen? | (Wie würden diese Personen darauf antworten?) |
|---|---|
| Name | Beweggründe |
| Emily Dickinson | Es hilft mir, meine Probleme zu vergessen, und macht mich glücklich. |
| Frederick Douglass | Wissen ist Freiheit, das Lesen ermöglicht es mir, mich zu befreien und für die Freiheit meines Volkes zu kämpfen. |
| Malcolm X | Ich will mehr als das sein, was andere von mir halten, und will die Wahrheit herausfinden. |
| Claude Brown | Ich beginne, das Leben anders zu sehen, und lese gern. |

Bei dem Versuch, den Nutzen des Lesens unmittelbar fassbar zu machen, forderten wir die Schüler auf, Mitglieder ihrer Familie oder Bekannte darüber zu befragen, was sie lesen und welchen Nutzen sie dem Lesen zuschreiben. Vorher hatten viele Schüler das Lesen ausschließlich mit Schule in Verbindung gebracht, nun erweiterten sich ihre Vorstellungen davon, warum Menschen lesen. In einigen Fällen wurden Schüler, die sich selbst in der Schule als Nichtleser oder schwache Leser empfanden, daran erinnert,

dass *auch sie* in anderen Umgebungen Leser waren – sie lasen beispielsweise in Kirchen- oder Jugendgruppen oder studierten den Sportteil in der
Zeitung, was sie bisher nie mit ihrem schulischen Leben in Verbindung gebracht hatten. So erzählte uns ein junger Mann, der sich anfänglich nicht als
Leser betrachtet hatte, bei einer Befragung zu seiner individuellen Lesebiografie, dass er „nicht so gern läse". Er erzählte uns aber auch, dass er die
Zeitung nach Sportnachrichten oder Berichten über sein Heimatland Nicaragua durchsuchte und dass sein Vater ihm oft Bücher in Spanisch, besonders über Nicaragua, mitbrächte.

### Lesen und die eigenen Lebensziele

„Ich mag Schule wirklich nicht sehr, weil ich glaube, dass man sie eigentlich nicht richtig braucht. Ich meine, dass man nur neun Jahre zur Schule
gehen und dann alles wissen sollte. Weil man im Leben nur wissen muss, wie
man einen Job findet und wie man Geld zählt."

Von Anfang an hatten wir im Kurs „Lesen macht schlau" klar gemacht, was
*unsere* Ziele im Hinblick auf die Lesekompetenz der Schüler sind und warum wir meinten, dass effektives Lesen enorm wichtig für den Lebensweg
von Schülern ist. Aber trotz unserer Argumente stellten viele Schüler immer
noch keinen Zusammenhang her zwischen der Verbesserung ihrer Leseleistung und zukünftigem Erfolg in ihrer weiteren schulischen oder beruflichen Ausbildung, im Beruf oder in ihrem persönlichen Leben. Sie redeten,
als ob sich Erfolg auf magische Weise im Erwachsenenalter einstellen würde, unabhängig von ihrer Lesefähigkeit. Während eines besonders langen
Unterrichtsgesprächs darüber, wie die Schüler ihre Zukunft sähen, wiederholte ein junger Mann immer wieder: „Ich bin nur daran interessiert, Geld,
ein schönes Haus und ein Auto zu haben." Jedes Mal nickten seine Mitschüler zustimmend und konnten nicht erkennen, dass die eigene Lesefähigkeit dieser attraktiven Vorstellung entweder im Weg stehen oder sie
befördern kann.

Wir hatten zweifellos noch einen langen Weg vor uns, den Schülern dabei
zu helfen, eigene Antworten auf die Frage nach der Bedeutung des Lesens zu
finden und daran zu glauben. Dann baten wir die Schüler darüber nachzudenken, wie sie die erträumten Ziele wie Geld, schönes Haus, ein Auto erreichen könnten. Wir schrieben die uns zugerufenen Antworten in zwei Spalten
an die Tafel, „unsichere Wege" und „langsame, aber sichere Wege". In die erste Spalte schrieben wir Antworten wie „Superstar im Sport werden", „im
Lotto gewinnen" und „auf der Straße reich werden" (durch Drogenhandel
oder andere kriminelle Handlungen). In die zweite Spalte schrieben wir Din-

ge wie „gute Schulausbildung", „Bestehen eines Bewerbungstests für einen Job in der Stadt oder für eine Weiterqualifizierung" und „die Ausbildung an einer weiterführenden Bildungseinrichtung". Anschließend diskutierten wir, warum die langsamen, aber sicheren Wege wahrscheinlich eher in die gewünschte Zukunft führen, obwohl sie beschwerlicher sind.

### Selbstvertrauen gewinnen

Bei der gemeinsamen Untersuchung der Frage „Warum lesen?" im Unterricht mussten die Schüler auch über die Erfahrungen unmotivierter oder mit Schwierigkeiten kämpfender Leser lesen und nachdenken. Ein Text, der bei vielen Schülern Begeisterung hervorrief, war ein Interview mit einem unwilligen, 15 Jahre alten Leser namens Kevin Clarke.

> „Als ich in die 8., 9. und 10. Klasse kam, wurde das Lesen richtig schwierig für mich, weil ich viel für die Schule zu lesen hatte. Jeden Abend musste ich etwa fünfzehn Seiten eines Biologiebuchs, zehn Seiten eines Englischbuchs und noch einmal fünfzehn Seiten für Geschichte lesen. Das ist enorm viel für mich. Ich fange an zu lesen, lese die erste Zeile, okay, die zweite Zeile, okay, die dritte Zeile, aber danach kann ich mich einfach nicht mehr konzentrieren. Ich lese, aber mein Kopf versucht, mich von dem Buch abzulenken. Es ist total frustrierend. Ich sage zu mir: „Okay, denke nach" und schlage mir selbst ins Gesicht und fange wieder von vorn an. Oder ich frage mich: „Was habe ich da gerade gelesen?", und habe keine Ahnung. Ich habe vielleicht sechs Seiten gelesen und weiß nicht worüber.
>
> Ich fange an, mich total unwohl zu fühlen, wenn ich versuche zu lesen, und es gibt immer andere Sachen, die ich viel besser finde, als mich unwohl zu fühlen und mich anzustrengen. Es ist mir peinlich, wenn ich lese, nicht, weil jemand dabei ist, aber weil es mir selbst peinlich ist, wenn ich es nicht kann. Ich sage mir: ‚Mann, du bist 15 und du kannst kein Buch oder auch nur ein Kapitel ganz durchlesen.' Warum sollte ich mich freiwillig in eine so unangenehme Situation bringen? Klar, ich muss Hausaufgaben machen, aber ich kann einen Freund anrufen, der mir sagt, was in dem Kapitel steht, oder wenn ich Fragen zu einem Text beantworten soll, kann ich ihn überfliegen und nach den wichtigen Wörtern suchen und die Antworten hinschreiben. Ich bin mit Sicherheit gut in vielen anderen Fächern, aber wenn es ans Lesen geht, gehöre ich zu den schlechten dreizehn Prozent."

Als die Schüler aufgefordert wurden, einen Brief an Kevin zu schreiben, um ihm Ratschläge zu seinen Leseproblemen zu geben, schrieben viele über ihr eigenes Gefühl der Unzulänglichkeit als Leser und boten Ratschläge an, die sie selbst gerade (Ende Oktober) begonnen hatten zu verinnerlichen.

„Lieber Kevin,

ich habe gerade eine ganze Menge über dich gelesen und ich kann wirklich gut nachvollziehen, wie du dich fühlst, wenn du das nicht verstehst, was du liest. Ich weiß, wie schwer und wichtig es für dich ist, deshalb schreibe ich diesen Brief, um dir ein paar Vorschläge zu machen. Ich möchte, dass du Hilfe bekommst, damit du ein besserer Leser wirst und die Bücher, die du liest, besser verstehst. Diese Vorschläge werden dir auch helfen, dich besser zu konzentrieren.

Einer der Vorschläge, die ich dir machen möchte, ist es, jeden einzelnen Textabschnitt in Sinneinheiten zu unterteilen. Das ist leicht. Du musst nur nach jedem Satzglied einen Schrägstrich machen. Damit unterteilst du Sätze in kleine Stücke, die du verstehen kannst. Ein anderer Vorschlag ist, dass du dir selbst Bücher zum Lesen aussuchst. Bücher, die leicht zu verstehen sind. Egal, was du liest, du solltest dir einen gemütlichen und ruhigen Ort aussuchen, wo du ohne Störung lesen kannst. Und immer, wenn du liest, solltest du dir Zeit dabei nehmen. Lies nie zu schnell. Lies langsam, damit du jedes Wort verstehst. Ich hoffe, du nutzt diese tollen Vorschläge."

Gemeinsames Lesen, Schreiben und Sprechen über die Mühe, die das Lesen für alle – auch für die Lehrer – bisweilen bedeuten kann, und das Eingeständnis, dass solche Bemühungen auch mal fehlschlagen, schufen die Möglichkeit, zusammen an einem Problem zu arbeiten, das viele Schüler zuvor als ihre private Schande betrachtet hatten.

Der folgende Dialog ist ein weiteres Beispiel für eine Unterrichtsaktivität, die es unseren Schülern ermöglichte, sich von ihrer Identität als Nichtleser zu distanzieren.

---

**Dialog zwischen Nichtleser und Leser**
**Vorgehen**
- Folgende Situation wird vorgegeben: Ein Schüler, der nur Thriller mag oder gar nicht gerne liest, und ein Autor aus einer vorangegangenen Unterrichtseinheit oder vielleicht sogar ein Schüler, der seine Schwierigkeiten mit dem Lesen überwunden hat, sitzen an einem Tisch in der Bücherei und lesen. Plötzlich schlägt der Thriller-Fan sein Buch zu und sagt: „Ich hasse Lesen!"
- Die Schüler schreiben einen zweiseitigen Dialog, in der die Person, die inzwischen gern liest, mit dem Schüler darüber spricht, was er tun kann, damit Lesen zu einer weniger hassenswerten Beschäftigung wird.
- Die Schüler lesen ihre Dialoge laut mit einem Partner/einer Partnerin.

Als sie sich in der Rolle des selbstsicheren Lesers an andere wandten, die vielleicht sogar Ähnlichkeiten mit ihnen selbst hatten, ergab sich für viele Schüler eine wichtige Verschiebung ihrer Identität als Leser. Sie begannen auch zu verinnerlichen, dass viele Menschen, die bestimmte Textarten relativ kompetent lesen, dennoch große Schwierigkeiten beim Lesen anderer Texte haben können. Mit diesem differenzierten Verständnis wurde das Lesen für die Schüler von einem „Alles oder Nichts", „Erfolg oder Misserfolg" zu einem sich entwickelnden, fortlaufenden Prozess. Sie begannen zu verstehen, dass die Lesefähigkeit aller Leser je nach Text variiert. Mit dieser Verschiebung der Sichtweise wurden die Schüler zuversichtlicher hinsichtlich der Verbesserung der eigenen Leseleistung.

**Lernen, Bücher auszuwählen, die man gern liest**

Fragesteller: Welche Bücher liest du in der „freien Lesezeit"?

Schüler [der im vorherigen Jahr am Kurs teilgenommen hatte]: Ich versuche, die richtigen Geschichten zu finden. Im letzten Jahr half mir meine Lehrerin, weil ich Schwierigkeiten in der „freien Lesezeit" hatte. Ich fand heraus, dass ich gern Krimis oder Bücher über kriminelle Handlungen las. Es half mir in diesem Jahr, weil ich Mario Puzo las, Bücher über Gangster und so.

Fragesteller: Hast du schon mal was von John Grisham gelesen?

Schüler: Nein, weil ich erst letztes Jahr auf dies ganze Zeugs gekommen bin. Ich habe gehört, er sei ein guter Schriftsteller.

Fragesteller: Das könnte ein gutes Buch für den Sommer sein.

Schüler: Ich würde es auch gern mal mit Dean Koontz versuchen.

Eines unserer Ziele bei „Lesen macht schlau" war es, Schülern zu helfen, sich selbst als Leser zu sehen, und zwar nicht nur, damit sie in ihrem künftigen schulischen oder beruflichen Leben erfolgreich sind, sondern damit sie beim Lesen Spaß haben. Die Schüler, die sich bereits als Leser empfanden, wussten meist, wo und wie sie die Bücher finden konnten, die ihnen gefielen, und wer ihre Lieblingsautoren waren. Aber denjenigen, die von sich selbst jahrelang behauptet hatten, Lesen langweile sie, machte es Probleme, eigenständig Bücher zum Vergnügen auszuwählen. Viele Schüler haben wenig oder keine Erfahrung damit, etwas zu lesen, das sie nicht für den Unterricht lesen müssen. Einige sagten uns, dass sie eigentlich nie gerne gelesen hätten; andere erinnerten sich, dass sie gelesen hatten, als sie jünger waren, aber in der weiterführenden Schule damit aufgehört hätten.

Wir wussten, dass die Schüler, die bisher wenig Leseerfahrung besaßen, auch weniger Geläufigkeit, Motivation und Selbstvertrauen bei der Bewältigung von Leseaufträgen haben würden, als die, denen es Spaß gemacht hatte, alleine für sich Bücher zu lesen. Diese Schüler mussten erfahren, wie ihre Freunde, Lehrer und Bekannte Bücher auswählten. Sie mussten mit beliebten Autoren und unterschiedlichen Büchern, die ihnen zusagen könnten, bekannt gemacht werden. In der ersten Unterrichtswoche besprachen wir, wo man Bücher finden kann und wie man sie auswählt. Die Schüler sollten Listen wie in dem folgenden Beispiel über verschiedene Möglichkeiten der Buchauswahl führen.

**Wie man ein Buch auswählt**
- Den Text auf der Buchrückseite lesen, um zu sehen, ob das Buch interessant ist
- Das Thema finden, über das man gerne liest
- Einen Freund fragen
- Nach einem Autor suchen, dessen Bücher man gerne liest
- Das Buch überfliegen – ein paar Seiten lesen
- Ein Buch finden, das einen Bezug zur eigenen Person hat

**Büchern die Zehn-Seiten-Chance geben**
Wir sprachen auch darüber, was zu tun ist, wenn das ausgewählte Buch nicht so interessant ist wie erwartet. Wir erklärten, dass Erwachsene nicht jedes Buch zu Ende lesen. Warum sollte man bei dem Angebot an großartigen Büchern Zeit auf ein Buch verwenden, dessen Lektüre keinen Spaß macht? Wir schlugen vor, dass die Schüler einem ausgewählten Buch die *Zehn-Seiten-Chance* geben: „Wenn das Buch auf den ersten zehn Seiten dein Interesse geweckt hat, lies weiter. Wenn dir das Buch nach zehn Seiten immer noch nicht gefällt, suche dir ein anderes, entweder allein oder mit der Hilfe eines Freundes, der Eltern oder eines Lehrers. Wenn du nach den ersten zehn Seiten nicht sicher bist, was du von dem Buch halten sollst, kannst du ihm noch eine weitere Zehn-Seiten-Chance geben und dann entscheiden, was du tun willst."

Der entscheidende Punkt, den Schüler verstehen müssen, ist, dass sie selbst wählen können, welches Buch sie zu ihrem Vergnügen lesen wollen und welches nicht. Wird ein für den Lesespaß gewähltes Buch beiseite gelegt, weist dies nicht auf einen schwachen Leser hin, sondern auf einen intelligenten, kritischen Leser, der weiß, was er von einer Lektüre erwartet. Leistungsstarke Leser geben einem Text eine Chance, wenn er aber nicht ihr Interesse oder ihre Bedürfnisse trifft, tauschen sie ihn aus gegen einen Text, der dies leistet.

**„Freie Lesezeit": sich Zeit für das Lesen nehmen**
Erster Schüler: Ich würde keine Bücher lesen, wenn ich nicht dazu gezwungen würde.
Fragesteller: Warum das?
Erster Schüler: Es macht Spaß, aber wenn man es nicht muss, warum sollte man es dann tun?
Zweiter Schüler: Es gehört nicht zum Alltag.

Zu erkennen, was man gerne liest, ist ein erster Schritt, ein erfahrener Leser zu werden, der vielleicht sein ganzes weiteres Leben lang liest. Aber Zeit und Anregung zum Lesen zu bekommen, ist ebenso wichtig, besonders für Lernende, zu deren Gewohnheiten das Lesen nicht gehört. Zweimal pro Woche haben wir jeweils 20 Minuten der Unterrichtszeit reserviert, in denen die Schüler bei freier Wahl der Lektüre still lesen („freie Lesezeit"). Im Folgenden beschreiben wir, wie wir dabei vorgegangen sind (das hier erwähnte Lesetagebuch folgt später).

---

**Freie Lesezeit**
**Vorgehen**
- Den Schülern wird erklärt, dass die freie Lesezeit ein fester Bestandteil des gesamten Unterrichts sein wird.
- Die Schüler erfahren, wozu die freie Lesezeit dient: um Lesegeläufigkeit, Leseinteresse und eine aktive Haltung dem Lesen gegenüber zu entwickeln.
- Die Schüler lernen die Anforderungen an ein Buch für die freie Lesezeit kennen:
    Es muss ein Buch sein (keine Zeitschrift, keine Zeitung, kein Comic).
    Es muss mehr Wörter als Bilder enthalten.
    Es muss von etwas handeln, an dem du interessiert bist.
    Es muss eine Lektüre sein, der deine Eltern zustimmen würden.
    Es darf kein Buch sein, das du für ein anderes Unterrichtsfach lesen musst.
- Die Schüler werden mit den Grundregeln der freien Lesezeit vertraut gemacht:
    Vergisst du dein Buch zu Hause, nimm für den Tag ein anderes aus dem Regal.
    Bleibe auf deinem Platz, um andere nicht zu stören.
    Mach keine Hausaufgaben.
    Sprich nicht.
    Tue dein Bestes, um die ganze Zeit zu lesen.
    Mache am Ende der Lesezeit Eintragungen in dein Lesetagebuch.
    Lies mindestens 200 Seiten pro Monat, vorzugsweise in demselben Buch.

Als die Schüler sich darauf vorbereiteten, ihre Bücher auszuwählen, gingen wir mehrmals mit ihnen zur Stadtteil- und zur Schulbücherei. Wir bemerkten, dass viele der sich selbst als Nichtleser bezeichnenden Schüler unsere Hilfe brauchten: Wir unterstützten sie dabei, Bücher zu finden, die ihr Interesse weckten und die auf dem Niveau waren, auf dem sie sich als Leser wohl fühlten.

Schließlich wurde uns bewusst, wie wichtig gut ausgestattete Klassenbüchereien für die freie Lesezeit sind, damit die Schüler ihr inhaltliches Interesse und ihren Lesefluss ausbilden können. Eine gute Klassenbücherei muss in erster Linie Bücher mit einer ausreichenden Vielfalt an Themen, Genres und Leseniveaus bieten, damit für alle Schüler ein passendes Buch dabei ist. Es ist wichtig, sowohl Erzählliteratur als auch Sachbücher wie Biografien, historische Schilderungen und informative Texte zu Themen, die Jugendliche interessieren, da zu haben. Wie viele unserer Kollegen wurden wir Experten im Schnorren. Wir gingen oft in Buchläden, Secondhandläden und zu Flohmärkten und machten Bücheraktionen, bei denen Eltern, Schüler und andere Lehrer in ihrer Nachbarschaft oder bei ortsansässigen Firmen sammelten.

### Häufig auftretende Schwierigkeiten mit „freier Lesezeit" vermeiden

Fragesteller: Warum liest du deiner Meinung nach jetzt lieber?
Schüler: Zuerst habe ich nur so getan, als ob ich läse, aber dann habe ich eines Tages wirklich angefangen zu lesen. [Die Lehrerin] fing an, immerzu an mir herumzumäkeln. Seitdem lese ich.

Wie für jede Lernsituation müssen auch für das selbstständige stille Lesen bestimmte Bedingungen gelten. Die Unterrichtenden müssen von seinem Nutzen überzeugt sein. Sie müssen Schülern dabei behilflich sein, eine gute Lektürewahl zu treffen. Die Schüler müssen Zugang haben zu einer Vielfalt beliebter Erzählliteratur und zu Sachbüchern. Lehrer sind gut beraten, zur Sicherung der Ergebnisse ein System einzuführen, das Schüler veranlasst, Bücher auch zu Ende zu lesen und dafür Anerkennung im Unterricht zu bekommen. Schließlich müssen die Schüler angeregt werden, sich über Bücher auszutauschen – sowohl über Bücher, die sie mögen, als auch über solche, die sie nicht mögen.

Wir wissen aus unserer Beobachtung und aus unserer eigenen Erfahrung, dass freie Lesezeit eine entmutigende Zeitverschwendung für alle sein kann, wenn diese Voraussetzungen nicht gegeben sind. Schüler tun dann nur so, als ob sie läsen, oder schlafen, flüstern miteinander oder stören andere beim Lesen. Lehrer fungieren dann wie eine Lesepolizei und patrouillieren ständig durch das Zimmer, um die Einhaltung der Regeln zu erzwingen, oder sie geben einfach auf und tun so, als ob alle Schüler lesen.

In dieser Lesephase im Rahmen des Kurses „Lesen macht schlau" mussten die Schüler innerhalb eines sechswöchigen Bewertungszeitraums mindestens ein 200 Seiten langes Buch (oder mindestens 200 Seiten eines längeren Buches) lesen. Sie hielten ihr Vorankommen in den Unterrichtsstunden mithilfe eines Lesetagebuchs fest. Es wurde aber auch erwartet, dass sie ihr Buch mit nach Hause nahmen und dort weiterlasen. Zu jeder stillen Lesephase mussten sie es im Unterricht wieder da haben. Wir führten die freie Lesezeit mit der Erwartung ein, dass die Rechenschaftspflicht, der die Schüler unterlagen, ein Mogeln verhinderte.

### Den internen metakognitiven Diskurs mit Lesetagebüchern entwickeln

„Sie bringen dir bei, über das nachzudenken, was du beim Lesen denkst. Wenn wir also ‚freie Lesezeit' haben und danach in unser Lesetagebuch schreiben müssen, heißt es nicht ‚Schreibe darüber, was im Buch passierte', sondern ‚Hast du aus dem Fenster gesehen? Wie lange hast du dich in der Zeit, in der du lesen solltest, konzentriert?'"

In der freien Lesezeit unseres Kurses sollten sich die Schüler in den Lesetagebüchern darauf konzentrieren, *wie* sie lesen, statt auf den Inhalt eines Buches. Weil wir relativ viel Zeit auf die Entwicklung eines externen Diskurses über Metakognition in unserem Unterricht verbracht und den Schülern viele Gelegenheiten geboten hatten, uns beim Lesen eines fremden Textes laut denken zu hören, waren sie nun auf ihren eigenen metakognitiven Diskurs vorbereitet. Die Schüler sollten sich vorstellen, sie seien Wissenschaftler, deren Forschungsgebiet sie selbst waren. Sie sollten sich selbst beim Lesen beobachten und dann Notizen über den bei ihnen ablaufenden Leseprozess machen.

Am Ende jeder stillen Lesephase mussten die Schüler fünf Minuten lang darüber schreiben, wie sie in dieser Zeit vorgegangen waren. Wir forderten sie eindringlich auf, die Satzanfänge (siehe unten) als Anstoß für das reflexive Schreiben in ihre Lesetagebücher zu übertragen. Diese Aktivität diente zweierlei Zwecken. Die Schüler bekamen Übung in der Reflexion der bei ihnen ablaufenden Schreibprozesse. Dies half ihnen, sich klar darüber zu werden, was sie beim Lesen taten oder nicht taten. Darüber hinaus erfuhren wir von den bei ihnen auftretenden Problemen und den Lösungen, die sie dafür fanden.

Zur Sicherung der individuellen Leseerfahrungen mussten die Schüler außerdem am Ende einer Buchlektüre einen zweiteiligen Brief mit ihren Reflexionen, wie in den folgenden Arbeitsaufträgen beschrieben, an ihre Lehrerin schreiben.

**Lesetagebücher für die freie Lesezeit (metakognitive Lesetagebücher)**

**Materialien**

Lose Blätter in DIN A4 für die Innenseiten; buntes Papier für den Umschlag,

**Vorgehen**

- Anfertigen der Lesetagebücher: Lege zehn Blätter für den Innenteil und einen Umschlag aufeinander, falte den Stapel auf der Hälfte und hefte ihn in der Mitte (dieses kann im Vorfeld von Freiwilligen oder im Unterricht im Fließbandverfahren erledigt werden).
- Auf die vordere Umschlaginnenseite schreiben die Schüler folgende Satzanfänge, die ihnen helfen sollen, einen Anfang zu finden, wenn sie über die bei ihnen ablaufenden Leseprozesse schreiben müssen:

Während des Lesens:

       Ich kam durcheinander, als …

       Ich wurde abgelenkt durch …

       Ich fing an, darüber nachzudenken …

       Ich kam nicht mehr weiter als …

       Die Zeit verging schnell, weil …

       Ein Wort / Wörter, das/die ich nicht kannte, war(en) …

       Ich habe aufgehört, weil …

       Ich verlor den Faden ständig, außer …

       Ich habe herausbekommen, dass …

       Zuerst dachte ich, dass …, aber dann merkte ich …

- Oben auf jede Seite schreiben die Schüler:

| Datum | Buch | Titel | Seite # angefangen | Seite # aufgehört | Status |
|-------|------|-------|--------------------|-------------------|--------|
|       |      |       |                    |                   |        |

- Nach jeder stillen Lesephase füllen die Schüler die Spalten in ihrem Lesetagebuch aus, wobei sie für die letzte Spalte einen oder mehrere der vorgegebenen Satzanfänge verwenden.
- Sind die Schüler fertig, können die Lesetagebücher eingesammelt und im Klassenraum verwahrt werden (damit die Lehrkraft sie sich ansehen kann und die Schüler sie nicht verlieren).
- Auf der hinteren Umschlaginnenseite des Lesetagebuchs können die Schüler Einträge in die folgende Statustabelle machen, damit die Lehrkraft auf einen Blick über die Lesefortschritte der Schüler informiert ist. Für die Statusspalte zeigen drei Buchstaben an, dass (E) der Schüler das Buch zu Ende gelesen hat, (N) der Schüler begonnen

hat, das Buch zu lesen, aber nicht zu Ende lesen will, und (B) der Schüler begonnen hat und noch dabei ist, das Buch zu lesen.

| Datum | Buch | Titel | Seite # angefangen | Seite # aufgehört | Status |
|---|---|---|---|---|---|

- Am Ende jeden Monats und wenn sie ein Buch zu Ende gelesen oder ausgewechselt haben, tragen die Schüler etwas in die Tabelle ein.

**Lesetagebuch: monatlicher Arbeitsauftrag**

**Anweisungen**

Tausche dich über ein Buch, das du in der freien Lesezeit liest, auf zweifache Weise mit anderen aus: Erstens schreibst du einen Brief an die Lehrkraft über das Buch und darüber, was du durch das Lesen des Buchs gelernt hast. Zweitens erstellst du ein Buchposter, für das du Zitate aus dem Buch auswählst, die du mit Bildern veranschaulichst.

**1. Der Brief**

Schreibe einen Brief an die verantwortliche Lehrkraft. Dieser Brief soll mindestens eine Seite lang sein und folgende Informationen enthalten:

*Über das Buch:* Nenne Titel, Autor und gib eine Zusammenfassung der Handlung. Wähle eine Figur, die dir am besten oder am wenigsten in dem Buch gefallen hat. Beschreibe diese Figur und erkläre, warum sie dir gefiel oder nicht. Wie vergleichst du dieses Buch mit anderen Büchern, die du bisher in diesem Unterricht gelesen hast? Würdest du dieses Buch einem Freund empfehlen? Warum oder warum nicht?

*Über dich als Leser:* Fällt dir beim Lesen etwas auf, das sich von der Art und Weise unterscheidet, wie du zu Beginn des Unterrichts gelesen hast? Verändern sich deine Interessen, Fähigkeiten oder Gewohnheiten auf irgendeine Art? Was, wenn überhaupt, überrascht dich dabei? Hast du eines der Leseziele erreicht, die du dir im letzten Monat gesetzt hast (schneller zu lesen, nicht bis zur letzten Minute zu warten, dich an längeren oder andersartigen Büchern zu versuchen usw.)? Welches sind deine Leseziele für den nächsten Monat?

**2. Das Buchposter**

Wähle sechs Zitate (normalerweise ein oder zwei Sätze lang) aus dem Buch, die dir interessant erschienen. Teile ein großes Blatt Papier in sechs Felder und schreibe je ein Zitat unten in jedes Feld. Dann veranschauliche jedes Zitat mit Bildern, entweder zu seiner übertragenen oder seiner wörtlichen Bedeutung. Du kannst zeichnen, Bilder aus Zeitschriften oder Zeitungen ausschneiden oder Computergrafiken verwenden. Bereite dich darauf vor, deine Auswahl der Zitate und Bilder zu erklären.

**Bücher tauschen und sich über Bücher austauschen**
Ein wichtiges Element des sozialen Aspekts, den wir in unsere routine-mäßigen Aktivitäten in der freien Lesezeit integrierten, war der regelmäßi-ge *sehr kurze* Austausch von Informationen über Bücher, die die Schüler ge-rade lasen. Dies trug zur Ergebnissicherung bei und vermittelte den zuhörenden Schülern Vorstellungen von Büchern, die sie vielleicht auch gerne lesen würden.

Obwohl es länger dauerte, als wir erwartet hatten, waren wir etwa bei Halbzeitstand des Kurses „Lesen macht schlau" überzeugt, dass, bis auf zwei oder drei, alle Schüler in den zwölf Klassen tatsächlich und die selbst gewählten Bücher auch bis zum Ende lasen, und zwar eins pro Monat. Mit einigen Ausnahmen waren die Schüler, entweder alleine oder mit unserer Hilfe, in der Lage, interessante und zugängliche Bücher zu finden. Schüler, für die Englisch Zweitsprache war, und der Großteil der schwächeren Schüler mit speziellem Förderbedarf bekamen Bücher, die auf großes In-teresse stießen und dabei leicht zu lesen waren. Für die meisten Schüler schien der Druck, ein Buch innerhalb des Bewertungszeitraums von sechs Wochen zu Ende lesen und sich darüber mit dem Rest der Klasse über mo-natlich durchgeführte Projekte austauschen zu müssen, ihren Entschei-dungsprozess zu beschleunigen. Sie wählten Bücher schnell aus und erfuh-ren folglich mehr darüber, welche Bücher sie als Freizeitlektüre mochten und welche nicht.

Im Laufe der Wochen bemerkten wir, dass die Schüler untereinander Bücher austauschten und sich an neuen Autoren versuchten. In einer Klasse hatte eine Gruppe von amerikanischen Jungen chinesischer Abstammung die er-sten Monate damit verbracht, ausschließlich Fantasiegeschichten über Burgverliese und Drachen zu lesen. Im Frühling hatten sie jedoch alle *Coffee Will Make You Black* von April Sinclair gelesen, ein Roman, der anfänglich vorwiegend unter amerikanischen Schülern afrikanischer und lateinameri-kanischer Abstammung kursierte. Eine andere Schülerin verbrachte das ge-samte erste Halbjahr damit, Gruselgeschichten von R. L. Stine zu lesen (der Lieblingsautor unserer Schüler, wie unsere Befragung am Ende des Jahres ergab). Zu Beginn des Frühjahrssemesters hatte diese Schülerin damit be-gonnen, Familien-Sagas von V. C. Andrews zu lesen, und am Ende des Schul-jahres las sie ein Buch von Stephen King, das sie den Sommer über zu Ende lesen wollte.

---

**Überprüfung der freien Lesezeit**
**Vorgehen**
- Der Lehrer wandert in den ersten zwei Wochen von Schüler zu Schüler, und die Schüler geben ihre Einschätzung des Buches, das sie gerade lesen.
- Jeder Schüler, jede Schülerin zeigt der Klasse das Buch, das er oder sie gerade liest, und verwendet dazu einen der folgenden Kommentare:

    Ich lese dieses Buch.

    Ich gebe diesem Buch (noch) eine Zehn-Seiten-Chance.

    Ich mag dieses Buch nicht; ich werde mir ein anderes aussuchen.

Schüler, die sich noch nicht für ein Buch entschieden haben, werden darauf hingewiesen, dass sie schnell eins finden müssen, weil die meisten Mitschüler schon in der Mitte des Buches sind!

---

## Konzentration, Leseausdauer und Lesegeläufigkeit stärken

Selbst wenn unsere Schüler ein für sie interessantes Buch gefunden hatten, machte es ihnen Schwierigkeiten, jeweils ganze zwanzig Minuten zu lesen. Vielen mangelte es tatsächlich so stark an geistigem Durchhaltevermögen, dass sie kaum mehr als wenige Minuten lasen, bevor ihre Aufmerksamkeit abschweifte. Damit sie allmählich mehr Leseausdauer gewinnen konnten, setzten wir für sie die freie Lesezeit zunächst nur auf eine Zeit von zehn Minuten fest und dehnten sie langsam auf zwanzig oder mehr Minuten aus. Am Ende des Schuljahres fragten einige Schüler tatsächlich, ob wir die stillen Lesephasen nicht verlängern oder öfter einplanen könnten. In einer Klasse setzten sich die Schüler für eine freie Lesezeit über einen ganzen Unterrichtsblock (100 Minuten) ein und sie lasen tatsächlich die gesamte Zeit über!

„Das Geschichtsbuch ist wirklich langweilig. Aber [der Kurs] half mir dranzubleiben, selbst wenn es langweilig ist. Selbst wenn du nicht lesen willst, kannst du es."

Außerdem arbeiteten wir daran, die Fähigkeit der Schüler zu steigern, die bei ihnen ablaufenden Leseprozesse nicht nur wahrzunehmen und zu beschreiben, sondern sie auch zu kontrollieren. Zunächst gaben wir den Lernenden explizite Strategien zur Kontrolle ihrer Konzentration an die Hand, damit sie bewusster wahrnahmen, was sie ablenkte und unter welchen Bedingungen sie am besten lesen konnten.

**Auf welchem Kanal sind deine Gedanken?**
Wir lasen Auszüge aus einem Buch über die Funktionsweise des Gehirns, das für junge Menschen geschrieben wurde und dessen Schwerpunktthema Aufmerksamkeit und Konzentration ist. Sein Titel lautet *Keeping a Head in School,* zu Deutsch etwa „Bleib mit den Gedanken im Unterricht". Bei der Beschreibung von Aufmerksamkeit vergleicht der Autor die verschiedenen Orte, auf die die Aufmerksamkeit von Schülern gerichtet sein kann, mit Fernsehkanälen. Ein Schüler äußerte sich folgendermaßen: „Im Kurs ‚Lesen macht schlau' haben sie uns erklärt, dass es in unserem Gehirn verschiedene Kanäle gibt. Meine Lehrerin hat immer gesagt, ‚Ihr habt einen Kanal für das Zusammensein mit Freunden, einen Kanal für das Anziehen von Kleidung, und ihr habt einen Kanal für die Schule'. Also sollten wir uns fragen, ‚Auf welchem Kanal bin ich gerade? Bin ich auf dem Schulkanal?'"

Wir verbrachten auch relativ viel Zeit mit dem Durchgehen und Besprechen des „Konzentrations-Cockpits" (Kopiervorlage S. 89) und sprachen dabei über die verschiedenen Kontrollmechanismen, die die Schüler entwickeln wollten. Nach diesen Gesprächen musste jeder Schüler einen Brief an die Lehrkraft schreiben, in dem er seine Stärken und Schwächen bei der Konzentration auf das Lesen beschreibt.

„Ich glaube, es gibt bestimmte Dinge, die es einem ermöglichen, sich besser konzentrieren zu können. Ich war zum Beispiel letzte Woche in meiner Klasse und hatte mich noch nicht gekämmt. Ich konzentrierte mich deshalb nicht auf den Unterricht, sondern war zu sehr beschäftigt, daran zu denken, mich zu kämmen. Dann ging ich schließlich in den Waschraum und kämmte mich. Nachdem ich damit fertig war, ging ich in den Unterricht zurück und konnte mich konzentrieren und aufpassen."

Als die Jugendlichen begannen, darauf zu achten, wie aufmerksam sie lasen oder durch welche Umstände sie sich wahrscheinlich gestört fühlten, nahmen sie oft ein Leseverhalten an sich wahr, das unkontrolliert war, das sie aber potenziell kontrollieren konnten. Nachdem wir verschiedene Strategien zur Kontrolle der Aufmerksamkeit eingeführt hatten, sollten die Schüler einen Plan entwickeln, wie sie beim Lesen verloren gegangene Konzentration wieder aufbauen konnten (siehe das folgende Beispiel auf S. 90).

## Aufmerksamkeit: Körper und Geist unter Kontrolle halten

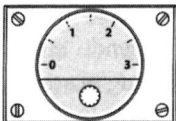

**Das Konzentrations-Cockpit**

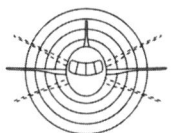

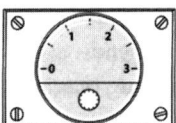

STIMMUNGSKON-
TROLLE: nicht zu trau-
rig oder zu glücklich
zur falschen Zeit sein

SENSORISCHE KON-
TROLLE: unwichtigen
Geräuschen und Ge-
schehnissen keine Auf-
merksamkeit schenken

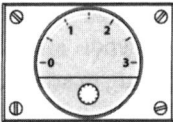

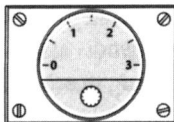

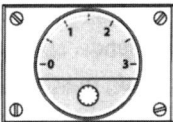

MOTORISCHE/VERBA-
LE KONTROLLE: weder
unnötig bewegen noch
Überflüssiges sagen

SOZIALE KONTROLLE:
andere Kids weg-
schicken, wenn es nötig
ist

WUNSCHKONTROLLE:
nicht ständig etwas
Neues wollen und
darauf warten

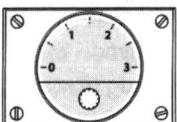

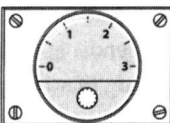

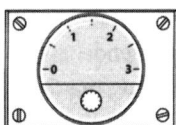

VERHALTENSKON-
TROLLE: denken, bevor
man etwas tut

KONTROLLE DES
FREIEN FLUGES:
nicht mit offenen
Augen träumen

GEDÄCHTNIS-
KONTROLLE: sich an
wichtige Dinge erin-
nern

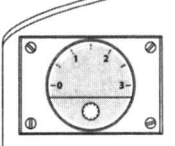

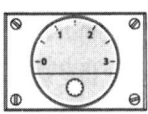

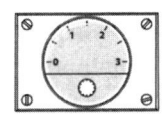

TEMPOKONTROLLE:
Dinge nicht so
schnell tun

BESTÄNDIGKEITS-
KONTROLLE: gleich
bleibend gut
arbeiten

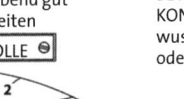

MOTIVATIONS-
INPUTKONTROLLE:
auch Dinge tun, die
nicht gerade aufre-
gend sind

BEWUSSTSEINS-
KONTROLLE: be-
wusst arbeiten
oder zuhören

HAUPTKONTROLLE

ZIELGERICHTETE KONZENTRATIONSKONTROLLE: die wichtigsten Dinge verfolgen

0 = keine Kontrolle; 1 = wenig Kontrolle; 2 = gute Kontrolle; 3 = viel Kontrolle

*Quelle: M. Levine, Keeping a Head in School: A Student's Book About Learning Abilities and Learning Disorders (Cambridge, Mass.: Educators' Publishing Services, 1990), S. 41*

| Was ich bei Ablenkungen tun will | |
| --- | --- |
| **Ablenkung 1** | Mit offenen Augen von vielen Dingen träumen, zum Beispiel von einer Person, einem Ort oder einer Sache |
| Was ich tun kann | Mich davon losreißen und trainieren, meine Gedanken nicht abschweifen zu lassen |
| **Ablenkung 2** | Dinge, die ich gerne hätte, zum Beispiel meine Uhr reparieren lassen oder Schuhe, die ich haben möchte, und so weiter |
| Was ich tun kann | Mir sagen, dass ich aufhören muss, ständig an solche Dinge zu denken, und sie stattdessen schnell aufschreibe, wenn sie wichtig genug sind |

Während des gesamten Jahres erinnerten wir die Schüler daran, sich diese Ziele und Pläne zu vergegenwärtigen. Mit der Zeit begannen sie, mehr Verantwortung für ihre mentale Präsenz zu übernehmen. Viele wurden aufmerksamer, nicht nur in den stillen Lesephasen, sondern allgemein im Unterricht. Die Konzentration auf die Steigerung ihrer geistigen Kontrolle schien sich auch auf andere Unterrichtsfächer zu übertragen und eine aktivere Haltung zu erzeugen, das Gefühl, aktive statt passive Teilnehmer an ihrem eigenen Leben zu sein.

## Über die sozialen und persönlichen Grundlagen hinaus

Während des gesamten Jahres festigten und entwickelten wir die persönlichen und sozialen Dimensionen der Leseausbildung. Die Schüler, die am Kurs „Lesen macht schlau" teilnahmen, erkundeten weiterhin ihre persönlichen Vorlieben und Gewohnheiten hinsichtlich des Lesens und führten weiterhin Gespräche mit Lehrern und anderen Schülern über die bei ihnen ablaufenden Prozesse, ihre Probleme und deren Lösungen. Aber obwohl wir wussten, dass die sozialen und persönlichen Dimensionen der Ausbildung im Lesen die erforderliche Motivationsbasis für den Umgang mit schwierigen Texten bilden, waren wir uns ebenso im Klaren darüber, dass sie nicht ausreichten, um die Leistungen unserer Schüler als Leser anspruchsvoller Texte zu steigern. Im folgenden Kapitel diskutieren wir das geistige Instrumentarium, das unsere Schüler sich im weiteren Verlauf des Kurses aneigneten.

# 5. „Werkzeuge" für das verstehende Lesen

In Gesprächen mit Schülern über das Lesen als Schlüssel zum Verstehen, über das Lesen mit dem Verstand im Gegensatz zu dem mit dem Mund haben wir oft die Vorstellung vom Lesen als Problemlösung aufgegriffen. Die bessere Kontrolle ihrer Aufmerksamkeit während des Lesens sowie die Verringerung der Probleme mit dem Textverständnis waren wichtige Ziele für unsere Schüler, als sie zunehmend mehr Zutrauen zu ihrer Entwicklung als Leser fassten. Aber ohne ein Repertoire spezifischer kognitiver Strategien und die Fähigkeit, diese Strategien auch anwenden zu können, würden sie kaum die verschiedenen Leseverständnisprobleme lösen können, auf die sie in schwierigen Texten stoßen. Und ohne einen gewissen Erfolg beim Verstehen schwieriger Texte wird selbst der interessierte Leser entmutigt und verliert sein Interesse bald wieder. Wir mussten also Schüler, die willens waren, sich mit herausfordernden Texten auseinander zu setzen, mit geeigneten Werkzeugen für die Problemlösung ausstatten. In diesem Kapitel werden verschiedene Werkzeuge und insbesondere zwei Methoden vorgestellt, mit denen wir sie vermitteln: nämlich lautes Denken und reziprokes Lernen (RL).

## Vermittlung von Strategien zur Problemlösung

Unsere Schüler wussten aus eigener Lebenserfahrung, dass das Lösen von Problemen, ob es nun um die Reparatur eines Autos oder das Erreichen der höchsten Level eines Videospiels geht, unterschiedliche Werkzeuge und Strategien erfordert und die Fähigkeit, diese richtig anzuwenden. Etwa in der Mitte der ersten Unterrichtseinheit erinnerten wir die Schüler daran, dass das Verstehen schwieriger Texte auch eine Form der Problemlösung ist – eine, bei der sie verschiedene kognitive Werkzeuge anwenden können. Wir sagten ihnen, dass wir ihnen bei der Zusammenstellung einer geistigen „Werkzeugkiste" für das Lesen mit mindestens vier „Werkzeugen" für das Verstehen von Texten behilflich sein würden:

• Formulieren von Fragen an einen Text,
• Zusammenfassen von Textstellen oder ganzem Text,
• Vorhersagen der weiteren Textinhalte und
• Klären von Unklarheiten.

Wir schlugen vor, zwei Aussagen in ihren Lerntagebüchern festzuhalten: „In diesem Unterricht werde ich etwas über Lesestrategien lernen – und darüber, was zu tun ist, wenn ich nicht weiterkomme" und „In diesem Unterricht werde ich meine eigene geistige Werkzeugkiste zusammenstellen, mit deren Hilfe ich Probleme beim Verstehen von Texten lösen kann."

## Schüler dabei unterstützen, strategische Leser zu werden

„Wir haben etwas über diese so genannte Metakognition gelernt: Wenn du liest, denkst du über das Lesen nach, während du liest, wenn du aber dabei nicht über das Lesen nachdenkst, schweifen deine Gedanken ab – wenn ich jetzt lese, denke ich darüber nach, zu welchem Zweck ich lese. Wenn man mir sagen würde, ich solle etwas lesen und nachher etwas darüber erzählen, würde ich es auf eine bestimmte Art lesen. Wenn man mir nur sagen würde, ich solle darüber Notizen machen, würde ich anders lesen."

In dem Gespräch über die geistige Werkzeugkiste erklärten wir den Schülern, dass alle Werkzeuge, die sie kennen lernen würden, dazu gedacht sind, schwierige Texte besser zu verstehen. Wir erläuterten ihnen verschiedene Strategien, d. h. Werkzeuge für das Verstehen von Texten und einige ihrer üblichen Anwendungsweisen. Einige Schüler verwendeten regelmäßig mehrere Werkzeuge, andere konsequent zwei oder drei. Dies sollte sie zu strategischen Lesern machen, die bei Textverständnisproblemen ein geeignetes Werkzeug auswählen und damit das Problem selbstständig lösen. Die Wahl des Werkzeugs bzw. der kognitiven Strategie hängt von der Art des Problems, dem Zweck des Lesens und davon ab, wie wohl sich der Schüler mit jedem der Werkzeuge fühlt.

Das Ziel jeder Leseausbildung ist es, Schüler zunehmend zu eigenständigen Lesern zu machen. Dabei ist es von entscheidender Bedeutung, dass Schüler die Strategien für das Verstehen von Texten in ihrer geistigen Werkzeugkiste klug, mit dem Gefühl innerer Überzeugung und selbstständig einsetzen. Uns war klar, dass wir nicht einfach eine Strategie für das Verstehen von Texten vermitteln und von den Schülern erwarten konnten, dass sie sie anwenden. Weil wir wussten, dass man sich diese Strategien nur mit Übung im Laufe der Zeit gänzlich aneignen kann, führten wir zunächst kognitive Strategien mit weniger anspruchsvollen Texten ein. Immer jedoch wählten wir Texte, die einen thematischen Bezug zu den Unterrichtseinheiten hatten. Beispielsweise übten die Schüler während der Einheit „Lesen in seiner persönlichen und gesellschaftlichen Bedeutung", einen Auszug aus dem Roman *Woman Warrior* von Maxine Hong Kingston zusammenzufassen, der sich mit Sprach- und Lesekompetenzerwerb an einer staatlichen amerikanischen Schule aus dem Blickwinkel einer jungen chinesischen Immigrantin beschäftigt. Wir wählten einen kurzen Auszug und die Schüler mussten in Gruppen das Zusammenfassen verschiedener Textpassagen üben. Durch den wiederholten Wechsel zwischen gelenkter Einzel- und Gruppenarbeit lernten die Schüler, jede neue Strategie mit zunehmend anspruchsvolleren Texten anzuwenden. Schließlich übten sie mit solchen Texten, die sie in ihren verschiedenen Fachunterrichtsstunden lesen und verstehen mussten.

### Einzel- und Gruppenverantwortung für das Lernen

Während unsere Schüler neue kognitive Strategien für das Verstehen von Texten übten und allmählich auch integrierten, sollten sie bewerten, wie nützlich ihnen bestimmte Strategien bei ihren Bemühungen um Problemlösung waren. Sie sollten sich mit der gesamten Klasse darüber austauschen, was sie tun, um eine Zusammenfassung anzufertigen, wie sie herausfinden, ob Unklarheiten im Text zu klären sind, wie sie eine Frage formulieren und schließlich ob sich die Anwendung dieser Strategien positiv auf das Verstehen von Fachunterrichtstexten auswirkt. Dabei wurden sich einige Schüler stärker der spezifischen Strategien bewusst, die ihnen nützlich sind. Dies passte zu der zunehmend detaillierten Vorstellung, die sie von sich selbst als Leser entwickelten, wobei sie immer mehr herausfanden, was ihnen als Leser nützlich war.

Die Schüler betrachteten sich auch gegenseitig zunehmend als Ressourcen beim Erlernen der erfolgreichen Anwendung von Strategien. Weil der Kurs im Kern eine gemeinschaftliche Erforschung des Lesens ist, arbeiteten die Schüler viel in Gruppen. Wir machten aber immer wieder deutlich, dass gemeinschaftliches Arbeiten heißt, dass *Partnerinnen und Partner* zusammenkommen, von denen jeder einzelne seinen oder ihren Beitrag leistet. Kein Schüler sollte sich einfach zurücklehnen und darauf warten, dass leistungsstärkere oder engagierte Leser die Arbeit für ihn erledigen würden. Wir sprachen mit den Schülern über schwierige Texte, die über ihre zukünftigen Ausbildungs- und Berufschancen entscheiden, wie die Texte, die in standardisierten Leistungsvergleichen vorkommen, von offiziellen Lesetests bis zu den US-weiten College-Eignungstests SAT (Scholastic Aptitude Test) und ACT (American College Test). Wir sprachen über die Tatsache, dass Schüler in Prüfungssituationen, bei denen viel auf dem Spiel steht, nur von den kognitiven Strategien Gebrauch machen können, die sie alleine beherrschen. Im deutlichen Bewusstsein dieser Realität setzten wir eine Kombination von Gruppen- und Einzelaktivitäten ein und stellten so weit es ging sicher, dass jeder einzelne Schüler diese kognitiven Strategien erwarb und viele Gelegenheiten bekam, sie einzuüben.

## Modellieren von Problemlösungen

Wie wir der Lerngruppe bereits mithilfe des lauten Denkens eine Vorstellung metakognitiver Prozesse vermittelt hatten, so stellten wir manchmal auch unterschiedliche Strategien zum Verstehen von Texten mithilfe des lauten Denkens vor. Dabei arbeiteten wir mit unbekannten Texten wie dem Leitartikel der Tageszeitung oder einem aktuellen Beitrag in einer Zeitschrift. Wenn Lehrer laut denken, um kognitive Strategien zu demonstrieren (= modellieren), erinnert das die Schüler daran, wie komplex der den Strategien zugrunde liegende Prozess der Bedeutungskonstruktion eigentlich ist. Wie entscheiden Leser, was für die Zusammenfassung eines Artikels wichtig ist und was weggelassen werden kann? Welche sprachlichen oder strukturellen Aspekte eines bestimmten Textes helfen Lesern, einen Argumentationsstrang aufzugreifen und ihm zu folgen, wenn sie versuchen, die Gedankengänge eines Verfassers in einem Leitartikel vorherzusagen? Wenn Schüler einmal gesehen haben, wie Lehrer Strategien in allen Einzelheiten demonstrieren und sie durch das laute Denken transparent machen, können Lernende selbst beginnen, laut strategisch zu denken.

Der folgende Unterrichtsplan beschreibt die Schritte dieser Methode. Schwerpunkt ist dabei die Vermittlung der Strategie des Vorhersagens weiterer Textinhalte sowie einiger zusätzlicher Strategien zum Verstehen von Texten, die sich als besonders nützlich erwiesen.

Durch die in diesem Unterrichtsplan beschriebenen umfangreichen Übungen sollen die Schüler in die Lage versetzt werden, die Strategien automatisch und mühelos anzuwenden – ebenso wie ein Fahrschüler über die Pra-

---

**Die Methode des lauten Denkens vermitteln**

**Zweck**

Lautes Denken hilft Schülern, die geistigen Aktivitäten bzw. Strategien leistungsstarker Leser einzuüben. Es hilft ihnen, sich auf das Verstehen zu konzentrieren, und es zeigt dem Unterrichtenden, wann Schüler einen Text nicht mehr verstehen und wie es dazu kommen konnte.

**Anfängliches Vorgehen**

• Demonstrieren Sie der Klasse die Methode, indem Sie die folgenden Elemente des lauten Denkens beim Lesen eines Ihnen unbekannten Textes verwenden.

Elemente des lauten Denkens
    Vorhersagen
        Ich sage vorher, …
        Ich glaube, im nächsten Abschnitt …
        Ich glaube, dies ist …
    Vorstellungen entwickeln
        Ich stelle mir vor, …
        Ich glaube, …
    Verbindungen herstellen
        Dies ist wie …
        Dies erinnert mich an …
    Ein Problem identifizieren
        Ich war verwirrt, als …
        Ich weiß nicht genau …
        Ich habe nicht erwartet, …
    Probleme lösen
        Ich glaube, ich muss [den Abschnitt noch einmal lesen oder etwas anderes tun, damit ich wieder verstehe, was im Text steht]
        Vielleicht muss ich [weiterlesen oder auf andere Art weitermachen]

• Nachdem Sie einige Varianten demonstriert haben, ordnen die Schüler Ihre laut gedachten Aussagen mithilfe einer Checkliste bestimmten Kategorien zu.

**Checkliste für das laute Denken**
Die Schüler haken entsprechend ab, wenn sie Aussagen zu den folgenden Elementen hören:    Vorhersagen
                    Vorstellungen entwickeln
                    Verbindungen herstellen
                    Probleme identifizieren
                    Probleme lösen
                    Anderes
• Gehen Sie die Checkliste mit der Klasse durch.

**Gelenkte Übungen**
• *Lesen in Zweiergruppen:* Nachdem die Schüler Gelegenheit hatten, Ihnen ein paar Mal bei der Modellierung lauten Denkens zuzuhören und die Elemente mithilfe der Checkliste zu bestimmen, sollen sie selbst lautes Denken mit einem Partner üben. Jeder der beiden Schüler soll einen Abschnitt mit Pausen vorlesen, um laut Aussagen zum Text zu formulieren, während der Partner oder die Partnerin zuhört. Der jeweils Zuhörende kann dabei für den Lesenden auf der Checkliste die Elemente abhaken, denen die laut gedachten Aussagen zuzuordnen sind.

- *Leise denken:* Nachdem die Schüler mehrmals mit einem Partner gearbeitet haben, sollen sie nun üben, selbstständig zu lesen, wobei sie auf ihre Gedanken beim Lesen achten und auf der Checkliste die verschiedenen Elemente des leisen Denkens bzw. die Strategien abhaken, die sie verwenden.
- *Laufende Selbsteinschätzung:* Die Schüler sollen besonders am Anfang genügend Zeit bekommen, sich über ihre Selbsteinschätzungen auszutauschen. In einem Unterrichtsgespräch diskutieren sie, was daran schwer ist, während des Lesens laut zu denken. Befragen Sie die Schüler, was sie getan haben, um auftauchende Probleme zu lösen. Bitten Sie sie anschließend, darüber nachzudenken, welchen Einfluss lautes Denken auf sie als Leser hat.

**Anwendungen der Übungen**

Wählen Sie die Anwendungen je nach dem Zweck, den Sie verfolgen.

- Die Schüler führen einen Hefter, in den sie ihre Gedanken zu Texten an verschiedenen Zeitpunkten während des Schuljahrs eintragen. Wenn Benotungen anstehen, können die Schüler aus ihrer Sicht die Fortschritte bewerten, die sie als Leser gemacht haben, und jede Veränderung der Denkweise während des Lesens notieren.
- In einem gelenkten Unterrichtsgespräch diskutieren die Schüler über den Inhalt von Texten, die sie allein oder in einer Zweiergruppe mithilfe lauten oder leisen Denkens gelesen haben. Dies ist besonders nützlich bei Texten wie primärem Quellenmaterial, wissenschaftlichen Berichten, Essays und anspruchsvoller Lektüre, die dem Leser Raum lässt zu interpretieren, Schlussfolgerungen zu ziehen und Textinhalte mit anderen Unterrichtsaktivitäten zu verbinden.
- Nutzen Sie die Methode des lauten Denkens, um zu demonstrieren, wie unterschiedliche Leser sich unterschiedlichen Texten zu unterschiedlichen Zwecken nähern.

xis zu einem versierten Fahrer wird, der automatisch die Kupplung und das Gaspedal tritt, in den Rückspiegel sieht, die Verkehrs- und Straßenbedingungen im Auge hat und dabei das Auto richtig lenkt.

Wenn Schüler ausreichend Praxis in der bewussten Anwendung verschiedener Strategien haben, beginnen sie diese zu übernehmen und unbewusst anzuwenden. In gewissem Sinne ist also die Vermittlung kognitiver Strategien das Gegenteil vom Sichtbarmachen des Unsichtbaren. Als Leseexperte machen Lehrer ihren Schülern die bei ihnen ablaufenden, normalerweise unsichtbaren Leseprozesse sichtbar. Dann helfen sie Schülern, diese Strategien zu erlernen und einzuüben, bis diese Werkzeuge zur zweiten Natur und schließlich Teil der unbewusst bei ihnen ablaufenden Leseprozesse – also wieder unsichtbar – werden.

## Zusammenstellen der geistigen „Werkzeugkiste"

Das Einüben kognitiver Strategien mit Texten zu verbinden, die Bezug zu den von uns untersuchten Themen hatten, und auch mit dem habituellen lauten Denken, war der zentrale Punkt unseres detaillierten Unterrichtskonzepts für das Verstehen von Texten. Darüber hinaus stellte die von den Kognitionsforschern Annemarie Palinscar und Ann Brown entwickelte Methode des so genannten reziproken Lernens (RL) einen wichtigen Bezugspunkt für unsere Arbeit an der Entwicklung der kognitiven Dimension in unserem Unterricht dar. RL ist eine Methode, die Lernenden hilft, ihr Leseverständnis zu überwachen und vier kognitive Strategien einzuüben bzw. zu verinnerlichen, die als entscheidende Bestandteile des Repertoires kompetenter Leser gelten: das Formulieren von Fragen an Texte, das Zusammenfassen von Textstellen oder ganzem Text, das Vorhersagen der weiteren Textinhalte und das Klären von Unklarheiten.

Bei RL beteiligen sich Lehrer und Schüler an einem strukturierten Dialog über Texte und wenden diese vier Verständnisstrategien an. Lehrer und Schüler übernehmen abwechselnd die *Diskussionsleitung,* lenken den Dialog und strukturieren ihn durch die Strategien. Mit der Zeit und mit Übung werden die einzelnen Schüler zunehmend befähigt, ihr Textverstehen einzuschätzen und die Strategien für das Verstehen zu nutzen. RL wurde ursprünglich für Kleingruppen in Förderkursen konzipiert, ist aber inzwischen für ganze Klassen und für von Mitschülern geleitete Kleingruppen im Unterricht übernommen worden.

    RL ist ein wichtiger Bezugspunkt für unsere Arbeit, weil es wesentliche Grundzüge mit unserem Konzept gemein hat. Der wichtigste ist, dass Lesen im RL-Konzept als problemlösende Aktivität verstanden wird, die die geistige Beteiligung des Lesers/der Leserin und das Bewusstsein des bei ihm oder ihr ablaufenden Leseprozesses erfordert. Leser werden metakognitiv aktiv und überwachen und überprüfen ihr Textverstehen. Zweitens macht RL das Unsichtbare sichtbar, indem Schülern explizit beigebracht wird, die entscheidenden kognitiven Strategien einzusetzen, die kompetente Leser zur Problemlösung anwenden. Drittens üben Lernende diese Strategien mit dem Ziel ein, sie allmählich zu verinnerlichen. Viertens können Lernende auf die Hilfe von Lehrern und Mitschülern zurückgreifen. Sie können sich auf die Kenntnisse und Fähigkeiten der Gruppe stützen, um eigene Verständnisprobleme zu lösen, und sie können sehen, wie andere Leser Verständnisstrategien anwenden, um Texten Sinn abzugewinnen. Schließlich lernen und üben Schüler im RL-Verfahren kognitive Strategien im Kontext inhaltlichen Lernens ein, anstatt diese Strategien als zusammenhanglose Lesefertigkeiten zu trainieren.

Für uns war reziprokes Lernen ein Vermittlungsweg, mit dem unsere Schüler sich die wichtigsten Verstehensstrategien kompetenter Leser aneignen konnten, und keine Methode, die unsere Schüler notwendigerweise als Ganze oft anwenden würden. Zunächst übten wir über mehrere Wochen das Formulieren verschiedener Verständnisfragen mit unterschiedlichen Texten und Übungen in Einzel- und Gruppenarbeit, damit unsere Schüler Selbstsicherheit in der bewussten Anwendung einer begrenzten Anzahl an Werkzeugen für ihr Leseverstehen gewannen. Anschließend beschäftigten wir uns mit dem Zusammenfassen von Textstellen oder ganzem Text, dem Klären von Unklarheiten und dem Vorhersagen der weiteren Textinhalte. Nachdem alle vier Strategien in der Anwendung geübt waren, konnten wir mit dem reziproken Lernen selbst beginnen.

Im Folgenden umreißen wir unsere Ideen und Unterrichtsaktivitäten zur Vermittlung dieser vier Strategien, erläutern die Methode des Segmentierens von Texten in Sinneinheiten, die Lernenden die Anwendung von Verstehensstrategien erleichtert, und zeigen, wie unsere Schüler reziprokes Lernen bei der Anwendung dieser neuen Fertigkeiten nutzten.

### Formulieren von Fragen an einen Text

Eines der wirksamsten kognitiven Werkzeuge für das Leseverstehen ist das Formulieren von Fragen an einen Text. Im Kurs setzten wir dabei zwei Aufgabenstellungen ein, damit sich die Schüler aktiver mit Texten auseinander setzten. Das Formulieren von Fragen an einen Text zwingt Schüler, zielgerichteter und deshalb mit größerer Konzentration zu lesen. Leider ruft die Vorstellung, dass im Unterricht etwas gefragt wird, bei vielen Lernenden negative Assoziationen hervor. Wir erklärten den Schülern, dass sie in diesem Unterricht und besonders mit dieser kognitiven Strategie zeigen, was sie wissen, und nicht, was sie nicht wissen, wenn sie eine Frage stellen.

Für beide der folgenden Aufgabenstellungen müssen die Schüler Fragen an den Text richten, den sie lesen. Der Kniff ist, dass sie die Antworten wissen müssen, vorausgesetzt, sie haben die Erzählung oder den Artikel gelesen. Erst dann werden die von ihnen formulierten Fragen akzeptiert.

---

**Nachfragen**

**Vorgehen**

- Die Schüler formulieren schriftlich Fragen an einen bestimmten Text. Das Lesen und Schreiben kann im Unterricht oder als Hausaufgabe erfolgen.
- Ein Schüler, der sich freiwillig dafür gemeldet hat, liest seine Fragen der Gruppe vor.
- Die anderen Schüler heben die Hand, wenn sie die Frage beantworten können.
- Der erste Schüler ruft einen der sich meldenden Schüler auf, um die Frage zu beantworten.
- Nachdem dieser Schüler die Frage beantwortet hat, stellt er seinerseits der Klasse eine seiner Fragen.
- Dies wird so lange fortgesetzt, bis jeder Schüler eine Frage gestellt und beantwortet hat. Um sicherzustellen, dass alle Schüler einmal an der Reihe waren, darf keiner eine zweite Frage stellen, bis alle eine beantwortet haben.

---

Nachdem unsere Schüler beispielsweise einen Abschnitt aus der Biografie von Frederick Douglass im Unterricht gelesen hatten, sollte jeder Schüler fünf auf dem Text basierende Fragen aufschreiben, die er beantworten konnte. Alle sollten sich dabei in die Rolle des Lehrers versetzen und Fragen stellen, die ihre Schüler nur beantworten könnten, wenn sie den Text gelesen und verstanden hatten. Dabei war es unwichtig, ob die von ihnen formulierten Fragen leicht oder schwierig waren, solange sie beantwortet werden konnten. Dann führten wir nach oben beschriebenem Muster Nachfragen durch, bis jeder Schüler eine Frage gestellt und beantwortet hatte.

Nachfragen dieser Art wurden zu einer routinemäßigen Unterrichtsaktivität, wobei die Fragen oft schriftlich zu Hause formuliert werden mussten. Während dieser jeweils etwa zehnminütigen Unterrichtsaktivität zeigte sich, was die Schüler verstanden oder missverstanden hatten. War eine Antwort für den Fragesteller nicht akzeptabel, konnten solche Meinungsverschiedenheiten meist in einem Unterrichtsgespräch geklärt werden.

Als die Schüler mit diesem Verfahren vertraut waren, konzipierten wir andere Unterrichtsaktivitäten auf der Basis von Taffy Raphaels Arbeiten zu Frage-Antwort-Relationen (FAR). Raphael stellt vier Fragetypen dar: *Fragen, bei denen Informationen zu ermitteln sind, Fragen zum umfassenden Textverständnis, Fragen zum Reflektieren und Bewerten* und *Fragen zur Interpretation.* Die Fragen erfordern jeweils eine andere Interaktion mit dem Text.

Weil wir bemerkten, dass unsere Schüler zwar normalerweise die *Fragen, bei denen Informationen zu ermitteln sind,* und die *Fragen zum umfassenden Textverständnis* ohne Schwierigkeiten verstanden, aber oft Probleme mit den *Fragen zum Reflektieren und Bewerten* und den *Fragen zur Interpretation* hatten, setzten wir anfangs verschiedene einfache Texte ein. Zusätzlich sprachen wir mit den Schülern darüber, warum einige Fragen schwieriger zu formulieren waren als andere. Im Folgenden ein Beispiel für einen einfachen, von uns verfassten Text mit anschließender Definition und Beispielen für jeden Fragetyp.

> David wachte 15 Minuten zu spät auf. Als er auf die Uhr sah, sprang er sofort aus dem Bett und eilte ins Badezimmer, weil er fürchtete, wieder einmal den Bus zu verpassen. Er suchte im Trockner nach seiner Lieblingsjeans, aber die war noch in der Waschmaschine. „Verflixt! Ich habe doch meiner Schwester gesagt, sie soll mein Zeug in den Trockner tun! Was soll ich denn heute anziehen?" Nachdem er sich für weite Shorts und ein Rugbyshirt entschieden hatte, schnappte er sich eine Tüte Chips und ein Sodawasser aus der Küche und suchte verzweifelt nach seinem Geschichtsbuch. Als er es gefunden hatte, verstaute er es mit seinem Frühstück, seiner Kappe und seinen Spielkarten in seinem Rucksack. Als er zur Bushaltestelle rannte, schwor er sich: „Ich werde nie mehr so lange aufbleiben und mir Wrestling ansehen!"

Eine Frage, bei der Informationen zu ermitteln sind, ist eine Frage, deren Antwort direkt im Text zu finden ist – der Leser muss sie lediglich abschreiben oder wiedergeben. Fragen, bei denen Informationen aus dem oben stehenden Beispieltext zu ermitteln sind, könnten lauten: „Was machte David, nachdem er auf die Uhr gesehen hatte?" oder „Was schwor er sich, als er zur Bushaltestelle rannte?"

Eine Frage zum umfassenden Textverständnis ist eine Frage, deren Antwort im Text zu finden ist, die sich aber der Leser aus verschiedenen Textstellen zusammensuchen muss – man kann sie nicht direkt einer Textstelle entnehmen. Fragen zum umfassenden Verständnis des Beispieltextes könnten lauten: „Was machte David, bevor er das Haus verließ?" oder „Wonach suchte David, bevor er das Haus verließ?"

Eine Frage zum Reflektieren und Bewerten ist eine Frage, deren Antwort nicht direkt im Text steht. Der Leser muss für die Beantwortung der Frage auf die im Text verfügbare Information *und* auf sein eigenes Weltwissen zurückgreifen. Hier gibt der Autor Informationen, die bei der Beantwortung der Frage helfen können, aber nicht die Frage selbst vor. Fragen zum Reflektieren und Bewerten des Beispieltextes könnten lauten: „Wohin wollte David an diesem Morgen?" oder „Zu welcher Tageszeit verließ David das Haus?"

Eine Frage zur Interpretation ist eine Frage, deren Antwort nicht im Text steht. Der Leser muss zur Beantwortung der Frage den Text nicht gelesen haben, aber die Textlektüre hilft bei der Beantwortung. Fragen zur Interpretation des Beispieltextes könnten lauten: „Sollten Jugendliche abends fernsehen dürfen, wenn sie am nächsten Morgen zur Schule müssen?" oder „Sollten Eltern ihre Kinder morgens immer wecken?"

In unserem Gespräch unterteilten wir diese vier Fragetypen in zwei Gruppen. Fragen, bei denen Informationen zu ermitteln sind, und solche zum umfassenden Textverständnis bezeichneten wir als *textbasierte Fragen*, deren Antwort irgendwo im Text gefunden werden kann und die deshalb relativ leicht zu beantworten sind. Fragen zum Reflektieren und Bewerten und solche zur Interpretation bezeichneten wir als *wissensbasierte Fragen*. Weil ihre Antwort nicht direkt im Text steht und weil es mehr als eine richtige Antwort geben kann, sind diese Fragen schwieriger. Textbasierte Fragen, bei denen Informationen zu ermitteln sind, und Fragen zum umfassenden Textverständnis findet man zum Beispiel in Leserätseln, während Fragen zur Interpretation oft in Unterrichtsgesprächen gestellt werden und Fragen zum Reflektieren und Bewerten oft in Aufsatzthemen vorkommen.

Die folgende Unterrichtsaktivität, die wir Fragerunde nannten, ist eine relativ schnell durchzuführende Übung, die wir ein paar Mal nach Einführung der verschiedenen Fragetypen einsetzten. Sie ist dem vorher beschriebenen Nachfragen sehr ähnlich und hat zwei Ziele: Schülern Übung im Umgang mit den verschiedenen Fragetypen zu verschaffen und ihnen dabei zu helfen, das am Vortag als Hausaufgabe Gelesene zu überdenken.

---

**Fragerunde**

**Vorgehen**

- Am Vortag formulieren die Schüler eine Reihe von Fragen an den Text, den sie lesen.
- Im Unterricht trägt ein Schüler eine seiner Fragen vor.
- Die Schüler melden sich, wenn sie die Antwort auf die Frage wissen und sagen können, um welchen der vier Fragetypen es sich handelt.
- Der Schüler, der die Frage gestellt hatte, ruft einen der Schüler auf, die sich melden.
- Dieser Schüler beantwortet die Frage und sagt der Klasse, um welchen der Fragetypen es sich dabei handelt.
- Dieser Schüler liest nun seinerseits der Klasse eine seiner Fragen vor.
- Es wird so lange nach diesem Muster fortgefahren, bis jeder in der Klasse mindestens eine Frage gestellt hat.

---

Für uns war es wiederum wichtig, dass kein Schüler eine zweite Frage stellen durfte, bevor nicht alle Schüler je eine beantwortet hatten. Dies verhindert, dass besonders eifrige Schüler die Übung dominieren, und gewährleistet, dass alle Schüler an die Reihe kommen. Darüber hinaus erkennt der Unterrichtende, ob Schüler Schwierigkeiten mit den Fragetypen haben und Unterstützung brauchen.

Die folgende Unterrichtsaktivität ist ein Beispiel dafür, wie wir die soziale Dimension des Unterrichts weiterhin nutzten, um das Textverständnis der Schüler zu stützen. Weil sich die Schüler in jeder Gruppe bei dieser Aufgabe einigen müssen, welche Frage wo am besten passt, ergeben sich längere Diskussionen darüber, warum eine bestimmte Frage besser in diese Kategorie passt und nicht in jene.

---

**Fragen bestimmten Kategorien zuordnen**

**Materialien**

Ein Text, den die Schüler lesen und zu dem sie Fragen formulieren müssen; Posterkarton, farbige Marker

**Vorgehen**

- Als Hausaufgabe formulieren die Schüler jeweils zwei oder drei Fragen zu jedem Fragetyp an einen Lesetext.
- Im Unterricht am nächsten Tag teilen sich die Schüler in Gruppen auf und tauschen sich über ihre Fragen aus.
- Jede Gruppe erstellt pro Fragetyp ein Poster. Auf jedem Poster müssen vier zu der jeweiligen Kategorie passende Fragen stehen.
- Sobald sich die Schüler geeinigt haben, dass die Fragen den Kategorien richtig zugeordnet wurden, setzen alle Schüler als Zeichen ihrer Zustimmung ihre Unterschrift auf das Poster.
- Alle Poster werden ausgestellt und die Schüler gehen herum und sehen sich die Ergebnisse der anderen Gruppen an.
- Die Schüler kennzeichnen jede Frage, die ihrer Meinung nach der falschen Kategorie zugeordnet ist, mit einem Stern.
- Wenn sich die Schüler alle Poster angesehen haben, analysieren sie alle mit einem Stern gekennzeichneten Fragen in einem gelenkten Gespräch, um sie richtig zuzuordnen.

---

Nachdem die vier Fragetypen anhand verschiedener einfacher Texte eingeführt worden waren, begannen die Schüler, mit diesen Fragen an schwierigeren Texten der Unterrichtseinheit „Lesen in seiner persönlichen und gesellschaftlichen Bedeutung" zu arbeiten. In mehreren Klassen wurde dafür zunächst der folgende Auszug aus der Autobiografie von Frederick Douglass verwendet.

Meine Herrin war, wie gesagt, eine freundliche und warmherzige Frau; und in der Einfachheit ihres Herzens behandelte sie mich anfangs, als ich neu zu ihr kam, so, wie nach ihrem Verständnis menschliche Wesen einander behandeln sollten. Als sie sich langsam in die Pflichten einer Sklavenhalterin hineinfand, schien ihr noch nicht bewusst zu sein, dass ich in der Beziehung eines Stückes Vieh zu ihr stand und es für sie nicht nur ein Fehler, sondern auch gefährlich war, mich wie ein menschliches Wesen zu behandeln. Es zeigte sich, dass die Sklaverei bei ihr ebensoviel Schaden anrichtete wie bei mir. Als ich dort ankam, war sie eine fromme, liebevolle und warmherzige Frau. Keine Sorge und kein Leid gab es, für das sie keine mitfühlende Träne übrig hatte. Sie hatte Brot für die Hungernden, Kleidung für die Nackten und für jeden Trauernden in ihrem Umkreis Trost. Die Sklaverei bewies bald ihre Macht, sie dieser himmlischen Eigenschaften zu berauben. Unter ihrem Einfluss wurde ihr warmes Herz zu einem Stein, und ihr Wesen, so sanft wie ein Lamm, wandelte sich zu tigerhafter Wildheit. Der erste Schritt zu diesem Verfall war, dass sie aufhörte, mich zu unterrichten. Sie fing jetzt an, nach den Vorschriften ihres Gatten zu handeln. Aus ihrer Opposition heraus wurde sie zuletzt sogar noch gewalttätiger als ihr Gatte selbst. Nicht damit zufrieden, einfach nur seinen Anordnungen zu folgen, schien sie ängstlich darauf bedacht, es besser zu machen. Nichts schien sie mehr zu ärgern, als mich mit einer Zeitung zu sehen. Sie schien gerade das für gefährlich anzusehen. Es kam sogar so weit, dass sie sich mit wutentbranntem Gesicht auf mich stürzte und mir auf eine Art und Weise die Zeitung entriss, die ihren ganzen Argwohn offenbarte. Sie lernte schnell; und zu ihrer Befriedigung machte sie schon bald die Erfahrung, dass Unterweisung und Sklaverei unvereinbar miteinander waren.

Von dieser Zeit an wurde ich strengstens beobachtet. Hielt ich mich für längere Zeit allein in einem Zimmer auf, verdächtigte man mich, ein Buch in der Hand zu haben, und ich wurde sofort herausgerufen und zur Rechenschaft gezogen. Dies alles kam jedoch zu spät. Der erste Schritt war getan. Als sie mir das Alphabet beibrachte, hatte mir die Herrin den Finger gereicht, und nichts konnte mich abhalten, die ganze Hand zu ergreifen.

Der Plan, den ich fasste und mit dem ich am erfolgreichsten war, bestand darin, mich mit allen kleinen weißen Jungen, die ich auf der Straße traf, anzufreunden. Ich machte so viele von ihnen, wie ich nur konnte, zu meinen Lehrern. Mit ihrer freundlichen Hilfe, die sie mir zu verschiedenen Zeiten und an verschiedenen Orten gewährten, gelang es mir schließlich, lesen zu lernen. Wenn ich zu Botengängen geschickt wurde, hatte ich immer ein Buch bei mir, und wenn ich den einen Teil meines Auftrags schnell erledigte, fand ich noch Zeit, mir eine Unterrichtsstunde erteilen zu lassen, bevor ich nach Hause kam. Ich nahm gewöhnlich auch Brot mit, wovon es im Hause genügend gab und von dem ich mir immer nehmen durfte; in dieser Hinsicht ging es mir nämlich besser als vielen der weißen Kinder in unserer Nachbarschaft. Dieses Brot pflegte ich unter den hungrigen Bengeln zu verteilen, die mir das viel wertvollere Brot des Wissens dafür gaben. Ich fühle mich sehr versucht, die Namen von zwei oder drei jener kleinen Jungen zu nennen, um ihnen so die Dankbarkeit und Zuneigung zu bezeugen, die ich ihnen gegenüber hege: die Vorsicht jedoch verbietet das; – nicht, dass mir das schaden könnte, es könnte aber sie in Verlegenheit bringen; in diesem christlichen Land ist es nämlich ein fast unverzeihliches Vergehen, Sklaven lesen zu lehren. Es muss genügen, zu sagen, dass die lieben kleinen Kameraden in der Philpot Street wohnten, ganz nah bei Durgin und Baileys Schiffswerft. Ich sagte ihnen manchmal, ich wünschte, ich könnte genauso frei sein, wie sie es als erwachsene Männer wären.»Ihr werdet mit 21 Jahren frei sein, ich jedoch bin mein ganzes Leben lang Sklave! Habe ich nicht genauso ein Recht, frei zu sein, wie ihr?« Diese Worte schienen sie zu bekümmern; sie bekundeten mir das lebhafteste Mitgefühl und trösteten mich mit der Hoffnung, es würde bestimmt etwas geschehen, das mich frei machte.

Dies sind einige der von Schülern nach dem Lesen des Auszugs formulierten Fragen.

### Fragen nach Informationen
Wer brachte Frederick Douglass das Alphabet bei?
Was machte er mit dem Brot?

### Fragen zum umfassenden Textverständnis
Was machte Frederick Douglass, als seine Herrin aufhörte, ihm das Lesen beizubringen?

### Fragen zum Reflektieren und Bewerten
Wie veränderte sich Frederick Douglass' Herrin im Laufe der Zeit?

### Fragen zur Interpretation
Warum könnte eine Gruppe von Menschen eine andere daran hindern, das Lesen zu lernen?

Während des gesamten Kurses und besonders in den ersten Monaten setzten wir Hausaufgaben und Übungen im Unterricht ein, die das Verstehen dieser vier Fragetypen in vielerlei Hinsicht stützten. Beispielsweise war die (oben beschriebene) Zuordnung von Fragen zu Kategorien eine der Übungen, auf die wir zurückgriffen, weil die Schüler sich dabei immer wieder mit dem Text selbst beschäftigen mussten, wenn sie entweder ihre Zuordnung einer Frage zu einer Kategorie verteidigten oder behaupteten, die Frage eines Mitschülers gehöre in eine andere Kategorie.

Um Schülern zu helfen, die Fragen zum Reflektieren und Bewerten von Texten besser zu verstehen, verwendeten wir in einer Minilektion ein Venn-Diagramm (ein Kreisdiagramm zur Veranschaulichung von Textinhalten), um den Unterschied zu illustrieren zwischen Informationen, die im Text selbst stehen, und Informationen, die der Leser in den Text einbringen oder daraus ableiten muss, um ihm Sinn zu entnehmen. So eine Frage zum Reflektieren und Bewerten der Frederick-Douglass-Autobiografie war etwa: Wie alt war Frederick Douglass, als er starb? Die Antwort stand zwar nicht direkt im Text, aber in der Einleitung zu Douglass' Essay in der von uns verwendeten Anthologie hieß es, dass Douglass von 1817 bis 1895 lebte, sodass also die für die Beantwortung notwendige Information doch im Text zu finden ist. Nutzten Schüler ihr Wissen über Addition und Subtraktion, konnten sie schnell ausrechnen, dass Douglass 78 Jahre alt war, als er starb. Dieser Ansatz half einigen Schülern, das Konzept von Fragen zum Reflektieren und Bewerten von Texten besser zu verstehen, dennoch kamen wir im Verlauf des weiteren Unterrichts immer wieder auf die Beziehung zwischen dem Wissen des Lesers und dem Inhalt eines Textes zurück.

### Zusammenfassen von Textstellen oder ganzem Text

Bei unserer Arbeit mit den Lerngruppen gelangten wir zu der Erkenntnis, dass das Zusammenfassen von Textstellen oder ganzem Text eine der am häufigsten verlangten, aber kaum (explizit) vermittelten Verständnisstrategien ist, die Schüler beherrschen müssen. Von der 5. oder 6. Klasse an müssen Schüler Lehrbuchkapitel, Romane, Ergebnisse von Laboruntersuchungen und schriftliche Materialien aller Art zusammenfassen. Befragten wir aber Schüler nach ihren Erfahrungen, mussten wir feststellen, dass sie kaum wirklich wussten, wie man einen Text effektiv zusammenfasst. Die Schüler gaben an, dass sie für eine Zusammenfassung den Klappentext von Romanen oder beliebige Abschnitte aus Lehrbüchern abschrieben. Sie wussten zwar, dass sie die wichtigsten Textstellen in Kurzform aufschreiben mussten, aber die meisten hatten wenig Ahnung, wie sie entscheiden sollten, was wichtig war oder wie sie die wesentlichen Gedanken eines Textes in eigene Worte fassten. Einige Schüler bemerkten, dass sie nicht genau wussten, wie viele Informationen in eine Zusammenfassung aufgenommen werden sollten, um die Hauptaussage darzustellen. Andere hatten ein entgegengesetztes Problem. Ein Schüler schrieb: „Zusammenfassungen sind schwierig für mich, weil ich mich nicht auf das eigentliche Thema beschränke. Ich verliere mich immer in Einzelheiten." Wiederum andere konnten nur schwer die wesentlichen Gedanken eines Textes von unwichtigeren Einzelheiten unterscheiden.

Während der Unterrichtseinheit „Lesen in seiner persönlichen und gesellschaftlichen Bedeutung" mussten die Schüler Absätze aus unterschiedlichen Artikeln zusammenfassen. Sie lasen zuerst einen Artikel über die Bedeutung eines umfangreichen Wortschatzes, den man braucht, um im Beruf erfolgreich zu sein. Anschließend wurden sie in sechs Gruppen eingeteilt, die sich jeweils mit einem anderen Absatz des Artikels, beginnend mit dem zweiten, beschäftigen mussten. Dann demonstrierten wir anhand des ersten Abschnitts beispielhaft eine Methode des Zusammenfassens von Texten. Wir folgten laut denkend diesem auf OHP-Folie präsentierten Text und unterstrichen Aussagen, die unseres Erachtens die wichtigsten Informationen enthielten. Dabei erklärten wir, wie wir unsere Entscheidung jeweils trafen. Anschließend formulierten wir einen Satz, der die in den Kernaussagen enthaltenen Informationen wiedergab, ohne diese Wort für Wort abzuschreiben. Dies, so erklärten wir, sei eine Möglichkeit, die zentralen Aussagen eines Absatzes darzustellen.

Dann erarbeiteten die Schüler in Gruppen jeweils einen Absatz des Artikels. Individuell unterstrichen die Gruppenmitglieder zunächst die ihrer Meinung nach wichtigen Aussagen in dem zugeteilten Absatz. Dann tauschten sie sich mit der Gruppe über das jeweils Unterstrichene aus, wobei die gesamte Gruppe darüber diskutierte, was in die Zusammenfassung aufgenommen werden sollte, bis sie sich auf das Wichtigste geeinigt hatte. Wiederum in Einzelarbeit schrieb jeder Schüler *einen* Satz, der alle wesentlichen Aussagen des Textes beinhaltete, ohne sie wortwörtlich zu wiederholen. Nachdem die Schüler ihre Sätze verglichen hatten, wählte die Gruppe entweder einen aus, der ihrer Meinung nach am gelungensten war, oder sie kombinierten unterschiedliche Satzteile, sodass sich ein zusammenfassender Satz ergab, der für alle akzeptabel war.

Wir hatten für den ersten Absatz bereits einen zusammenfassenden Satz an die Tafel geschrieben und nun fügte jede Gruppe ihren Satz hinzu, sodass eine Kurzfassung des Textes entstand. Wir erklärten, dass die Klasse die Richtigkeit der Zusammenfassung überprüfen könne, indem sie feststellte, wie gut jemand, der nicht den Artikel, sondern nur unsere neu erstellte Kurzfassung gelesen hatte, die wesentlichen Aussagen des Artikels verstand. Dazu baten wir zufällig vorbeigehende Schüler, den Abschnitt zu überprüfen. Den montierten zusammenfassenden Abschnitten fehlten oft geeignete überleitende Wörter und sie hatten wenig Eleganz und Stil, aber die Probeleser verstanden in der Regel die zentralen Gedankengänge des Textes, den die Klasse gelesen hatte.

Bei diesen anfänglichen Gesprächen darüber, *wie* Leser Texte oder Textteile auf das Wesentliche reduzieren, erstellten wir mit unseren Schülern eine Liste von Kriterien unter dem Motto „Was macht eine gute Zusammenfassung aus?" Vielfach äußerten die Schüler, dass diese kürzer seien als der Originaltext, dass sie alle wichtigen Informationen enthielten, aber kaum Einzelheiten und Beispiele, mit denen die wichtigsten Aussagen des Textes verdeutlicht werden. Nachdem eine Klasse Kriterien für eine gute Zusammenfassung entwickelt hatte, festigten wir mit verschiedenen Übungen die Fertigkeiten der Schüler in diesem Kompetenzbereich.

Während des gesamten Kurses mussten die Schüler das Zusammenfassen von Texten üben, manchmal allein und manchmal im Unterricht mit der Unterstützung einer Gruppe. Um zu gewährleisten, dass alle die Strategie einübten, musste jeder einzelne Schüler vor Beginn des Austausches in der Gruppe Schlüsselsegmente in Texten unterstreichen und je einen zusammenfassenden Satz schreiben.

Durch die Gruppenarbeit erfuhren die Schüler, wie unterschiedlich die Informationen eines Textes als wichtig oder weniger wichtig erachtet wurden. Dadurch entwickelten sie eine größere Vorsicht beim Übernehmen oder Auslassen von Textinformationen. Schienen sie sich mit dem Schreiben von Zusammenfassungen besonders schwer zu tun, gaben wir ihnen Hilfestellung, indem wir sie aufforderten, Signalwörter wie *zuerst, dann* und *schließlich* zu verwenden. Die Verwendung solcher Wörter half ihnen, weil sie damit über eine Struktur verfügten, in die sie Informationen einfügen konnten. Am Schluss wurden die Zusammenfassungen der Gruppen zu einer einzigen Version zusammengeführt und die Klasse prüfte, ob alle Segmente die Kriterien erfüllten. Teile der Zusammenfassung wurden gegebenenfalls überarbeitet, bevor die Schüler die Endversion abschrieben.

Eine andere Aufgabe half den Schülern, diese einzelnen Arbeitsschritte bewusster zu vollziehen, und gab ihnen die Gelegenheit, Rückmeldungen von einem Mitschüler statt vom Lehrer zu bekommen. Wir stellten fest, dass dieses Aufgabenkonzept aus zwei Gründen gut funktionierte: Zunächst hatten Schüler mit Schwierigkeiten nicht das Gefühl, der Lehrer weise auf ihre Unzulänglichkeiten hin, und zweitens konnten sich die Schüler wieder wie Experten fühlen, deren Rückmeldung für andere wichtig ist.

Wie immer sollten Reflexion und Austausch über die eigene Vorgehensweise den Schülern helfen, ihre metakognitive Bewusstheit zu steigern und zu bewerten, ob die von ihnen angewendeten Verfahren ihnen dienlich waren. Als wir die Schüler baten, die von ihnen beim Schreiben von Zusammenfassungen angewendeten Verfahren zu beschreiben, hörten wir Kommentare wie: „Ich habe zuerst den ganzen Text gelesen. Danach habe ich

Teile der Absätze noch einmal gelesen, weil ich mehr Informationen suchen wollte. Ich habe versucht, für jeden Absatz einen Satz zu schreiben, und bin so den ganzen Text Absatz für Absatz durchgegangen. Ich habe versucht, Textstellen aufzunehmen, die mir wichtig schienen. Meine Zusammenfassung besteht aus etwa fünf Sätzen." „Ich habe die Hälfte des Textes gelesen, dann habe ich darüber nachgedacht und dann den Rest gelesen. Danach habe ich das Ganze ein paar Mal überflogen, um mein Gedächtnis in Gang zu bringen. Ich habe dann angefangen, jeden Absatz in Sinneinheiten zu unterteilen, von Anfang bis Ende. Danach habe ich Sachen aufgeschrieben, die meiner Meinung nach am wichtigsten waren."

---

**Analyse einer Zusammenfassung durch einen Mitschüler**
**Vorgehen**
- Die Schüler lesen und fassen einen Text als Hausaufgabe zusammen.
- Im Unterricht ziehen die Schüler einen Strich unter ihre Zusammenfassungen und tauschen sie mit anderen Schülern aus.
- Die Schüler beantworten die folgenden Fragen schriftlich unter dem Strich auf dem Blatt Papier ihres Partners:
  Wenn du den Text nicht selbst gelesen hättest, könntest du dann aufgrund dieser Zusammenfassung verstehen, worum es in dem Text geht? Warum oder warum nicht?
  Gibt es etwas Wichtiges, das noch in diese Zusammenfassung hineingehört? Was ist es?
  Gibt es etwas Unwichtiges, das aus der Zusammenfassung gestrichen werden könnte? Was ist es?
- Die Schüler geben die Zusammenfassungen an die jeweiligen Verfasser zurück und lesen die Antworten auf die Fragen.
- Die Zusammenfassungen werden auf der Basis der schriftlichen Anmerkungen überarbeitet.

---

### Vorhersagen der weiteren Textinhalte

Bei der Einführung des Instruments der Vorhersage weiterer Textinhalte begannen wir wiederum mit etwas Bekanntem: Wir fragten, welche Nachrichtensendungen die Schüler sehen. Die meisten sahen sich Teile von Nachrichtensendungen an, oft Sportnachrichten, und sie kannten die verschiedenen Kategorien, die in den normalen Abendnachrichten gebracht werden. Sie sollten über die verschiedenen Bereiche nachdenken und einen Bereich benennen, der sich in seiner Funktion sehr von anderen unterscheidet. Nach ein paar Albernheiten und wildem Gerate nannte ein Schüler den Wetterbericht als diesen Bereich. Die Schüler erkannten sofort, dass der Wetterbericht vorhersagt, was eventuell geschehen wird, während die anderen Nachrichten darüber Auskunft geben, was geschehen ist. Wir führten ein Unterrichtsgespräch darüber, wie Meteorologen aufgrund von Anzeichen und Informationen vergangener Wetterlagen Vorhersagen machen. Es waren sich zwar alle einig, dass Wettervorhersagen nicht unbedingt stimmen, aber es stellte sich heraus, dass sich die meisten Lehrer und Schüler dennoch Wetterberichte ansahen und sich je nach Vorhersage einen Schirm mitnahmen oder nicht.

Anschließend stellten wir einen Bezug her zwischen Wettervorhersagen, die auf bestimmten Anzeichen und Vorerfahrungen beruhen, und der Vorhersage über den inhaltlichen Verlauf und die Richtungsänderung eines Textes. Hierbei beachtet der Leser Hinweise im Text und greift auf Vorerfahrungen mit anderen Texten zurück. Wie die Vorhersagen von Meteorologen müssen auch während des Lesens gemachte Vorhersagen nicht immer zutreffen, aber sie bereiten Leser auf Gedankengänge und Informationen vor, die möglicherweise später im Text vorkommen.

Es stellte sich heraus, dass die meisten unserer Schüler bereits vertraut waren mit dem Vorhersagen von Inhalten aufgrund des Titels oder der in Erzähltexten enthaltenen Hinweise. Sie sollten aber auch routinemäßig Hinweise in der Textstruktur finden, um bestimmen zu können, welche Art von Information der Autor als Nächstes präsentieren wird.

Damit die Schüler üben konnten, wie man vorhersieht, welche *inhaltliche Richtung* der Autor einschlagen wird, gaben wir ihnen eine Liste mit einigen der Signalstrukturen, Wörter und Wendungen, die Leser leiten, wenn sie den Gedankengängen eines Autors folgen (Kopiervorlage S. 110).

Am Beispiel eines einfachen Absatzes demonstrierten wir anschließend, wie ein Leser vorhersagen könnte, was auf einen Satz wie diesen aus einem Geschichtslehrbuch folgt: „Es gab drei Hauptgründe für den Ausbruch des Ersten Weltkrieges."

Aufgrund ihrer Erfahrungen mit dem Vorhersagen von Textinhalten gingen einige Schüler sofort davon aus, dass sie raten sollten, welches die drei Gründe gewesen sein könnten. Nachdem wir ihnen aber erklärt hatten, dass sie Vorhersagen machen sollten über die *Art* der Information, die der Autor als Nächstes präsentieren würde, merkten die Schüler, dass sie nähere Ausführungen zu diesen drei Gründen erwarten konnten. In diesem Fall ermöglichte es ihnen die Vorhersage, sich innerlich auf Informationen über Gründe für den Ersten Weltkrieg vorzubereiten.

Die Schüler konnten diese Methode der Hypothesenbildung dann auf eine Reihe von Texten anwenden, die sie im Laufe der thematischen Unter-

**Hinweise für das Vorhersagen weiterer Textinhalte**

■ *Vorhersagen* heißt, auf Hinweisen im Text basierende Vermutungen darüber anzustellen, welche Informationen als Nächstes präsentiert werden. Das Vorhersagen weiterer Textinhalte bereitet einen Leser geistig darauf vor, die Gedankengänge eines Textes zu verstehen.

**Einige Leitlinien für das Vorhersagen von Textinhalten**

| *Wenn der Text diese Elemente enthält,* | *sind wahrscheinlich diese Strukturen zu erwarten* |
|---|---|
| 1. eine Frage | 1. eine Antwort |
| 2. einen Doppelpunkt (:) | 2. eine Aufzählung |
| 3. eine Überschrift | 3. Informationen zum Thema der Überschrift |
| 4. *deshalb* | 4. Ergebnisse oder Schlussfolgerungen |
| 5. *das heißt (d. h.)* | 5. eine Definition |
|    *mit anderen Worten* | |
|    *besteht aus* | |
|    *ist das Gleiche wie* | |
|    *bedeutet* | |
| 6. *zum Beispiel (z. B.)* | 6. Beispiel(e) |
|    *beispielsweise* | |
|    *(so) wie* | |
|    *ist wie* | |
|    *einschließlich* | |
|    *zur Erläuterung* | |
| 7. *in ähnlicher Weise wie* | 7. ein Vergleich (auf welche Weise sich Dinge gleichen) |
|    *in der gleichen Weise wie* | |
|    *ebenso wie* | |
|    *genau wie* | |
|    *gleichermaßen* | |
|    *im Vergleich zu* | |
|    *ebenfalls* | |
| 8. *im Gegensatz (zu)* | 8. eine Gegenüberstellung (auf welche Weise sich Dinge unterscheiden) |
|    *andererseits* | |
|    *allerdings* | |
|    *wohingegen* | |
|    *aber* | |
|    *dennoch* | |

richtseinheiten lasen. Sie mussten diese Methode auch auf Probeabschnitte aus College-Eignungstests zur Überprüfung des Leseverständnisses anwenden. Als die Klasse die Passagen des Eignungstests detailliert las, waren sogar wir Lehrer erstaunt über die vielen Signalwörter, die in diesen oft überladenen Auszügen aus darstellenden Sachtexten für den Fachunterricht gefunden wurden.

Die folgende Übung vermittelte den Schülern, wie man Hinweise im Text nutzt, um sich auf wahrscheinlich zu erwartende weitere Informationen vorzubereiten. Wenn sie den Begriff „Vorhersagen" hören, denken die meisten Schüler am ehesten daran, wie man den Täter in einem Kriminalfilm oder Hinweise auf ihn findet, oder daran, wie eine fiktive Geschichte enden wird. Bei dieser Übung unterschieden wir zwischen der Vorhersage über das Ende eines Textes, einer Vorhersage nach Art eines *Hellsehers* und der Vorhersage dessen, worauf der Text den Leser vorbereitet. Diese bezeichneten wir als *Vorhersage der inhaltlichen Richtung, die ein Text nehmen wird.*

---

**Vorhersagen der weiteren Textinhalte**

**Materialien**

Ein für Schüler interessanter darstellender Sachtext mit Überschriften, Unterkapiteln oder anderen kontextuellen Hinweisen, die Schüler für die Vorhersage der weiteren Textinhalte nutzen konnten, war ein Artikel aus der Jugendzeitschrift *Scape* mit dem Titel „Going to Extremes" („Etwas ins Extrem treiben") zum Thema Extremsportarten.

**Vorgehen**

- Die Schüler falten ein Blatt Papier der Länge nach, um zwei Spalten zu erhalten; oben in die linke Spalte schreiben sie „Information" und oben in die rechte Spalte „Vorhersage".
- Die Schüler sollen zu einem Artikel, den sie lesen werden, Informationen bekommen, mit denen sie vorhersagen, womit sich der Artikel als Nächstes beschäftigen wird.
- Die Schüler schreiben in die Informationsspalte: Überschrift: Etwas ins Extrem treiben.
- Die Schüler schreiben in die Vorhersagespalte, welche Hypothese sie aufgrund der Überschrift über den Inhalt des Artikels gebildet haben.
- Freiwillige nennen der Klasse ihre Vorhersage und schreiben sie an die Tafel, womit der Anfang einer Tabelle gemacht ist. Erscheint die Antwort eines Schülers eigenartig, erklärt er, wie er auf diese Vorhersage gekommen ist.
- In die Informationsspalte schreiben die Schüler: Untertitel: Diese extrem beliebten Sportarten beunruhigen einige Leute extrem. In die Vorhersagespalte schreiben sie dann wiederum eine Hypothese/Vermutung über den Inhalt des Artikels.

- Freiwillige nennen der Klasse ihre Vorhersage und tragen sie in die Tabelle an der Tafel ein.
- Die Schüler lesen Kopien des Artikels, um zu überprüfen, ob ihre Vorhersagen Bestand haben.

Ein Vorteil dieser Übung ist, dass sie dem Lehrer die Chance gibt zu thematisieren, was passiert, wenn ein Leser eine falsche Vorhersage gemacht hat. Oft stellen Schüler einen Zusammenhang her zwischen dem zu Lernenden und ihren Schemata, d. h. ihrem Vorwissen, ihren Erfahrungen etc. Manchmal aber nimmt der Text eine andere Richtung, als die Schüler erwartet hatten, sodass die Aktivierung bestimmter Schemata sich nicht als vorteilhaft erweist. Es besteht die Gefahr, dass der Schüler seine Vorstellung vom Textinhalt nicht aufgibt und deshalb den Text nicht versteht, weil er eben nicht zu seiner Vorstellung passt.

Bei dieser Übung kann der Lehrer auf die Tabelle an der Tafel verweisen und die Schüler fragen, ob die anfangs gemachten Vorhersagen vor dem Hintergrund der später erhaltenen Informationen sinnvoll sind. Ergibt eine Vorhersage keinen Sinn mehr, streicht der Lehrer sie in der Tabelle durch und sagt dem Schüler, dass er sich von seiner anfänglichen Vorstellung lösen muss. So machten die Schüler beispielsweise aufgrund der Überschrift „Etwas ins Extrem treiben" viele unterschiedliche Vorhersagen: Sie dachten, der Artikel sei über Mädchen, die eine Intensivdiät machen, um abzunehmen und am Ende an Anorexie leiden, oder über Extremsportarten, wie man sie auf den Sportkanälen sieht, oder über ein Mädchen, das während des Schülerballs ein Kind gebar und es tötete, damit sie wieder an der Tanzveranstaltung teilnehmen konnte. Als sie aber den Untertitel hörten („Diese extrem beliebten Sportarten beunruhigen einige Leute extrem"), wussten die Schüler, dass nur die zweite Vorhersage als plausible übrig blieb und dass sie sich von allen anderen Vorstellungen lösen und nun über das Sportthema nachdenken mussten.

### Klären von Unklarheiten

Kommen Lernende an eine Textstelle, die sie nicht sofort verstehen, können sie Unklarheiten auf verschiedene Weise klären. Wir setzten die folgende Übung ein, damit Schüler die unterschiedlichen Vorgehensweisen erproben konnten. Sie verschaffte uns auch Einblick in ihre Denkprozesse beim Lesen schwieriger Texte. Wir gaben den Schülern eine Definition für das *Klären von Unklarheiten* und einige Praxistipps zum Aufbau von Klärungsstrategien:

*Klären von Unklarheiten:* Macht euch den Sinn eines Textes deutlich oder leichter verständlich durch die Anwendung verschiedener Verständnisstrategien (Pläne, um sich den Sinn zu erschließen).

*Maßnahmen zur Klärung:* (1) Ignoriert kleinere Unklarheiten und lest einfach weiter; (2) lest weiter, um festzustellen, ob euch der Sinn des Textes dann klarer wird; (3) lest unklare Textstellen noch einmal; (4) lest den Abschnitt direkt vor der unklaren Textstelle noch einmal; (5) stellt das, was ihr lest, in einen Zusammenhang mit Dingen, die ihr schon kennt oder vorher gelesen habt; (6) holt euch Hilfe von außen.

Mit der folgenden Übung entwickelten die Schüler Routine darin, zu klären, was sie nicht verstanden.

---

**Klären von Unklarheiten in Texten**
**Vorgehen**
• Die Schüler erstellen folgende Tabelle:

| Text | Frage oder Unklarheit | Strategie | Klärung |
|------|----------------------|-----------|---------|
|      |                      |           |         |

• Die Schüler lesen einen Text als Hausaufgabe und tragen in die Tabelle ein, was sie beim Lesen klären müssen und welche Strategie sie anwenden.
• Die Tabellen werden in der nächsten Unterrichtsstunde besprochen.

---

Das folgende Beispiel zeigt, wie ein Schüler Unklarheiten in Textpassagen aus dem Roman *Bless me, Ultima* von Rudolpho A. Anaya bearbeitete.

---

**Beispiel einer Schülerarbeit: Klärungstabelle**

| Text | Frage oder Unklarheit | Strategie | Klärung |
|------|----------------------|-----------|---------|
| Ich stürzte mich ins Gewühl. | Was heißt das? | ignorieren | |
| Ich hörte Ultimas Eule singen. | Das verstehe ich nicht. | ignorieren | |
| Keiner kannte den Namen von Vitamin Kid. | Wie kommt es, dass keiner den Namen von Vitamin Kid kannte? | weiterlesen | Er blieb nie lange genug, um zu reden. |

| La tristessa de la vida | Was heißt das? | vorhergehenden Absatz noch mal lesen | ähnlich wie Traurigkeit oder Selbst- mitleid – einsam |
| nicht mal mit Pferd und Knochen | Was meint er da- mit? | keine Hilfe von außen erwarten | vielleicht ihre Namen, wie der von Freunden |

*Quelle: Textauszüge aus „Seis" in Bless Me, Ultima von Rudolpho A. Anaya (New York: Warner Books, 1972), S. 50 - 59*

Es überrascht nicht, dass Schüler ganz verschiedene Dinge klären müssen. So haben einige vielleicht Schwierigkeiten mit spanischen Wörtern, die nicht ins Englische übersetzt sind, und Schüler, die diese Wörter verstehen, haben vielleicht Probleme, die Beziehungen zwischen den Charakteren zu verstehen. Über die unterschiedlichen Schwierigkeiten zu sprechen, hilft Schülern zu erkennen, dass Texte auf unterschiedliche Weise gelesen und verstanden werden.

## Vorbereitung der Schüler auf selbst gesteuertes Lernen

Zu Beginn der zweiten Einheit des Kurses „Lesen macht schlau" mit dem Titel „Die vielfältigen Lesewelten der Medien" waren wir der Ansicht, dass die Schüler so weit seien, ihre neu erworbenen Fertigkeiten – Formulieren von Fragen an den Text, Zusammenfassen von Textstellen oder ganzem Text, Vorhersagen der weiteren Textinhalte und Klären von Unklarheiten – an einem schwierigen darstellenden Sachtext zu erproben, und dass wir alle diese Elemente des reziproken Lernens anwenden würden.

Wir wählten einen anspruchsvollen Artikel zu einem Thema, das die Schüler interessierte: Massenmedien. Der Artikel stellte die Medien als Repräsentation der Realität dar, die bestimmte Zielgruppen im Auge haben und die ihre Interpretation der Realität vermitteln wollen. Aufgrund der Komplexität des Textes hinsichtlich der Gedankengänge sowie der Satzstrukturen wussten wir, dass die Schüler hart arbeiten mussten, um ihn zu verstehen, aber wir waren der Meinung, dass sie jetzt das dafür notwendige Instrumentarium zur Verfügung hatten. Als sie aber den ersten Absatz lesen und dazu fünf Fragen formulieren sollten, die sie aufgrund des Gelesenen beantworten konnten, kamen sie schon bald nicht mehr zurecht. Die meisten konnten nicht einmal eine einzige Frage formulieren. Bei der Suche nach dem Grund für dieses Verständnisproblem wurde deutlich, dass es an den komplexen Sätzen und dem sachlichen Stil lag.

### Lernen, Texte zu gliedern: schwierige Texte in Sinneinheiten zerlegen

„Ich gliedere Texte gerne, weil es mir hilft, sie Stück für Stück zu verstehen, bis ich dann am Ende das Ganze verstehe. Wenn ich manchmal einen langen Text sah, dachte ich: ‚Ausgeschlossen, dass ich das alles verstehe!' Wenn ich ihn aber gliedere, dann ist es sogar leicht, einen langen Text zu verstehen."

Wir hatten selbstverständlich angenommen, dass Schüler komplexe Sätze beim Lesen in kleinere Abschnitte zerlegen, um sie verstehen zu können. Als wir diese Möglichkeit aufgezeigt hatten, stellten viele Schüler erstmals fest, dass sie beim Lesen eines Satzes eine Denkpause einlegen konnten, selbst dann, wenn kein Komma oder Punkt eine Pause erforderte. Zu unserer großen Überraschung nannten viele Schüler diese Art, Sätze zu lesen bzw. „zu zerlegen", in der Abschlussbewertung des Unterrichts als eine der nützlichsten Strategien, die sie erworben hatten.

Wie immer in Gesprächen mit Schülern über Leseprozesse und Lesestrategien verwendeten wir Beispiele, die einen engen Bezug zur Lebenswelt der Schüler haben. Wir führten das Konzept des Segmentierens und die folgende Übung am Beispiel einer Pizza ein. „Selbst wenn ihr ganz hungrig seid, könnt ihr keine ganze Pizza auf einmal aufessen. Ihr müsst sie Stück für Stück aufessen. Texte verstehen ist ähnlich wie Pizza essen: Obwohl ihr eine große Textmenge in einem Stück lesen wollt, könnt ihr sie vielleicht nicht verstehen, es sei denn, ihr nehmt euch kleine Stücke davon vor. Je nachdem, was für einen Text ihr lest, versteht ihr vielleicht sofort ganz viel oder jeweils nur einen kleinen Teil."

In einem Unterrichtsgespräch über das Segmentieren von Texten machten wir den Schülern deutlich, dass die Größe der Segmente je nach Text und Leser variiert: Einige Schüler sind imstande, große Textsegmente zu verarbeiten, andere bevorzugen vielleicht kleine Segmente desselben Texts. Es gibt auch Texte, die gar nicht segmentiert werden müssen. Wenn Schüler Texte in Segmente von zwei oder drei Wörtern zerlegen, kann dies ein Zeichen dafür sein, dass das Segmentieren dieses bestimmten Textes für sie keine effiziente Strategie ist. Dann sollten sie möglicherweise andere Faktoren mit einbeziehen:

- Hatten sie das nötige Hintergrundwissen, um den Text verstehen zu können?

- War das Vokabular zu schwierig?
- Hatten sie Schwierigkeiten, sich auf den Text zu konzentrieren?

Wir betonten noch einmal, dass sie selbst die Experten hinsichtlich dessen waren, was sich beim Lesen in ihrem Kopf abspielte, und dass sie diese Kenntnis nutzen müssten, um zu entscheiden, welche Strategien in einer bestimmten Situation hilfreich sein konnten.

Das Segmentieren schwieriger, komplexer Sätze in kleinere, verständliche Einheiten bot für Schüler, die noch nie in der Lage waren, den Kode der Sprache von Sachtexten zu knacken, eine besonders nützliche Strategie. Eine Schülerin fragte: „Warum schreiben die das so?" Sie bemerkte; „Es sieht so aus, als wollten sie Leute wie uns davon abhalten, das zu verstehen – uns ausschließen." Wir konnten ihr und ihren Mitschülern zeigen, dass Sätze zu zerlegen und zu analysieren eine Möglichkeit ist, sich Zugang zu dieser Welt zu verschaffen.

Im Spätherbst waren wir der Meinung, dass unsere Schüler genug Übung mit den Elementen des reziproken Lernens gehabt hatten und bereit dafür waren, die Elemente des reziproken Lernens – Formulieren von Fragen an den Text, Zusammenfassen von Textstellen oder ganzem Text, Vorhersagen der weiteren Textinhalte und Klären von Unklarheiten – in ihrer Gesamtheit beim Lesen darstellender Sachtexte anzuwenden.

Wir leiteten die Übung zum reziproken Lernen (RL) ein, indem wir den Schülern die Methode des reziproken Lernens erläuterten. Wir beschrieben auch, dass RL wie in einem, wie wir es nannten, *„Fischglas"* stattfinden würde: Eine Schülergruppe arbeitet in der Mitte das Klassenzimmers, während die anderen Schüler im Kreis darum herum sitzen und sich notieren, was sie sehen. Auf diese Weise können alle Schüler mehrmals das reziproke Lernen in Aktion beobachten. Für die jeweils im *„Fischglas"* arbeitenden Schüler führt der zusätzliche Druck, im Mittelpunkt des Interesses zu stehen, dazu, dass sie diese Übung ernst nehmen (siehe hierzu Kasten S. 118).

---

### Einen Text in Sinneinheiten zerlegen

Das Ziel des Zerlegens von Texten in Sinneinheiten ist es, Schülern dabei zu helfen, einem Text Sinn zu entnehmen, indem sie ihn in verständliche Segmente aufteilen. Benötigt wird hierfür ein Text, in dem erklärt wird, wie man etwas tut (eine Anleitung zum Wäschewaschen oder zum Gitarrespielen).

**Vorgehen**
- Lesen Sie der Klasse einen Text vor und lassen Sie die Schüler notieren, welches Verfahren ihrer Meinung nach beschrieben wird.

> - Lenken Sie die Klasse beim Durcharbeiten der Anleitung und beim Segmentieren in Sinneinheiten.
> - Geben Sie der Klasse dabei Hilfestellung, die einzelnen Teile zusammenzusetzen, um herauszufinden, welcher Vorgang dargestellt wird.
> - Wenn die Schüler wissen, um was für eine Anleitung es sich handelt, beschreiben sie, wie sie es herausgefunden haben: Wann hatten sie es verstanden, durch welche Textstelle wurde es ihnen klar und warum usw.

Es ist auch wichtig zu verstehen, dass es von der Zusammensetzung einer RL-Gruppe abhängt, wie wirkungsvoll sie arbeitet. Die Gruppen müssen vom Unterrichtenden so heterogen wie möglich, aus leistungsstarken und leistungsschwachen Lesern, zusammengesetzt werden. Der leistungsstärkste Leser wird vom Lehrer zum ersten Diskussionsleiter einer Gruppe bestimmt, damit leistungsschwächere Leser ein paar Mal den Ablauf des Verfahrens in ihrer Gruppe verfolgen können, bevor sie selbst die Diskussion leiten. Die Schüler können sich gegenseitig als Vorbild nehmen, das zeigt, was leistungsstarke Leser tun; Leser mit unterschiedlichem Leistungsniveau und unterschiedlichen Fertigkeiten können in einer Gruppe mehr voneinander lernen als Leser mit ähnlichem Lernstand.

Wir möchten abschließend noch einmal wiederholen, dass wir reziprokes Lernen als Mittel zum Zweck, nicht als Selbstzweck sehen. Es war nicht unser Ziel, am Ende Gruppen zu haben, die die Methode des reziproken Lernens perfekt umsetzen können, sondern Schülern die Möglichkeit zu geben, Verständnisstrategien immer wieder anzuwenden und sie so zur gedanklichen Routine zu machen.

## Auf dem Weg zum eigenständigen Lesen unterschiedlicher Textarten

Im Verlauf der ersten Unterrichtseinheit lasen die Schüler Erzähltexte, die aussagten, wie Lesen das Leben verändern kann, sowie darstellende Sachtexte aus dem 1985 erschienenen Regierungsbericht zu den Lesefähigkeiten amerikanischer Kinder und Jugendlicher und zur Gesetzesinitiative der Clinton-Regierung für die Leseförderung im Elementarbereich. Sie formulierten in Einzel- oder Gruppenarbeit immer wieder Fragen an den Text, fassten Abschnitte oder ganze Texte zusammen, sagten Textinhalte vorher und klärten Unklarheiten, um zum Textverständnis zu gelangen. Dieselben Strategien waren expliziter Bestandteil des Curriculums und der gemeinsam von Lehrern und Schülern getragenen Erforschung von Leseprozessen

**Reziprokes Lernen in einem „Fischglas"**

**Vorgehen**

• Die Schüler werden in Gruppen eingeteilt, in denen sie jedes Mal beim RL arbeiten; die Gruppen sollen sich jeweils aus leistungsstarken und leistungsschwachen Lesern zusammensetzen.

• Die Lehrkraft erklärt den Schülern zunächst den Ablauf des RL. Die Schüler notieren die folgenden Arbeitsschritte:

1. Der Diskussionsleiter (DL) sagt der Gruppe, welchen Teil des Textes die Schüler still lesen sollen.

2. Der DL stellt der Gruppe zwei oder drei auf den Textinhalt bezogene Fragen.

3. Der DL erkundigt sich, ob die Gruppenmitglieder noch Fragen haben.

4. Der DL fasst den Text zusammen.

5. Die Gruppenmitglieder vervollständigen die Zusammenfassung.

6. Der DL spricht über Textstellen, die unklar waren, und bittet die Gruppe, zur Klärung beizutragen.

7. Die Gruppenmitglieder helfen sich gegenseitig, den Text richtig zu verstehen.

8. Jedes Gruppenmitglied sagt die weiteren Textinhalte vorher.

• Dann werden die Stühle kreisförmig im Klassenzimmers platziert, um die Form eines „Fischglases" zu bilden. In der Mitte arbeitet jeweils eine Gruppe.

• Die Lehrkraft übernimmt die Rolle des Diskussionsleiters für jede Gruppe, die erstmals im „Fischglas" arbeitet, damit den Gruppenmitgliedern die Funktion dieser Rolle vorbildhaft demonstriert wird und sie den Ablauf der Übung genau verfolgen können; die Schüler am Rande des Kreises beobachten, was in der Mitte vor sich geht.

• Nachdem jede Gruppe einmal im „Fischglas" gewesen ist, kommen sie nacheinander noch einmal in den Kreis, um an einem anderen Text zu arbeiten; die Lehrkraft benennt nun ein Gruppenmitglied als Diskussionsleiter.

• Nachdem jede Gruppe zweimal im „Fischglas" gewesen ist, werden eventuelle Fragen zum Ablauf besprochen. Anschließend arbeitet jede Gruppe für sich an einem anderen Text, wobei jedes Gruppenmitglied die Chance hat, Diskussionsleiter zu sein.

*Quelle: A. S. Palinscar und A. L. Brown, „Reciprocal Teaching of Comprehension Monitoring Activities"*

im Verlauf der Unterrichtseinheit „Die vielfältigen Lesewelten der Medien", in der die Schüler darstellende Sachtexte über kritische Medienkompetenz lasen, Filme über die Werbebranche sahen und eigene, an eine bestimmte Zielgruppe gerichtete Werbeplakate analysierten und herstellten.

Im nächsten Kapitel beschreiben wir, wie die Schüler auf der sozialen und persönlichen Grundlage aufbauten, die Lehrer und Schüler als Lesergemeinschaft entwickelt hatten, und wie sie weiterhin die in ihrer geistigen Werkzeugkiste gesammelten Strategien anwendeten und ein bestimmtes Text- und Sachwissen erwarben. Den Schlusspunkt dieser Arbeit bildeten die anspruchsvollen Materialien, die die Schüler am Ende des Versuchsjahres in der letzten Unterrichtseinheit „Lesen als Zugang zur Geschichte" kennen lernten.

# 6. Kenntnisse über Kontext, Text und Fachinhalte

Ein Arzt spezialisiert sich auf medizinische Literatur. Für diese Textart verfügt er über ein spezifisches Schema. Vielleicht fehlt ihm dieses Schema für juristische Texte, über das wiederum ein Jurist verfügt, dennoch sind beide kompetent; sie verfügen nur über Schemata für verschiedene Dinge.

Für das Wissen gilt – ob nun über die Ideenwelt eines Textes oder darüber, wie bestimmte Texte funktionieren –, dass es einerseits das Leseverstehen fördert und sich andererseits als Ergebnis des Lesens erst entwickelt. Der Erwerb der Kompetenz, „um des Lernens willen zu lesen", bedingt allerdings, dass Schüler über gewisse Vorkenntnisse zu den Themen verfügen, denen sie im Text begegnen. Nur so können sie gedankliche Verbindungen zu den präsentierten Ideen herstellen und ihr Vorverständnis weiterentwickeln. Um einen Zugang zu verschiedenen Textarten zu finden, brauchen Schüler darüber hinaus die Fähigkeit, die Textkonventionen (die Hinweise, die ein Autor hinterlässt) zu erkennen, anhand derer ein Leser den Gedankengängen eines Autors folgt. Zudem müssen Schüler die in Naturwissenschaften, Geschichte, Mathematik und Literatur übliche Art und Weise des Denkens – und damit des Lesens – kennen, um fachspezifische Texte verstehen zu können.

In den folgenden Abschnitten werden Aufgaben beschrieben, die wir im Kurs eingesetzt haben, um das Wissen von Schülern über Texte und Textinhalte zu erweitern. Im letzten Abschnitt dieses Kapitels wird eine thematische Unterrichtseinheit beschrieben, in der Schüler Text- und Inhaltswissen anwendeten, um den fachtypischen Diskurs in Geschichte zu untersuchen.

## Metakognitive Überlegungen zum Vorwissen

Viele Lehrer haben längst erkannt, wie wichtig Hintergrundwissen ist, wenn Schüler neue Informationen und Ideen – einschließlich derer, die in Texten erstmals eingeführt werden – verstehen sollen. Wenn Lehrer Leseaufträge erteilen, versorgen sie die Schüler zumeist selbst mit Hintergrundwissen zum Thema oder zur Textsorte oder aktivieren irgendwie das Vorwissen der Schüler. Dagegen kommt es nicht so oft vor, dass Schüler von Lehrern darin unterstützt werden, Vorwissen metakognitiv zu überdenken; es wird ihnen seltener gezeigt, wie sie relevantes Wissen aktivieren, das sie durch Lesen, frühere Diskussionen und Erfahrungen erworben haben, und wie sie dieses bereits vorhandene Wissen in Vorbereitung auf einen neuen Text intensiv nutzen können.

In unserem Kurs „Lesen macht schlau" untersuchten wir den Leseprozess gemeinsam mit den Schülern und machten die Bedeutung, die Hintergrundwissen dabei zukommt, zu einem zentralen Thema. Am Anfang des Schuljahres begannen wir damit zu erkunden, warum Vorwissen für einen Leser wichtig ist, um den Sinn eines Textes zu erschließen. Wir führten den Begriff *Schema* ein, um das Netzwerk des assoziativen Wissens zu beschreiben, das ein Mensch im Laufe der Zeit zusammenträgt und in seinem Gehirn abspeichert bzw. organisiert.

Am ersten Unterrichtstag beschäftigten sich die Schüler mit der berühmten Sketchnummer „Who's on First" des amerikanischen Komiker-Duos Abbott und Costello. Dabei geht es um einen Streit unter Baseball-Spielern, der auf deren ungebräuchlichen Namen beruht. (Eine deutsche Alternative kann folgender Witz sein: Niemand und Keiner sitzen auf einem Baum. Da geht Blöd unter dem Baum entlang. Plötzlich spuckt Niemand auf den Kopf von Blöd. Daraufhin geht Blöd empört zur Polizei. Er beschwert sich: „Niemand hat mir auf den Kopf gespuckt und Keiner hat es gesehen!" Der Polizist erwidert: „Sind Sie blöd?" „Und ob!")

Um die jeweilige Pointe zu verstehen, braucht man Vorwissen über die Welt und die Sprache. Wir baten die Schüler, aufzuzeigen, welches Vorwissen nötig ist. Sie stellten fest, dass man für ein Verständnis des Sketches grundlegende Baseball-Regeln kennen und ein wenig über Namensgebungen im Englischen wissen sollte. Der Zuhörer muss erkennen, dass hier Begriffe als Namen verwendet worden sind.

Die Vorstellung, dass Menschen sich gewohnheitsmäßig auf erworbene Wissensstrukturen verlassen, verdeutlichten wir anhand eines Vergleichs mit einer Discounter-Kette. Fast jeder Schüler war schon einmal in einem solchen Geschäft. Alle wussten also, dass man sich normalerweise in diesen weitläufigen Läden recht einfach zurechtfinden kann, denn obwohl Tausende völlig verschiedener Artikel angeboten werden, sind die Waren aufgrund einiger einfacher Kategorien und Unterkategorien in einzelne Abteilungen sortiert. Man kann immer darauf zählen, eine Lebensmittelabteilung, eine Abteilung für Bücher, Musik und Video, eine Computerabteilung, eine Abteilung für Haushaltsgeräte usw. vorzufinden. Diese Organisation macht es wesentlich leichter, das Gesuchte zu finden. Anstatt ziellos die Gänge entlang zu wandern in der Hoffnung, auf tief gekühlte Ravioli zu stoßen, geht man direkt zur Lebensmittelabteilung, dort weiter zur Tiefkühlabteilung und innerhalb dieser Abteilung zu den tiefgekühlten Fertiggerichten und braucht nur noch zuzugreifen.

Weiterhin legten wir dar, dass Menschen – obwohl ihr Gehirn weit mehr Informationen aufnehmen kann, als Artikel in einem Warenhaus gelagert sind – Informationen nicht immer so abspeichern, dass sie auch einfach wieder abgerufen werden können. Die Schüler erkannten, dass Erwerb und Aktivierung eines Schemas eine Möglichkeit ist, in ihrem Gedächtnis gespeicherte Informationen zu organisieren und fragmentiertes assoziatives Wissen im Gehirn zu verknüpfen.

Eine andere Unterrichtsaktivität zur Rolle des Vorwissens für das Textverstehen bestand darin, mehrdeutige humorvoll klingende Schlagzeilen zu lesen und zu besprechen wie beispielsweise „Amtsschimmel stoppt Brückenbau".

---

**Mehrdeutige Überschriften**

**Materialien**

Zeitungsüberschriften, die mehr als eine Deutung zulassen (z. B. „Sammler stehen auf Antiquitäten", „Supertanker läuft aus", „Rentner stehen im Regen", „Neues Rathaus schreitet voran" „Frisch gebackene Lehrer auf Jobsuche" „Politische Gegner bewerfen sich gegenseitig mit Schmutz", „Fußballstadion kochte über")

**Vorgehen**
- Die Schüler schreiben eine der mehrdeutigen Überschriften ab.
- Die Schüler notieren eine Erklärung der Überschrift, die ihrer Ansicht nach unwahrscheinlich ist, aber bei wörtlichem Lesen plausibel klingt.
- Die Schüler notieren die ihrer Meinung nach korrekte Erklärung der Bedeutung der Überschrift.
- Die Schüler beschreiben schriftlich das Schema, das gebraucht wird, um die genaue Bedeutung der Überschrift zu erfassen.

Die Schüler stellten fest, dass ein Leser ohne adäquates Schema meinen könnte, die Schlagzeile beträfe eine bestimmte Art von Schimmel, der das Baumaterial befallen hat und den Bau der Brücke unmöglich macht. Um die Schlagzeile richtig zu verstehen, muss man natürlich wissen, dass es sich bei *Amtsschimmel* um eine Umschreibung für Bürokratie handelt. Die gemeinsame Betrachtung einer Auswahl von gleichermaßen mehrdeutigen Überschriften ließ die Schüler erkennen, dass ihr Vorwissen eine große Rolle dabei spielt, mit welcher Leichtigkeit oder Genauigkeit sie Texte interpretieren.

Die folgende Liste enthält Beschreibungen, die von einem Schüler erarbeitet wurden:

### Jagd auf Überschriften

**1 Kopf der irakischen Armee auf der Suche nach Waffen**

Falsche Bedeutung: Ein Kopf macht sich selbstständig auf Waffensuche.

Richtige Bedeutung: Befehlshaber der irakischen Armee sucht nach Waffen.

Schema: Man muss wissen, dass das Wort „Kopf" auch eine Person bezeichnen kann, die an der Spitze einer Organisation etc. steht.

**2 In vielen Familien fallen Neuanschaffungen unter den Tisch.**

Falsche Bedeutung: Wenn eine Familie neue Dinge kauft, kann es passieren, dass sie vom Tisch herunterfallen.

Richtige Bedeutung: Viele Familien müssen auf Neuanschaffungen verzichten.

Schema: Man muss wissen, dass „unter den Tisch fallen" gleichbedeutend ist mit „nicht durchführen" oder „nicht stattfinden lassen".

**3 Polizei warnt vor Bauernfängern**

Falsche Bedeutung: Polizei warnt vor Leuten, die Bauern einfangen wollen.

Richtige Bedeutung: Polizei warnt vor Betrügern.

Schema: Man muss wissen, dass Betrüger auch „Bauernfänger" genannt werden.

Wir machten es uns zur Gewohnheit, den Unterricht mit ein oder zwei mehrdeutigen Überschriften zu beginnen. Dieses Vorgehen machte den Schülern auf lebendige Weise die Bedeutung von Vorwissen für ihr Textverstehen klar und band sie in die Erforschung dieses Zusammenhangs ein. Außerdem gewannen wir die Schüler dafür, selbst nach Überschriften oder anderen Textbeispielen zu suchen, die diesen Zusammenhang veranschaulichten.

## Unterschiedliches Wissen

Ein geeigneter Weg, um relevante Wissensstrukturen von Schülern vor Beginn der Arbeit an einem Text aufzubauen oder zu aktivieren, war die von Kate Kinsella entwickelte Methode „Informationen geben, Informationen bekommen". Sie verfolgte zwei Zwecke: den Schülern ihr bereits vorhandenes inhaltlich relevantes Wissen stärker ins Bewusstsein zu rücken und dieses Wissen zu vertiefen. Bei der Bearbeitung der Aufgabe wurde ein Netz aus miteinander verknüpften Vorstellungen, Kenntnissen und Erfahrungen erzeugt, das es den Schülern leichter machte zu überlegen, was sie anschließend aus dem Text erfahren würden.

---

**Informationen geben, Informationen bekommen**
**Arbeitsauftrag**
- Die Schüler falten ein Blatt Papier der Länge nach, sodass sich zwei Spalten ergeben. Oben in die linke Spalte schreiben sie „Informationen geben", oben in die rechte Spalte „Informationen bekommen".
- In einem Brainstorming sammeln die Schüler alles, was sie über das zu bearbeitende Thema bereits wissen und listen ihre Einfälle in der linken Spalte auf.
- Anschließend besprechen sie ihre Eintragungen mit ihren Mitschülern.
- Die Schüler notieren jede neue Information, die sie in diesen Gesprächen bekommen, in der rechten Spalte ihrer Liste und notieren dabei auch den Namen des betreffenden Mitschülers.
- Wenn jeder Schüler Informationen ausgetauscht hat, diskutiert die gesamte Klasse die auf den Listen gesammelten Informationen.
- Die Schüler notieren wiederum jede neue Information, die ihnen diese Diskussion liefert, in der rechten Spalte ihrer Liste.

---

Wir wiederholten diese Unterrichtsaktivität regelmäßig vor der Bearbeitung eines Themas, zu dem die Schüler mit großer Wahrscheinlichkeit bereits Vorkenntnisse besaßen. Ob bewusst oder unbewusst – Schüler schätzen es, wenn sie zeigen können, dass sie über eine Sache bereits etwas wissen. Während die Schüler mit dem Brainstorming für ihre Listen beschäftigt waren, gingen wir durch den Klassenraum und halfen den Schülern, die Mühe hatten, eigene Ideen zu produzieren, auf die Sprünge. Auf diese Weise hatte jeder Kenntnisse mitzuteilen und weiterzugeben.

Wir besprachen mit den Schülern auch ihre endgültige Auflistung von Informationen, um deren Richtigkeit sicherzustellen. Wie das folgende Beispiel einer von einem Schüler erstellten Liste zeigt, kann das Sachwissen mancher Schüler faktisch und inhaltlich falsch sein; darum war es entscheidend, dass sie jede nicht korrekte Information von ihrer Liste strichen, bevor wir mit der Arbeit an der Unterrichtseinheit begannen.

## Informationen geben, Informationen bekommen

### Zehn Dinge, die ich über Malcolm X weiß

1. Er wurde erschossen, während er eine Rede hielt.
2. Geboren 1925.
3. Er hatte Frau und Kind.
4. Vater farbig, Mutter weiß.
5. ~~Schrieb eine Autobiografie.~~
6. Er ist ein berühmter Afroamerikaner.
7. Er war Moslem.
8. Er war ein guter Schüler.
9. Er ist gewieft.
10. ~~Er befreite die Sklaven.~~

## Textwissen

Es ist einleuchtend, dass sich Leser beim Erschließen des Textsinns nicht nur auf ihr textbezogenes Weltwissen stützen, ihr Sachwissen, sondern auch auf ihre Kenntnisse typischer Strukturmerkmale von Text und Vokabular. Die Schüler lernten, wie sehr es weiterhilft, auf *Textschemata* zu achten, die Strukturelemente und sprachlichen Fingerzeige, die Lesern Hinweise auf die Bedeutung eines Textes geben. Wir unterstützten die Schüler darin, mehr auf Signalwörter wie *darüber hinaus, indes* oder *jedoch* zu achten, mit deren Hilfe Leser sachkundige Voraussagen darüber machen können, welche inhaltliche Richtung der Text nehmen wird.

Wir analysierten außerdem einige umfangreichere Textelemente und -strukturen, die Leser erkennen und nutzen können, um die verschiedenen Texte zu verstehen, denen sie begegnen. Während die Schüler beispielsweise die Einheit „Lesen in seiner biografischen und gesellschaftlichen Bedeutung" bearbeiteten, lasen sie einen Auszug aus der Autobiografie des in Harlem aufgewachsenen Schriftstellers Claude Browns. Sie sollten sowohl über die Überschrift des Auszugs – „I Heard a Knock at the Door" („Ich hörte ein Klopfen an der Tür") – als auch über die Illustration im Text nachdenken, die einen Polizisten darstellt, der sich einer Wohnungstür nähert. Dann sollten sie Vermutungen darüber anstellen, was genau sie lesen würden. Die vorwegnehmende Betrachtung von Bild und Titel ermöglichte es den Schülern nicht nur, den Inhalt der Geschichte vorherzusagen, sondern auch ein

Netz eigener damit zusammenhängender Vorstellungen, Kenntnisse und Erfahrungen herzustellen, die sie später mit den im Text präsentierten Gedankengängen verknüpfen konnten.

Eines unserer Hauptziele im Unterricht war es, dass die Jugendlichen als kompetente Leser gut mit informativen Sachtexten zurechtkommen sollten. Bei der Bearbeitung der Einheit „Lesen in seiner biografischen und gesellschaftlichen Bedeutung" hatten die einzelnen Schüler in unterschiedlichem Maß Schwierigkeiten mit den Texten – sowohl Prosa- als auch Sachtext –, die den Großteil des Lesestoffs ausmachten. Als Gruppe kamen sie jedoch mit einem der wenigen darlegenden Sachtexte, die wir in dieser Einheit verwendeten, einem Aufsatz aus *Becoming a Nation of Readers (Zu einer Nation von Lesern werden),* am wenigsten klar. In der anschließenden Einheit „Die vielfältigen Lesewelten der Medien" hatten sie mit einem anderen Sachtext *Critical Media Literacy* („Kritische Medienkompetenz") ähnliche Probleme.

Wir beschlossen, Lückentexte mit Auswahlmöglichkeiten (so genannte „Cloze Tests") zu nutzen, weil sie die Schüler mit Elementen der Textstruktur und mit Fachtermini vertraut machen und darüber hinaus ihre Fertigkeiten für das Verstehen von Texten erweitern können. In solchen Textpassagen sind einzelne Wörter ausgelassen und die Schüler müssen diese Lücken sinnvoll mit Wörtern füllen. Lückentexte werden manchmal verwendet, um das Leseniveau von Schülern bei bestimmten Textarten einzuschätzen. Zudem hat sich der Einsatz von Lückentexten zur Verbesserung des Leseverstehens von Schülern als förderlich erwiesen.

Wir wollten dieses Aufgabenformat einsetzen, damit die Schüler lernten, vertrauter und sicherer mit den unterschiedlichen Sprachstrukturen von Sachtexten umgehen zu können. Wir fanden eine Reihe inhaltlich interessanter, im Stil von Sachtexten geschriebener biografischer Beiträge über bekannte Persönlichkeiten aus Medien und Sport, die in *Scope*, einer überregionalen Zeitschrift für Teenager, erschienen waren. Die Redakteure der Zeitschrift hatten diese Artikel zu Lückentexten umgearbeitet, indem sie an strategischen Stellen Schlüsselwörter ausließen. Die Leser hatten die Aufgabe, die Leerstellen zu füllen und dafür aus einer Wortliste die entsprechenden Begriffe auszuwählen. Wie für die folgende Unterrichtsaktivität beschrieben, dienten uns diese Zeitungsartikel für Wettspiele, für die wir die vorgegebenen Wörter im Kasten unkenntlich machten und die Schüler aufforderten, selbst passende Begriffe zu finden.

---

**Lückentexte**

**Materialien**

Inhaltlich interessante Lückentexte; entweder ein fertiger Lückentext oder ein für Jugendliche interessanter Zeitungsbericht, in dem jedes fünfte Wort ausgelassen wurde.

**Vorgehen**

- Die Schüler lesen die Textpassage und versuchen aus dem Kontext abzuleiten, welche Wörter in den Lücken einen Sinn ergeben würden.
- Die Schüler bekommen jedes Mal fünf Punkte, wenn sie ein Wort erraten, das der Autor verwendet hat, und drei Punkte, wenn sie ein anderes Wort finden, das sinngemäß in den Kontext passt.
- Wenn jeder Schüler einige Lösungsmöglichkeiten gefunden hat, geht die gesamte Klasse den Text durch, bespricht die richtigen Antworten und verteilt entsprechend die Punkte. Die Schüler prüfen, ob andere Wörter, die sie gefunden haben, in den Text passen oder nicht. Der Lehrer hilft bei der Begründung.
- Die Schüler zählen ihre Punkte zusammen und ein oder mehrere Gewinner werden benannt.

---

Diese Unterrichtsaktivität haben wir regelmäßig eingesetzt, damit die Schüler üben konnten, aufgrund von Hinweisen in einem Satz neue Begriffe zu verstehen. Sie sollten auch ein stärkeres Gespür dafür entwickeln, wie Wörter grammatikalisch zusammenpassen, denn häufig kommen Schüler auf das richtige Wort, eben nur in der falschen Form. Durch solche wiederholten Übungen lernten die Schüler, die Unterschiede im Gebrauch der Wortarten, im Gebrauch der Zeitformen von Verben usw. zu verstehen.

Darüber hinaus bereitet diese Aufgabe die Schüler auf die Überprüfung und Bewertung ihrer Lesekompetenz vor, denn auch in diesem Test, der jeweils am Anfang und am Ende eines Schuljahres durchgeführt wird, müssen sie Lückentexte ergänzen.

Über den Spaß am Wettspiel und das Interesse an den Zeitungsartikeln hinaus begannen die Schüler zu verstehen, dass bestimmte Wortarten und Satzstrukturen kennzeichnend sind für bestimmte Textarten.

### Wortschatzwissen

Uns fiel häufig auf, dass unbekannte Wörter den Schülern Schwierigkeiten bereiteten. Zwar hätten wir schlicht bestimmen können, welche Wörter die Schüler unseres Erachtens kennen sollten, um einen bestimmten Text zu verstehen, aber wir wollten nicht nur die Erweiterung ihres Wortschatzes fördern, sondern gleichzeitig das Klima gemeinschaftlichen Forschens pflegen, das die Unterrichtsinhalte in „Lesen macht schlau" charakterisiert.

Also gaben wir den Schülern die Aufgabe, in Gruppenarbeit die Wörter zu identifizieren, die wir *Rettungsanker-Wörter* nannten – Wörter, die ein Leser unbedingt kennen muss, wenn sein Textverständnis während des Lesens nicht untergehen soll. Die Schüler lernten, dass ihnen die Identifizierung dieser Rettungsanker oft reichte, um eine Textpassage zu verstehen, ohne jedes einzelne Wort zu kennen. Außerdem lernten sie, Wörter zu identifizieren, die Schlüssel zum Verständnis eines Textes sind, und es wurde ihnen klarer, wann es ratsam war, ein Wörterbuch zur Hand zu nehmen oder andere Leser zu fragen, um die Bedeutung eines Textes abzuklären und ihn damit zu verstehen. Die Schüler kamen zu der Einsicht, dass sie nicht unbedingt die genaue Bedeutung eines Wortes wissen mussten, um es als ein Rettungsanker-Wort zu identifizieren.

Die folgende Übung setzten wir ein, um die Schüler auf einen möglicherweise schwierigen Wortschatz vorzubereiten. Die Übung klappte gut, denn innerhalb der Lerngruppe kannten Schüler zumindest die ungefähre Bedeutung vieler Wörter, sodass sie sich gegenseitig mit Definitionen aushelfen konnten. Wie bei anderen Aufgaben zuvor wurde den Schülern wieder die Gelegenheit gegeben, sich als Experten zu fühlen, was das Gemeinschaftsgefühl in der Klasse stärkte.

So wie das Textverständnis funktioniert auch das Wortverständnis nicht nach dem Alles-oder-nichts-Prinzip. Wie jeder Leser aus eigener Erfahrung bestätigen kann, sind einem oft Wörter in irgendeiner Weise vertraut, auch wenn man sie nicht genau definieren kann. Ebenso kann man die Bedeutung eines Wortes aus dem Kontext ableiten, selbst wenn einem dieses Wort neu ist. Diese Vorstellung wird den Schülern durch die folgende Übung vermittelt. Sie dient den Schülern als Hilfe, ihren Wortschatz zu erkunden und zu erweitern.

Es ist wichtig, in dieser Übung nicht zu viele Wörter zu verwenden. Die Schüler sollen die Wörter kennen lernen und sich merken, die Schlüssel zum Verständnis eines Unterrichtstextes sind, und nicht ganze Wortlisten auswendig lernen. Sechs bis zehn Schlüsselwörter genügen völlig. Während des gesamten Schuljahres verfolgten wir beim Lesen der unterschiedlichen Texte dieses Konzept der gemeinschaftlichen Erweiterung des Wortschatzes.

---

**Rettungsanker-Wörter**

**Vorgehen**

- Aus einem Text, der im Unterricht bearbeitet werden soll, erhalten die Schüler eine Auswahl von Wörtern, über die sie stolpern könnten und denen sie wahrscheinlich wieder begegnen werden. Alternativ kann auch eine Liste von Rettungsanker-Wörtern eingesetzt werden, die Schüler erstellt haben.
- Die Schüler erstellen eine Tabelle mit den folgenden Spaltenüberschriften:

| Wort | A | B | C | D | Bedeutung |
|------|---|---|---|---|-----------|

- Die Schüler notieren jedes Wort in der ersten Spalte der Tabelle und vermerken dann für jedes Wort die passende Kategorie ( A, B, C oder D ):

  A: Ich kenne die Bedeutung des Wortes und ich verwende das Wort.

  B: Ich kenne die Bedeutung des Wortes, aber ich verwende es nicht.

  C: Ich habe das Wort schon einmal gesehen, aber ich kenne seine genaue Bedeutung nicht.

  D: Ich habe das Wort vorher noch nie gesehen.
- Die Schüler schreiben die Bedeutung aller Wörter, die ihnen bekannt sind, in die entsprechende Spalte.
- Nachdem die Schüler ihr Wortverständnis eingeschätzt und die Bedeutung ihnen bekannter Wörter notiert haben, werden Arbeitsgruppen gebildet. In Gruppenarbeit teilen sich die Schüler gegenseitig die Wortbedeutungen mit, bei denen sie sich am sichersten sind.
- Danach werden mit der Klasse die Ergebnisse in den Tabellen besprochen und Fragen geklärt. Der Unterrichtende gibt ergänzende Informationen zu einzelnen Wortbedeutungen oder Hilfestellungen zur Abklärung einzelner Wörter, mit denen die Schüler noch Schwierigkeiten haben.

---

## Fachwissen: Die Unterrichtseinheit „Lesen als Zugang zur Geschichte"

Während des Kurses betonten wir immer wieder, dass Leser auf Vorwissen zurückgreifen. Besonders die Einheit „Lesen als Zugang zur Geschichte" bot den Lerngruppen die Möglichkeit, die eigentliche Bedeutung von Vorwissen für die erfolgreiche Erschließung neuer Ideen und Informationen zu erfahren. Wir konzipierten diese Einheit, weil wir unsere neuen Schüler mit einigen Arten von Geschichtstexten vertraut machen wollten, die sie an der *High School* würden lesen müssen. Die Gestaltung der Einheit war mit der Hoffnung verbunden, dass die hohe Erwartung der Jugendlichen an eine friedliche und gerechte Gesellschaft des 21. Jahrhunderts sie motivieren würde, geschichtliche Texte zu lesen und dabei aus der Vergangenheit zu lernen. Die Schüler sollten sich mit der komplexen Fragestellung beschäftigen, welche Einflüsse Menschen dazu bringen, ungerecht zu handeln, und wie einzelne Menschen und die Gesamtgesellschaft zukünftig Ungerechtigkeiten verhindern können. Die Bearbeitung dieser herausfordernden Aufgabe war mit der Erwartung verbunden, dass die Schüler ihr wachsendes Selbstverständnis als Leser einbrachten, die kognitiven Strategien anwendeten, die sie erworben hatten, und ihren Beitrag zum forschenden Lernen leisteten. Am Beispiel dieser Einheit möchten wir auf die vielen Möglichkeiten hinweisen, wie man wesentliche Aspekte der Leseförderung in den Fachunterricht einbetten kann, ohne dabei zentrale Anliegen des Fachunterrichts – die Vermittlung lernbereichsspezifischer Auffassungs- und Denkweisen sowie die Vermittlung von Fachwissen – aus dem Blick zu verlieren.

## „Lesen, um zu lernen"

Wir begannen mit der Bitte an die Schüler, die folgende Frage schriftlich zu beantworten: „Was fällt dir zu ‚Lesen als Zugang zur Geschichte' ein?" Viele Schüler berichteten von Erfahrungen, in denen das Herumtragen und Lesen großer, schwerer Lehrbücher, das Auswendiglernen von Daten und Fakten und vor allem das Gefühl von Langeweile eine wichtige Rolle spielte. Eine junge Frau schrieb dazu Folgendes: „Wenn ich an Geschichtsunterricht denke, dann fallen mir Dinge wie langweilige Fakten und das Auswendiglernen von Daten ein. Ich denke an einen langweiligen Geschichtslehrer, an dicke (riesengroße) Lehrbücher und an unzählige Abende, in denen ich las, Zusammenfassungen schrieb und büffelte."

Nachdem das generelle Desinteresse der Schüler an Geschichte und die Tatsache, dass Geschichtstexte sie langweilten, ausgesprochen waren, konnten wir auf diese Vorerfahrungen eingehen. Die Meinungen der Schüler über Geschichtsunterricht gaben uns einen wichtigen Ansatzpunkt, um bei ihnen eine differenziertere Vorstellung von diesem Fach zu entwickeln. Die Schüler waren der Ansicht, Geschichte bestehe aus Daten, Ereignissen und berühmten Persönlichkeiten; unsere Aufgabe war es, ihnen zu einer Auffassung von Geschichte als einem Lernfach zu verhelfen, das die Vergangenheit erklären und deuten kann.

Wir forderten die Schüler auf, ihre Vorbehalte gegenüber dem Fach Geschichte zu überdenken. Als Impuls verwendeten wir das berühmte Zitat des hispano-amerikanischen Philosophen George Santayana: „Those who cannot remember the past are condemned to repeat it." (Wer sich nicht an die Vergangenheit erinnern kann, ist dazu verurteilt, sie zu wiederholen.)

Zunächst sollten die Schüler umschreiben, was Santayana ihrer Ansicht nach ausdrücken wollte, und danach ihre eigene Meinung dazu formulieren. Als Einstieg in die Unterrichtseinheit über Ungerechtigkeit, Intoleranz und Hass zwischen einzelnen Gruppierungen der Gesellschaft konfrontierte Santayanas Sichtweise unsere heterogen zusammengesetzte 9. Klasse mit einer ungewohnten Auffassung und Begründung des Fachs Geschichte.

Damit die Schüler Verbindungen herstellen konnten zwischen der Vergangenheit – über die sie im Verlauf der Einheit verschiedene Texte lesen würden – und der Gegenwart, die sie aus eigener Erfahrung kannten, sollten sie in Gruppenarbeit Einfälle und Assoziationen zu einigen Schlüsselbegriffen wie *Verfolgung, Rassismus, Vorurteil, klischeehaftes Denken, Opfer* und *Toleranz* zusammen tragen. Die Gruppen mussten zu je einem Begriff verwandte Wörter oder Ideen auflisten oder den Zusammenhang zwischen den Wörtern in einer Übersicht veranschaulichen. Jeder Schüler notierte die eigenen Einfälle und tauschte die Ergebnisse dann mit der Gruppe aus. Schließlich sollte sich die Gruppe auf eine gemeinsame Definition einigen.

Die Schlüsselbegriffe brachten bei unseren Schülern – alle Großstadtkinder – eine Fülle an persönlichen und familiären Erfahrungen zutage. Durch diese Aufgabe konnten die Schüler einen persönlichen Bezug zum Lerngegenstand herstellen, ihre Vorkenntnisse zu damit verbundenen Erfahrungen und Vorstellungen aktivieren, Fachtermini erkunden und zu der Einsicht gelangen, dass Geschichte möglicherweise viel mehr beinhaltet als Namen und Fakten.

Während der gesamten Einheit „Lesen als Zugang zur Geschichte" waren die Schüler an unterschiedlichen Unterrichtsaktivitäten beteiligt, in denen sie geschichtliches Fachwissen und fachbezogene Textschemata erwerben konnten. Die Unterrichtstexte dienten also mehreren Zwecken. Sie erschlossen das Vorwissen der Schüler und förderten ihr Interesse am Unterrichtsthema, sie gaben den Schülern Gelegenheit, ein Gespür für Text- und Sprachstrukturen in Sachtexten zu entwickeln, und sie boten den Schülern die Möglichkeit, Geschichte zunehmend als Deutung historischer Ereignisse und nicht als eine Ansammlung von Fakten aufzufassen.

## Erwerb eines Textschemas für Sachtexte

Damit Schüler Texte im Fach Geschichte verstehen konnten, vermittelten wir ihnen spezifische Instrumentarien, mit denen sie ihre Gedanken zu einem Text organisieren konnten. Zudem führten wir sie in das Konzept der Vorbesprechung ein. Nachdem wir einige Diskussionen über die zentralen Anliegen und Ideen der Einheit in Gang gesetzt hatten, gaben wir den

Schülern einen Artikel über Straftaten, die zu diesem Zeitpunkt in den USA aus Hass auf bestimmte soziale Gruppen begangen worden waren. Wir verfolgten damit ein zweifaches Ziel: Die Schüler sollten weiterhin Gegenwart und Vergangenheit gedanklich verbinden und so ein Interesse an Geschichte entwickeln, und sie sollten ihre Kenntnisse über die Strukturen von Sachtexten und ihre Fähigkeit, damit zu arbeiten, erweitern.

**Beispiel für eine Schülerarbeit:**
**Baumdiagramm, Darstellung eines Artikels über hassmotivierte Straftaten**

MERKMALE
Brutalität,
Begehen von Verbrechen
in Gruppen, Fremde

URSACHEN
klischeehaftes Denken,
Glaube daran, dass man Gott
auf seiner Seite hat,
Gefühl der Bedrohung,
Beeinflussung durch
Rassismus in Medien

DEFINITION
Zunahme von Straftaten,
schwere Straftaten,
Bedrohung für die Demokratie,
Abneigung gegen
Unterschiede

SCHLUSS-
FOLGERUNGEN

BEISPIELE
Frauen,
jüdische Mitbürger,
Afroamerikaner

VER-
BRECHEN
AUS
HASS

VORWISSEN (WURZELN)
Rassismus,
klischeehaftes Denken,
Vorurteile, Toleranz,
Opfer, Verfolgung

Abb. 6.1

Wir Lehrer hatten bereits den Artikel über die von Hass motivierten Verbrechen gelesen und stellten fest, dass seine Struktur von fünf thematischen Aspekten bestimmt wurde: Beispiele für diese Art von Verbrechen, eine Definition für aus Hass begangene Straftaten, Merkmale und Ursachen solcher Straftaten sowie Schlussfolgerungen. Damit die Schüler verstehen konnten, wie der Text organisiert war, stellten wir im Unterricht ein Organisationsdiagramm in Form eines Baumes vor: Die Wurzeln stellten das Vorwissen dar, der Stamm repräsentierte das Hauptthema und die Äste standen für die fünf Themenaspekte (Abb. 6.1).

---

**Baumdiagramme (grafische Organisationshilfen)**
**Materialien**
Ein Sachtext mit viel Informationen zu einem einzelnen Thema

**Vorgehen**
- Die Lehrerin erläutert, dass eine grafische Organisationshilfe ein Mittel ist, um Inhalte in Form einer Tabelle oder bildlichen Darstellung zu strukturieren.
- Weiterhin erklärt sie, dass u. a. grafische Organisationshilfen in Baumform verwendet werden und dass die Schüler ein solches Bild für die Organisation von Notizen zu diesem Text nutzen sollen. Dabei werden die Informationen im Diagramm so zugeordnet:
  Stamm: Titel des Artikels, auf den sich die Notizen beziehen
  Wurzeln: Vorwissen der Schüler zu diesem Thema
  Äste: Hauptkategorien der Informationen im Text
  Laubdach: einzelne Fakten zu einem bestimmten Textabschnitt
- Die Lehrerin zeichnet einen Baum an die Tafel und beschriftet den Stamm nach den Vorschlägen der Schüler. Anschließend übertragen die Schüler die Zeichnung in ihr Heft.
- Die Lehrerin bittet die Jugendlichen, alles zu nennen, was sie bereits über das Thema wissen, und notiert diese Informationen neben den Wurzeln des Baumes.
- Die Schüler lesen den ersten Teil des Textes im Plenum. Unter Anleitung der Lehrerin bestimmen sie, für welche Aspekte die einzelnen Äste stehen sollen. Die Ergebnisse werden im Tafelbild eingetragen.
- Die Schüler arbeiten in Gruppen an jeweils einem zugeteilten Aspekt (Ast). Jede Gruppe liest den entsprechenden Textabschnitt und entscheidet sich für drei bis fünf Informationen, die in das Laubdach des Baumes eingetragen werden sollen.
- Die Gruppen stellen ihre Ergebnisse der Klasse vor und fügen sie dem Tafelbild hinzu. Jede Gruppe übernimmt die Ergebnisse der anderen Gruppen in ihr Diagramm.
- Ausgehend vom Baumdiagramm wird der Artikel besprochen.

---

Während unsere Schüler den Artikel lasen, fügten sie dem Baumdiagramm Detailinformationen in Form kleinerer Äste und Blätter hinzu. Diese Form, Textinformation grafisch zu strukturieren, lieferte den Schülern ein Hilfsmittel, um Kernideen und untermauernde Details zu ordnen und darzustellen. Sie behielten die erlernte Art der grafischen Strukturierung bei der Bearbeitung anderer Texte im Rahmen der Einheit bei.

Im Mittelpunkt der Einheit stand der Text „Totalitarianism in the Modern World" („Totalitarismus in der modernen Welt"), ein Kapitel aus einem thematisch strukturierten begleitenden Text aus dem Geschichtslehrplan für die zehnten Klassen. Dieses Kapitel beginnt mit Theorien von Psychologen, Soziologen und Politikwissenschaftlern zu den Wurzeln menschlicher Aggression und Intoleranz. Wir zeigten den Schülern, wie sie das Kapitel *vorwegnehmend betrachten* konnten, indem sie sich nicht nur Kapitelüberschrift, Zwischenüberschriften und Illustrationen anschauten, sondern auch die Leitfragen und das Glossar am Ende des Kapitels durchlasen. Davon ausgehend erstellten die Schüler ein Baumdiagramm mit den Kernideen des Textes, so wie sie es für den Artikel über hassmotivierte Straftaten getan hatten. Lehrer und Schüler lasen dann zusammen einige Abschnitte des Textes und fügten Details in das Baumdiagramm ein. Auch hier half den Schülern wieder ein Schaubild, um zu erkennen, wie die Informationen im Text strukturiert waren und wie sie während des Lesens ihre eigenen Gedanken ordnen konnten.

Im nächsten Abschnitt dieses Kapitels wird die Beziehung zwischen der Aggression einzelner Personen, der Aggression von Gruppen und der Regierungsgewalt und -politik erörtert. An diesem Punkt führten wir eine andere Form der grafischen Darstellung ein, ein nach seinem Erfinder benanntes Venn-Diagramm (ein Kreisdiagramm zur Veranschaulichung von Textinhalten, bei dem Gemeinsamkeiten als Schnittmenge von zwei Kreisen dargestellt werden), um den Schülern zu zeigen, wie diese in der Gesellschaft wirksamen Kräfte sogar zum Genozid führen können.

Während wir die ersten Abschnitte des Kapitels durcharbeiteten, stellten wir fest, dass die Schüler sich bald in der Fülle von Detailinformationen verzettelten, die zu jedem erwähnten historischen Ereignis geliefert wurden. Unsere Schüler sollten lernen, historische Texte als Geschichtsinterpretation zu begreifen, und nicht als Ansammlung von Fakten, und die Art der Darstellung als Konstrukt eines Autors zu erkennen. Um diesen Gedanken hervorzuheben, erhielten die Schüler die Aufgabe, in Gruppenarbeit den einen Satz, der den wichtigsten Aspekt eines Absatzes am besten erfasste, zu unterstreichen oder aufzuschreiben. Durch diese Sätze, als Tafelanschrift notiert, erhielten die Schüler Einblick in die Argumentationsführung und allgemeine Darstellung der Gedanken des Autors. Wir wiesen die Schüler darauf hin, dass es beim Lesen oft schwierig ist, „den Wald vor lauter Bäumen" zu erkennen, und sie sollten erklären, in welcher Weise dieses Sprichwort auf ihre Leseerfahrung mit dem Geschichtslehrbuch zutraf.

Darüber hinaus zeigten wir den Schülern verschiedene Möglichkeiten, wie sie mit der Informationsdichte in dieser Art von Text umgehen könnten.

Auf einer Zeitleiste trugen sie bestimmte Ereignisse ein, auf Landkarten lokalisierten sie die Orte oder Länder, in denen sie sich ereignet hatten. In Tabellen vermerkten sie wichtige Informationen über die Zeitabschnitte der jüngeren Geschichte, in denen staatlich gebilligte Aggressionen bestimmter Bevölkerungsgruppen gegen andere Teile der Bevölkerung vorgekommen waren.

### Erwerb von Sachkenntnis durch Lektüre unterschiedlicher Texte

Wie bereits erwähnt, kann der Leser durch die Auseinandersetzung mit der Thematik eines Textes noch bevor er mit dem eigentlichen Lesen beginnt, Vorwissen abrufen und einen Bezug zu den im Text dargelegten Gedanken und Ideen herstellen. Durch diese Verknüpfung von *Bekanntem* mit *Unbekanntem* kann ein Leser neues Wissen erwerben. Ein weiterer wichtiger Weg, seinen Wissensschatz zu erweitern und zu bereichern, besteht im Lesen mehrerer Texte zu demselben Thema. In unterschiedlichen Informationsquellen stößt der Leser wiederholt auf ähnliche Ideen und Sachbegriffe, was dazu führt, dass diese Konzepte und Begrifflichkeiten – die jeweils durch andere Beispiele und in unterschiedlichen Kontexten dargestellt sind – gedanklich tiefer verankert werden können.

Diesen Aspekt im Blick behaltend, setzten wir zu Beginn der Unterrichtseinheit im Fach Geschichte Materialien ein, die wir als *Grundlagentexte* bewerteten. Dabei handelte es sich im Besonderen um den Artikel über hassmotivierte Straftaten und das Kapitel über Totalitarismus aus dem Lehrbuch. Wir beabsichtigten, ergänzende Texte einzuführen, die das abschließende Projekt zum Holocaust vorbereiten sollten. Jedoch mussten wir bald feststellen, dass die Schüler eindeutig unzureichend darauf vorbereitet waren, das betreffende Kapitel im Geschichtsbuch zu lesen und zu verstehen – trotz der detaillierten Hilfen, die wir ihnen hinsichtlich Aufbau und Struktur solcher Texte im Vorfeld an die Hand gegeben hatten. Die Menge an Hintergrundinformationen, die für das Verständnis dieses Kapitels nötig waren, erwies sich schlicht als zu viel für unsere Schüler. Noch intensivere Vorbereitung war vonnöten. Wir begannen, nach zusätzlichen Schriften und nach kommentiertem Bildmaterial zu suchen, das den Schülern ermöglichte, einen stärkeren persönlichen Bezug zu der Bedeutsamkeit der Themenstellungen herzustellen, mit denen sie sich befassen sollten. Außerdem suchten wir nach Wegen, mehr Fakten- und Sachwissen bereitzustellen, das Leser brauchen, um die harte Lesearbeit an einem anspruchsvollen Text durchzustehen.

Um Schülern durch Textvielfalt Wissen zu vermitteln, entwickelten wir das *Nachrichtenprojekt*. Diese Aktivität machte die Schüler nicht nur mit neuen Textsorten vertraut, sondern bot ihnen auch über einen längeren Zeitraum die Möglichkeit, direkte Bezüge zwischen Vergangenheit und Gegenwart herzustellen. In der Kopiervorlage auf S. 136 f. wird beschrieben, wie wir die Schüler bei dieser Aufgabe angeleitet haben.

Als Ergänzung zu diesem Projekt wurde das Stück *Hexenjagd (The Crucible)* von Arthur Miller gelesen. Wieder sollten die Schüler herausfinden, wie die Mitglieder einer bestimmten Gruppe von Menschen zu Sündenböcken gemacht werden können. Wir besprachen den historischen Kontext dieses Stückes und den Zusammenhang mit der McCarthy-Ära. Abschließend zeigten wir den Schülern eine Dokumentation über den Genozid an Armeniern durch die türkischen Machthaber in den frühen Zwanzigerjahren des letzten Jahrhunderts. Auf diese Weise wurde der Weg zurück zu dem Kapitel über Totalitarismus geebnet, mit dem die Schüler große Schwierigkeiten gehabt hatten. Jetzt besaßen sie mehr Wissen und ein größeres Bewusstsein der grausamen Konsequenzen, die es mit sich bringt, wenn es antidemokratischen Kräften erlaubt wird, sich auszubreiten. Gemeinsam mit den Schüler lasen wir das betreffende Kapitel und unterstützten sie dabei, Textstrukturen als Hinweise und Organisationsdiagramme als Hilfsmittel zu nutzen, um die Ursachen und Beispiele sowie die Folgen des Totalitarismus im 20. Jahrhundert zu erfassen und zu verstehen.

## Denken und handeln wie Historiker: das Holocaust-Forschungsprojekt

Nach unserer Einschätzung waren die Schüler nun so weit, all die Kenntnisse und Fertigkeiten, die sie während des Unterrichts erworben hatten, anzuwenden – Kenntnisse über Textstrukturen und -inhalte, kognitive Strategien, die wichtige Rolle der Zusammenarbeit und die Bedeutung von Textaneignung und Textverstehen für das Erreichen selbst gesetzter Ziele. Ausgestattet mit einem wachsenden Selbstvertrauen als Leser konnten sie nun mit einem sechswöchigen Projekt beginnen, in dem der Holocaust untersucht werden sollte. Mit diesem Projekt, das wir Holocaust-Forschungsprojekt nannten, wollten wir den Schülern die Möglichkeit geben, sich unter Einbeziehung dessen, was sie in der Unterrichtseinheit „Lesen als Zugang zur Geschichte" gelernt hatten, in der Anwendung fachspezifischen Denkens zu versuchen. Dies sollte sie befähigen, die geschichtlichen Tatsachen des Holocaust zu deuten und zu erklären.

Wie gewöhnlich begannen wir mit der Annahme, dass die Schüler bereits einiges über das anstehende Unterrichtsthema wussten. Um dieses Wissen freizulegen und um die Schüler dazu zu bewegen, ihr Wissen mit den Mitschülern auszutauschen, setzten wir die Übung „Informationen geben, Informationen bekommen" mit dem Holocaust als Thema ein. Viele Schüler

**Nachrichtenprojekt**

**Einführung**

Als Teil unserer Einheit über historische und aktuelle Ereignisse werden wir uns in den kommenden Wochen mehrere Zeitschriften- und Zeitungsartikel ansehen. Im Rahmen dieses Projekts werdet ihr die Zeitung oder ein Nachrichtenmagazin lesen und Artikel sammeln, die mit dem Thema zu tun haben, das wir untersuchen wollen. Obwohl wir wahrscheinlich jeden Tag ein paar Exemplare der Zeitung in der Klasse zur Verfügung haben, werden sie nicht für alle reichen, sodass ihr selbst Zeitungen finden müsst.

In den nächsten Wochen sollt ihr mehrmals wöchentlich eine Zeitung oder ein Nachrichtenmagazin lesen und nach Artikeln suchen, die mit der Unterrichtseinheit in Geschichte zu tun haben, an der wir arbeiten. Diese Artikel können sich mit einer Reihe von Themen befassen: mit klischeehaftem Denken oder hassmotivierten Straftaten, damit, dass Einzelpersonen oder Gruppen zum Sündenbock gemacht werden, oder mit Vorurteilen. Falls ihr unsicher seid, ob ein Artikel thematisch zu dieser Einheit passt, zeigt ihn mir und ich werde euch bei der Einschätzung helfen. Hinter dieser Aufgabe steht die Idee, dass ihr anfangt, euch über das, was in der Welt vorgeht, auf dem Laufenden zu halten, und anfangt, einen Zusammenhang zu erkennen zwischen Dingen, die in der Vergangenheit liegen, und dem, was heute vor sich geht.

**Vorgehen**

- Wählt einen Artikel aus einer Zeitung oder einem Nachrichtenmagazin, der thematisch zu unserer Einheit passt.
- Schneidet ihn aus.
- Klebt ihn auf ein DIN-A4-Blatt.
- Gebt die Quelle an (das heißt, dass ihr den Namen der Zeitung oder der Zeitschrift und das Datum der Veröffentlichung notiert).
- Schreibt eine Zusammenfassung des Artikels, die etwa ein bis zwei Absätze lang sein sollte (ihr könnt die Zusammenfassung auf die Rückseite des Blattes schreiben, falls der Artikel die ganze Seite einnimmt).
- Schreibt einen oder zwei Absätze darüber, in welchem Zusammenhang der Artikel zu unserem Unterrichtsthema steht (auch das könnt ihr auf die Rückseite des Blattes schreiben).
- Sammelt solange Artikel, bis ihr die Vorgaben für die Zeitungsartikelsammlung erfüllt habt.
- Bevor ihr eure Zeitungsartikelsammlung abgebt: Fasst auf ein bis zwei Seiten zusammen, wie die Artikel, die ihr gesammelt habt, zusammenpassen und was ihr während des Sammelns gelernt habt. Dazu werdet ihr von mir kurz vor dem Abgabetermin noch Genaueres erfahren.

**Vorgaben für das Zeitungsprojekt**
- Wählt insgesamt fünf Artikel für eure Sammlung aus.
- Abgabetermin für alle fünf Artikel und für den Aufsatz ist _____ Ihr
  habt etwa _____ Wochen Zeit, um eure Sammlung fertig zu stellen. Wenn
  ihr also jeden Tag die Zeitung lest, werdet ihr mit Sicherheit viele Artikel für das Projekt finden. Wenn ihr die Arbeit an eurem Projekt allerdings auf die letzte Minute
  verschiebt, könnte es schwierig werden, rechtzeitig fertig zu werden. *Denkt daran,*
  *dass die Arbeit an diesem Projekt auch während der Ferien weitergeht; falls ihr in die-*
  *sen Ferien in einer anderen Stadt seid, lest die Zeitung dort und schneidet Texte aus, die*
  *ihr dann mit nach Hause nehmt.*

verfügten über gewisse Kenntnisse über den Holocaust, die sie aus verschiedenen Quellen bezogen hatten. Beispielsweise hatten sie *Das Tage-*
*buch der Anne Frank* gelesen oder den Film *Schindlers Liste* gesehen oder
sie hatten Geschichten von Familienmitgliedern gehört, die den Holocaust
überlebt hatten.

Nachdem die Schüler ihre Vorkenntnisse ausgetauscht hatten, wurde auf
der Basis der Schülerinformationen eine Liste von Fragen erstellt, die u. a.
die folgenden Aspekte aufgriffen: Wurden nur Juden in Konzentrationslager verbracht? Konnte Hitler aus Deutschland fliehen? Wussten die Deutschen, was in den Konzentrationslagern geschah? Waren die Nazis eine so-
zialistische Partei? Woran konnte festgestellt werden, ob jemand jüdischer
Abstammung war oder nicht? Gab es Deutsche, die versuchten, Hitler Ein-
halt zu gebieten?

Wir baten die Schüler, diese Fragestellungen im Kopf zu behalten, weil
wir einige Fragen nicht beantworten konnten und weil diese zum Teil immer noch unter Historikern kontrovers diskutiert wurden. Wir sprachen
über Geschichte als Erforschung der Vergangenheit, bei der Geschehnisse
auf der Grundlage unterschiedlicher Texte und Artefakte rekonstruiert und
gedeutet werden. Wir erklärten den Schülern, dass sie in Gruppenarbeit jeweils einen Einzelaspekt des Holocaust untersuchen und dabei vielfältiges
Quellenmaterial als Grundlage für ihre Schlussfolgerungen heranziehen
sollten.

Wir hatten gelernt, die Interessen- und Motivationslage der Schüler ständig im Blick zu behalten, wenn sie schwierige und anspruchsvolle Texte lesen sollten. Deshalb zeigten wir den Schülern vor Beginn des Geschichts-
forschungs-Projekts den Film *Swing Kids* (USA 1993). Dieser Film basiert
auf der wahren Geschichte einer Gruppe Jugendlicher im Deutschland des

Jahres 1939, die sich durch ihr unangepasstes Verhalten den Konventionen des Nazi-Regimes widersetzten. Diese jungen Leute begeisterten sich für amerikanische Swing-Musik, die ihnen das amerikanische Ideal der persönlichen Freiheit vermittelte. Unsere Schüler zeigten großes Interesse. Sie identifizierten sich mit dem Konflikt der männlichen Hauptfigur der Geschichte zwischen der persönlichen Integrität und den Repressalien eines totalitären Systems, denen er und seine Familie ausgesetzt waren. Dieser Film führte zu Diskussionen über Loyalität, Mut, Auflehnung und Idealismus – Diskussionen, die es den Schülern ermöglichten, sich einfühlsamer in die Zeit, Örtlichkeiten und Menschen hineinzuversetzen, über die sie im Laufe ihres Geschichtsprojekts lesen würden.

### Deutung geschichtlicher Dokumente

Unsere Schüler waren jetzt so weit, mit der gemeinsamen Untersuchung eines Aspektes des Holocaust zu beginnen. Wir teilten sie in Vierer- oder Fünfergruppen auf. Jede Gruppe erhielt eine von sieben Themenstellungen zur Bearbeitung: Deutschland und die antisemitischen Rassengesetze, Konzentrationslager, Nichtjuden in Konzentrationslagern, der Aufstand im Warschauer Getto, Widerstand und Flucht, Proteste und Rettungsaktionen. Für jedes Thema hatten wir einen Ordner mit sechs bis zehn relevanten geschichtlichen Dokumenten vorbereitet. Es handelte sich dabei sowohl um primäres wie sekundäres Quellenmaterial, unter anderem zeitgenössische Zeitungsausschnitte, Übersetzungen offizieller deutscher Dokumente, Interviews, Auszüge aus Texten mit verschiedenem Leseniveau, Fotografien, Landkarten, Tagebücher, Ablaufdiagramme und medizinische Berichte über Sterbeziffern und Todesursachen. Die Schüler hatten die Aufgabe, mit diesem Material sowohl einzeln als auch in Gruppen zu arbeiten, um sich zu ihrem Thema Sachkenntnis anzueignen.

Diese geschichtliche Recherche erforderte von den Schülern, eine Fülle von Texten zu lesen, sich dazu Notizen zu machen, den Inhalt von Dokumenten zusammenzufassen, zentrale Aussagen visuell zu veranschaulichen, mündliche Präsentationen von Materialien vorzubereiten und auf der Grundlage ihrer erworbenen Kenntnisse aus verschiedenen Blickwinkeln Schreibaufträge zu dem Thema zu erledigen. Mit unserer Unterstützung und unter unserer Anleitung zeigten die Schüler tatsächlich Denk- und Handlungsweisen, als wären sie bei Historikern in die Lehre gegangen, und erklärten und deuteten geschichtliche Ereignisse entsprechend. Das von ihnen gezeigte Wissen resultierte aus gemeinschaftlicher Recherche, durch die sie sich zu Experten für ihr Thema entwickelt hatten.

Da wir unsere Lerngruppen dabei unterstützen wollten, *um des Lernens willen zu lesen,* bewerteten wir nicht nur ihr Wissen über die Inhalte der Einheit, sondern auch, mit welchen Strategien sie sich dieses Wissen erschlossen hatten. In dieser abschließenden Einheit konnten wir zu unserer Freude feststellen, dass eine große Zahl unserer Schüler Strategien nutzte, die sie während des Schuljahres erworben und angewendet hatten, wie dieser Schülerkommentar deutlich macht: „Als unsere Lehrerin uns dabei half, wesentliche Punkte herauszugreifen, verwendete sie dazu eine Serie über den Holocaust. So muss ich mich also jetzt für die Arbeit an meinem Projekt in einen Anwalt hineinversetzen, der die Verteidigung von Heinrich Himmler übernimmt. Ein anderer Schüler in der Gruppe soll die Rolle von Heinrich Himmler spielen. Ein anderer Schüler spielt die Rolle eines Staatsanwaltes, der mich ins Kreuzverhör nimmt. Jetzt kann ich einfach die wesentlichen Punkte finden. In diesem dicken Wälzer habe ich drei Absätze gefunden, die ich gebrauchen kann. Ich wollte nicht das ganze Buch lesen, aber ich wusste, wonach ich suchte. Wenn da also steht, dass Himmler den Befehl gegeben hat, soundso viele Juden umzubringen... dann brauche ich das nicht, denn in meiner Rolle versuche ich, ihn freizubekommen. Ich wusste also, was ich wollte, und wenn ich beim Lesen draufstieß, markierte ich die Textstelle gedanklich wie mit einem Textmarker und habe das so eher im Kopf behalten."

Die Leistungsbewertung der Schüler beruhte auf den Präsentationen, die sie im Laufe des Projektes erstellt hatten, und auf einem Lernjournal, in dem sie alle projektbezogenen Aktivitäten festhielten und das sie während der gesamten Unterrichtseinheit führten. Darüber hinaus mussten die Schüler in einem abschließenden Leistungstest zeigen, inwieweit sie Inhalte und die Strategien zur Erschließung dieser Inhalte beherrschten. Zu diesem Zweck interpretierten sie einen Abschnitt aus dem Lehrbuch, den sie vorher noch nicht gelesen hatten. Abschließend gaben wir ihnen einen Lückentext, in dem die relevanten Sachbegriffe der Einheit abgefragt wurden. Am Ende des Schuljahres teilten uns viele Schüler im Rahmen der Kursevaluation mit, dass sie nicht nur gelernt hätten, Texte richtig zu lesen und besser zu verstehen, sondern auch Kenntnisse zu wichtigen geschichtlichen Themen erworben hätten. Im Frühjahr des darauf folgenden Jahres – unsere Schüler besuchten mittlerweile die 10. Klasse – sagten sie uns, wie wichtig diese Geschichtsunterrichtseinheit für sie gewesen war und wie sehr sie immer noch von der Erfahrung, über Geschichte zu lesen und Geschichte zu interpretieren, profitierten.

# 7. Die Einbettung des Leselehrgangs in den Fachunterricht

„Mein größter Erfolg in diesem Jahr? Ich glaube, das war, dass ich Texte wieder in den Unterricht eingebracht habe, anstatt sie im Regal stehen zu lassen – und dass ich Fertigkeiten vermittelt habe, um sie verstehen zu können, anstatt die Texte einfach zu übergehen und den Schülern ihren Inhalt häppchenweise zu verabreichen."

(Geschichtslehrer an einer Schule der Sekundarstufe I)

Der Förderansatz einer systematischen Ausbildung im Lesen hat sich für die Entwicklung der Lesekompetenz von Schülern nicht nur im Rahmen des eigenständigen Kurses „Lesen macht schlau" bewährt, sondern auch im Fachunterricht von Lehrern an *Middle* und *High Schools,* die dem „Netzwerk für strategische Lese- und Sprachförderung" angehören. Dieser Verbund, zu dem ursprünglich Lehrer der Fächer Englisch, Sozialkunde und Englisch als Zweitsprache zählten, hat sich erweitert und schließt nun auch Lehrkräfte für Mathematik und naturwissenschaftliche Fächer mit ein. Schüler, die an Fachunterricht teilnehmen, der vom Netzwerk gestützt wird, entwickeln im Umgang mit Texten größere strategische Kompetenz und größeres Selbstvertrauen.

Dem Netzwerk angehörende Lehrer schufen auf verschiedene Weise die Grundlagen für diesen Erfolg: Der wichtigste Schritt bestand darin, dass sie in Zusammenarbeit mit anderen Lehrern die bei ihnen selbst ablaufenden Leseprozesse in interaktiven Workshops erforschten und auf informeller, kollegialer Ebene diskutierten. Bei der Integration neuer Ansätze in die Vermittlung von Lesekompetenz gelangten die Lehrer zu der Erkenntnis, dass es keineswegs eine *Abweichung* vom eigentlichen Unterricht bedeutet, Schüler im selbstständigen und kritischen Lesen von Fachtexten zu fördern. Vielmehr ist eine solche Form der Förderung unverzichtbar, wenn Schüler die Inhalte von Fachcurricula verstehen sollen.

Ein Lehrer, der an einer *Middle School* Geschichte, naturwissenschaftliche Fächer und Englisch unterrichtet, drückte es so aus: „Ein gründlicher Leseunterricht zu Beginn des Schuljahrs führt zu größerer Lesekompetenz der Schüler. Der Zuwachs an Kompetenz stützt die spätere Arbeit an fachunterrichtlichen Themen. Im Hinblick auf die Ergebnisse macht sich der anfängliche Einsatz mehr als bezahlt."

Dieses Kapitel beschreibt die verschiedenen Möglichkeiten, die Netzwerk-Kollegen gefunden haben, um entsprechende Unterrichtsaktivitäten in ihren Fachunterricht zu integrieren, die in doppelter Hinsicht von Bedeutung sind: Zum einen sind sie unerlässlich für den Kompetenzzuwachs der Schüler, zum anderen sorgen sie maßgeblich dafür, dass Lesen im Unterricht einen höheren Stellenwert einnimmt.

## Beginn des metakognitiven Diskurses

Wie Lehrer, die nach „Lesen macht schlau" unterrichten, fordern auch Fachlehrer des Netzwerkes ihre Schüler dazu auf, mit ihnen gemeinsam Leseprozesse zu analysieren. Im Fachunterricht allerdings befasst sich diese Untersuchung mit dem fachspezifischen Leseprozess, ob es sich dabei nun um Geschichte, naturwissenschaftliche Fächer, Mathematik oder Englisch handelt. Die Untersuchung wird von einem fortlaufenden metakognitiven Diskurs getragen, in dem sowohl die Lehrer als Leseexperten wie auch die Schüler als Leselehrlinge versuchen, die Prozesse transparent zu machen, die bei ihnen ablaufen, wenn sie sich Texte Stück für Stück erarbeiten.

Eine Geschichtslehrerin an einer *Middle School* beginnt den metakognitiven Diskurs im Unterricht, indem sie die Schüler nicht nur fragt: „*Was* habt ihr beim Lesen herausgefunden?", sondern zum Beispiel auch „*Wie* habt ihr das herausgefunden?", „*Wie* seid ihr darauf gekommen?" oder „*Wie* seid ihr zu dieser Schlussfolgerung gelangt?" Sie vermittelt den Schülern die Bedeutung von *Metakognition* und zeigt ihnen, in welcher Weise ihnen diese bei Aufgaben helfen kann, die problemlösendes Denken erfordern. Sie ermuntert ihre Schüler sogar, gegenüber älteren Geschwistern ein wenig aufzuschneiden, indem sie diese über die bei ihnen ablaufenden metakognitiven Prozesse befragen.

Diese Geschichtslehrerin hatte festgestellt, dass der in ihrem Schulbezirk eingeführte Lehrplan für ihr Fach den Schülern nur wenig Gelegenheit gab, längere Texte zu lesen. Um das Leseverstehen der Schüler bei Geschichtstexten zu fördern, kopierte und verteilte sie Auszüge aus den Handreichungen für Lehrer – Hintergrundinformationen, die zu jeder Unterrichtseinheit erstellt worden waren. Einführend veranschaulichte sie, wie Metakognition beim Lesen eingesetzt wird: Sie projizierte einen Text auf OHP-Folie an die Wand. Während sie las, machte sie ihren aktuellen Leseprozess für ihre Schüler transparent, indem sie ihre Überlegungen dazu auf einer Folie notierte – also gleichsam „auf Papier dachte".

Anschließend erhielten die Schüler die Aufgabe, dieses Verfahren beim Lesen der Hintergrundinformationen selbst anzuwenden, indem sie am Seitenrand notierten, welche Fragen und Gedanken ihnen während des Lesens einfielen oder was sie nicht verstanden hatten. Danach tauschten sich die Schüler, meistens in Vierergruppen, über ihre gedanklichen Aktivitäten während des Lernens aus und klärten Begriffe und Gedankengänge oder nahmen Stellung zum Text. In einem Unterrichtsgespräch setzte die Lehrerin das „laute Denken" fort, indem sie die Schüler aufforderte, ihr zu ihrem Leseprozess Fragen zu stellen. Häufig teilte sie ihre Überlegungen schriftlich mit, indem sie wiederum Notizen auf einer Overheadfolie festhielt, während die Schüler den Text auf ihren Kopien verfolgten.

Während des gesamten Kurses konzentrierten sich die Unterrichtsgespräche sowohl darauf, *welche Art* an Informationen, Folgerungen und Fragestellungen die Schüler aus ihren Texten abgeleitet hatten, als auch darauf, wie sie beim Lesen vorgingen, um sich den Sinn der Texte zu erschließen. Die einzelnen Netzwerk-Lehrer haben eine Vielfalt von Methoden entwickelt, damit Schüler aktiv in einen metakognitiven Diskurs eintreten, zunächst mit sich selbst, während sie daran arbeiten, einen Text zu verstehen, und dann mit der Klasse. Besonders Lehrer, die Englisch als Zweitsprache unterrichten, bewerteten dieses Verfahren als ein wertvolles Hilfsmittel für ihre Englischschüler, weil es ihnen ermöglichte, ihre Leseprozesse und Verständnisschwierigkeiten zu reflektieren und zu artikulieren, bevor sie an Kleingruppen- oder Unterrichtsgesprächen teilnahmen.

Damit Schüler freiwillig in einer Lerngruppe ihre persönlichen Überlegungen äußern und dazu noch andere schwierige Arbeit auf sich nehmen, die mit der Verbesserung der eigenen Leseleistung verbunden ist, brauchen sie Motivation sowie ein Gefühl der Sicherheit. Netzwerk-Lehrer haben eine Reihe von Verfahren entwickelt, die die persönliche und soziale Dimension der Ausbildung im Lesen stärken.

## Die persönliche Dimension: Gründe für das Lesen

Schüler haben kaum eine Chance zu wählen, was sie im Fachunterricht lernen. Darum haben sie nur wenig Gelegenheit und kaum Grund, darüber nachzudenken, welche Aspekte von Naturwissenschaft, Geschichte oder Literatur sie mehr interessieren könnten als andere. In der Hoffnung, das Interesse der Schüler für die bei ihnen ablaufenden Leseprozesse zu wecken und im Laufe der Zeit eine größere innere Beteiligung der Schüler beim Lesen zu erwirken, haben Netzwerk-Lehrer Wege gefunden, den Schülern mehr Wahlmöglichkeiten in Bezug auf die fachbezogene Lektüre einzuräumen. Einige Netzwerk-Lehrer haben dies nicht allein um der Auswahl willen getan, sondern auch, damit Schüler persönliche Vorlieben für Genres oder Themen entdecken und erweitern können.

Für den Literaturunterricht haben einige Netzwerk-Lehrer zum Beispiel so genannte *Literatur-Zirkel* eingerichtet, in denen Schülergruppen entscheiden, welchen Roman sie lesen wollen. Die Gruppe bestimmt den Zeitplan und die Erwartungen, die beim Lesen der Lektüre erfüllt werden sollen. Trotzdem muss sichergestellt sein, dass die Schüler die von der Lehrkraft gesetzten Lernziele erreichen (siehe Anlage 7.1). Im Unterricht dieser Lehrerin stellen die Schüler ihre Kenntnis der Lektüre unter Beweis, indem sie Gruppe für Gruppe das jeweilige Buch „im Fischglas" besprechen (wie in Kapitel 5 beschrieben), während der Rest der Klasse die Diskussion verfolgt. Die beobachtenden Schüler bewerten die Diskussion anhand von Kriterien, die Lehrer und Schüler gemeinsam aufgestellt haben. Diese Lehrerin konnte beobachten, dass Schüler in solchen Literatur-Zirkeln gegenseitig darauf achten, dass die Bücher rechtzeitig zu Ende gelesen werden, damit die Diskussion vor der Klasse erfolgreich verläuft.

---

**Überlegungen zu einer ungewohnten Unterrichtsmethode: Literatur-Zirkel sind machbar – ohne Lehrer in den Wahnsinn zu treiben**

Während der vergangenen zwei Jahre als Lehrerin habe ich gegen Schuljahresende einen Großteil der Arbeit im Rahmen des neunwöchigen Kurses „Ethnische Literatur" an Literatur-Zirkel übertragen. Der Gedanke, dass gleichzeitig vier oder fünf Romane von verschiedenen Gruppen in derselben Klasse gelesen werden, erfüllte mich mit Schrecken. Trotzdem beschloss ich, mich meinen Ängsten zu stellen, und zwar aus den folgenden Gründen:

• Das Leseniveau meiner Schüler klaffte weit auseinander (die Überprüfung der Grundanforderungen ergab eine Streuung der Leistungsstände, die der 3. bis 11. Jahrgangsstufe entsprachen).

• In meiner Schule gab es keine Klassensätze der Romane, die in meinem Kurs gelesen wurden.

• Ich wollte erreichen, dass die Schüler meiner 9. Klasse mehr Eigenverantwortlichkeit für ihre Bildung übernahmen.

• Eine Kiste mit Büchern wurde mir für die Arbeit in Literatur-Zirkeln kostenlos zur Verfügung gestellt.

• Bei der Arbeit am Programm für „Strategische Lese- und Sprachförderung" wurde viel über die effektive Arbeit in Literatur-Zirkeln gesprochen.

Die folgenden Materialien können als Start-Paket für Literatur-Zirkel betrachtet werden.

---

Anlage 7.1

### Verfahren für das Zeitmanagement

#### Verfahren für Schüler

Jede Gruppe bzw. jeder Zirkel bekam von mir einen Kalender und einen Termin, an dem die Lektüre des Romans beendet sein sollte. Im Kalender hatte ich jeden Tag ausgestrichen, an dem die Schüler keine Gelegenheit hatten, den Roman im Unterricht zu lesen. Die Schüler sollten dann in den Kalender eintragen, wie viel sie pro Woche oder sogar pro Tag lesen wollten. Alle Mitglieder der Literatur-Zirkel unterschrieben den Kalender wie einen Vertrag.

Ich erstellte einen großen Übersichtsplan für die ganze Klasse, in der alle Abschnitte der Lektüre – so wie die Schüler sie bestimmt hatten – vermerkt waren. Einmal pro Woche schätzten die Gruppen ihr Lesepensum neu ein und korrigierten gegebenenfalls die gesetzten Fristen.

#### Verfahren für Lehrer

Ich strukturierte einen Wochenplan für die Unterrichtsaktivitäten während der neunzigminütigen Unterrichtsblöcke. Beispiel:

- **Montag**
  Lesen in Gruppen
  Führen eines dreispaltigen Lesetagebuchs
- **Dienstag**
  Lesen in Gruppen
  Führen eines dreispaltigen Lesetagebuchs
  Arbeit in der Großgruppe; Gruppenarbeit zum Textverständnis
- **Mittwoch**
  Lesen in Gruppen
  Führen eines dreispaltigen Lesetagebuchs
- **Donnerstag**
  Diskussion
- **Freitag**
  Lesen in Gruppen
  Führen eines dreispaltigen Lesetagebuchs
  Ergebnispräsentationen

### Fragebogen

Die Schüler mussten vor Arbeitsbeginn im Literatur-Zirkel einen Fragebogen ausfüllen, der es ihnen erleichtern sollte, über ihr Leseverhalten nachzudenken. Einen weiteren Fragebogen bearbeiteten sie nach der Lektüre des Buches.

**Fragebogen vor der Lektüre**

Beantworte die Fragen, indem du alle zutreffenden Antworten einkreist.

1. Was liest du allein für dich?

| | | |
|---|---|---|
| Buch | Zeitschrift | Zeitung |
| Comic | Handbuch oder Begleitheft | Andere (bitte beschreiben) |

2. Wie entscheidest du, was du liest?

| | | |
|---|---|---|
| Empfehlung von Freunden | Empfehlung von Familienangehörigen | Name des Autors |
| Thema/Art eines Textes | Beurteilung in den Medien | Umschlaggestaltung/ Fotos |
| Andere (bitte beschreiben) | | |

3. Welche Art von Buch würdest du am ehesten lesen?

| | | |
|---|---|---|
| Liebesroman | Krimi | Action |
| Horror-Geschichten | Biografie/Autobiografie | Theaterstück |
| Andere (bitte beschreiben) | | |

4. Wie liest du normalerweise?

| | | |
|---|---|---|
| still | laut | Jemand liest mir vor. |

5. Welche Art des Lesens hilft dir am besten, den Text zu verstehen?

| | | |
|---|---|---|
| still | laut | Jemand liest mir vor. |

6. Welches Buch hast du zuletzt gelesen?

Titel:

Autor:

7. Hast du ein Lieblingsbuch? Einen Lieblingsautor?

**Fragebogen nach dem Lesen eines Romans im Literatur-Zirkel**

1. Würdest du dieses Buch einem Freund weiterempfehlen?

| | | |
|---|---|---|
| Ja | Nein | Kommt darauf an (bitte erklären) |

2. Wie viel hast du von diesem Buch gelesen (ganz ehrlich)?

| | | |
|---|---|---|
| Alles | Das meiste | Die Hälfte |
| Einiges | Gar nichts | |

3. Wenn du ein Buch lesen sollst, das die ganze Klasse liest – wie viel liest du dann normalerweise davon?

| | | |
|---|---|---|
| Alles | Das meiste | Die Hälfte |
| Einiges | Gar nichts | |

4. Wenn du dir ein Buch aussuchst, das du für dich lesen möchtest – wie viel liest du dann normalerweise davon?

| Alles | Das meiste | Die Hälfte |
|-------|-----------|-----------|
| Einiges | Ich lese nicht allein für mich selbst. | |

5. Wie gefiel es dir, dein eigenes Buch auszusuchen?

| Gefiel mir gut. | Gefiel mir nicht. (bitte erklären) |
|-----------------|-----------------------------------|

6. Was hat dir bei der Arbeit im Literatur-Zirkel am besten gefallen (nicht mehr als drei Antworten einkreisen)?

| Das Buch auszuwählen | Den Kalender zu erstellen | Das Lesen im Unterricht |
|-----------------------|---------------------------|-------------------------|
| Das Lesetagebuch | Die „Fischglas"-Diskussionen | Das Filmposter |
| Die Talkshow | Wortschatzübungen | |

7. Was hat dir bei der Arbeit im Literatur-Zirkel am wenigsten gefallen (nicht mehr als drei Antworten einkreisen)?

| Das Buch auszuwählen | Den Kalender zu erstellen | Das Lesen im Unterricht |
|-----------------------|---------------------------|-------------------------|
| Das Lesetagebuch | Die „Fischglas"-Diskussionen | Das Filmposter |
| Die Talkshow | Wortschatzübungen | |

---

**Aufgaben zum Leseverständnis**

Die Gruppen beschäftigten sich mit verschiedenen Aufgaben zum Leseverständnis. Vor einer Lektüre sollten die Schüler kurz notieren, wovon das Buch dem Titel nach vermutlich handelte. Dann mussten sie einige Seiten lesen und sich einen Überblick über den Text verschaffen, indem sie die folgenden Fragen in ihrem Literatur-Zirkel beantworteten:

- Nachdem ihr einige Seiten gelesen habt – wovon handelt das Buch eurer Meinung nach?
- Wählt eine Figur aus, die auf diesen Seiten vorgestellt wird. Schreibt den Namen der Figur auf und beschreibt dann diese Figur und wie ihr über sie denkt.
- Schreibt mindestens drei Fragen auf, die euch bis jetzt zu diesem Buch einfallen.
- Wie ist euer erster Eindruck von diesem Buch? Gefällt es euch oder gefällt es euch nicht? Warum? Ist es klar oder verwirrend oder witzig oder poetisch? Gebt eine Erklärung für eure Antwort.

Während die Schüler lasen, führten sie – in Ergänzung zu den „Fischglas"- Diskussionen und der Aufgabe, Wörter aus dem Zusammenhang heraus zu verstehen – ein dreispaltiges Lesetagebuch oder „Lese-Aktions-Protokoll". Jede Seite des Tagebuchs enthielt drei Spalten. In die erste Spalte schrieb jeder Schüler eine Zusammenfassung der Seiten, die er an dem betreffenden Tag gelesen hatte, und fügte einen so genannten *Goldenen Satz* hinzu, der das Thema der gelesenen Buchseiten wiedergab. In der zweiten Spalte mussten eine oder mehrere Fragen zu dem Gelesenen notiert werden. In die dritte Spalte schrieb ein anderes Gruppenmitglied Fragen oder Meinungen zu der Zusammenfassung und dem *Goldenen Satz* sowie alle Antworten, die ihm oder ihr zu den Fragen einfielen, die der Verfasser des jeweiligen Tagebuchs formuliert hatte. Abschließend unterzeichnete das Gruppenmitglied seine oder ihre Kommentare.

### Verfahren zur Einschätzung des Leseverständnisses

Trotz all dieser Strategien kann es schwierig sein einzuschätzen, inwieweit Schüler ein Buch verstehen (oder ob sie es überhaupt gelesen haben). Ich wendete verschiedene Verfahren an, um das Leseverständnis und das Leseverhalten der Schüler einzuschätzen. In Ergänzung zu den Fragebögen schrieben die Schüler Aufsätze über allgemeine Themen, die in ihren Büchern behandelt wurden. In Kooperation mit einem Künstler arbeiteten die Schüler zudem an künstlerischen Projekten, die ihre Kenntnisse des Buchthemas erkennen ließen. Ausgehend von der Vorstellung, dass ihr Buch verfilmt würde, konnten sie ein Plakat gestalten, das für diesen Film werben sollte. Alternativ konnten sie das Hauptthema das Buches bestimmen, Fotos machen, die dieses Thema widerspiegelten, oder einen Goldenen Satz im Buch finden, der das Thema zusammenfasste, und diese drei Elemente zu einem kleinen Poster arrangieren.

*Entwickelt von Lisa Morehouse, auf der Grundlage des Buches Literature Circles von Harvey Daniels.*

Eine andere Lehrkraft führt im Geschichtsunterricht einer 7. Klasse die selbstständige Auswahl von Lektüre ein, indem sie die Schüler dreimal pro Woche während des Unterrichts in freier Lesezeit selbst ausgewählte Texte zum Thema der jeweiligen Unterrichtseinheit erarbeiten lässt. Diese Lehrerin hat viel Zeit und Energie für den Aufbau ihrer Klassenbücherei aufgewendet. Sie erwies sich als ausgesprochen hartnäckig bei der Beschaffung zusätzlicher Gelder von ihrer Abteilung und ihrer Schule, für die sie in örtlichen Buchhandlungen und Secondhandläden weiteres Lesematerial erstand. Damit hat sie zusätzlich zur Schulbücherei eine eigene Bücherei aufgebaut, in der für jeden Schüler ihrer Klasse etwas zu finden ist. Besondere Sorgfalt verwendet sie darauf, Lesematerial ausfindig zu machen, das die verschiedenen kulturellen Hintergründe ihrer Schüler widerspiegelt. Wenn im Unterricht das Mittelalter besprochen wird, verbringen die Schüler die freie Lesezeit folglich damit, alles zu lesen, was dazu in der Klassenbücherei verfügbar ist – von Bilderbüchern mit einfachem Text, die Burgen in Frankreich und Deutschland zeigen oder vom Maurischen Reich handeln, bis hin zu anspruchsvollen Fantasy-Romanen, deren Schauplatz das mittelalterliche Europa oder Asien ist. Im Laufe des Schuljahres entscheiden sich die Schüler oft für zunehmend umfangreichere Bücher, die weitere Informationen zu interessanten Themen enthalten.

## Die soziale Dimension: Problemlösung in einem sicheren Lernumfeld

Viele Mitglieder des Netzwerkes, die mit ihren Schülern an der Entwicklung des Förderprogramms arbeiten, haben festgestellt, dass das „laute Denken" eines Lehrers zwei wesentliche Funktionen erfüllt. „Lautes Denken" gibt den Schülern nicht nur einen Einblick in die sonst verborgen ablaufenden Leseprozesse des Lehrers, sondern gibt darüber hinaus die Sicherheit, die man braucht, um sich selbst im Unterricht und vor den Mitschülern auf unbekanntes Terrain zu begeben. Wenn sich sogar die Lehrkraft – der Leseexperte – darauf einlässt, die eigenen Verständnisschwierigkeiten beim Lesen zu offenbaren, dürfte ein Schüler, dem ein Text Probleme macht, sich nicht mehr so allein fühlen. Von noch größerer Bedeutung ist die Einsicht der Schüler, dass alle Leser im Laufe ihrer Leseerfahrung immer wieder Verständnisschwierigkeiten haben.

Ein Englischlehrer, der in einer 11. Klasse unterrichtet, führt die für das sinnerfassende Lesen eines anspruchsvollen literarischen Textes erforderlichen Problemlösungsstrategien ein, indem er den ersten Abschnitt der Kurzgeschichte *Wash* von William Faulkner laut vorliest. Während er vorliest, denkt er laut über den Text nach. Die Schüler sollen seine laut geäußerten Überlegungen jeweils fünf verschiedenen gedanklichen Vorgängen zuordnen: bildliche Vorstellung, Formulieren von Fragen an den Text, Zusammenfassen von Textstellen oder ganzem Text, Verknüpfung mit einem anderen Text und Klären von Unklarheiten. In ähnlicher Weise setzt eine Chemielehrerin „lautes Denken" ein, während sie im Unterricht einen Versuch demonstriert und dabei die Versuchsanleitung, ihre Beobachtungen und ihre Schlussfolgerungen verbal beschreibt und kommentiert. Diese Lehrer beziehen die Schüler aktiv in den Prozess ein, schrittweise den Sinn von Texten oder den Ablauf von Unterrichtsaktivitäten herauszuarbeiten. Sie beginnen den Ausbildungsprozess damit, Gedankengänge offen zu legen und Unklarheiten, falsche Fährten und das Zurückverfolgen von Gedankengängen, also das, was Lesen als Schlüssel zum Verstehen ausmacht, als akzeptierte Bestandteile des Unterrichts zu behandeln.

Eine Netzwerk-Lehrerin entdeckte eine sehr wirksame Methode, die soziale Dimension der Leseausbildung zu entwickeln. Es war ihr zunächst nicht gelungen, in einer 12. Klasse im Fach Literatur Diskussionen über literarische Inhalte in Gang zu bringen. Die Schüler nahmen an diesem Unterricht teil, weil sie in Englisch nicht die Voraussetzungen für die Abschlussprüfung erfüllten. Sie erwiesen sich als schwer zu bändigen und dem Unterricht eher abgeneigt. Die Lehrerin bemerkte jedoch, dass ein spezieller Schüler, athletisch und attraktiv, die Aufmerksamkeit der gesamten Klasse auf sich zog, wann immer er sprach. Dieser junge Mann gehörte zudem zu den leistungsschwächeren Lesern der Klasse. Die Lehrerin beschloss, seine Popularität bei den Mitschülern und seinen Wunsch nach Aufmerksamkeit zu nutzen und ihm bei Gesprächen über Literatur die Rolle des Moderators zu geben. Sie nutzte, was er gut konnte – die Fähigkeit, seine Mitschüler zu unterhalten und anzuführen –, um ihm sozialen Rückhalt bei schulischen Aufgaben zu geben, bei denen er weniger erfolgreich war. Die Lehrerin baute Kurzeinheiten in den Unterricht ein, in denen sie die Schüler in das „laute Denken" einführte und ihnen Möglichkeiten zeigte, sinnvolle Fragen an einen literarischen Text zu stellen. Die Schüler führten Hefter, in denen sie „auf Papier dachten", während sie sich durch den Text arbeiteten. Das Gelingen des Unterrichts war jedoch auf das durch den beliebten jungen Mann geweckte Interesse zurückzuführen, der Fragen an den Text stellte und das Gespräch in Gang brachte. Im Laufe der Zeit stellte diese Lehrerin fest, dass ihre Schüler genügend von den Diskussionen im Unterricht profitierten, um eigenständig Abschnitte eines Textes zu Hause lesen zu können – etwas, was diese Zwölftklässler vorher nie getan hatten.

## Die kognitive Dimension: Werkzeuge für das verstehende Lesen

Durch die genaue Untersuchung der bei ihnen selbst ablaufenden Leseprozesse, besonders im Umgang mit fachspezifischen Texten, haben die Netzwerk-Lehrer erkannt, in welchem Maß sie sich auf spezifische Strategien zur Lösung von Verständnisproblemen stützen. Vor diesem Hintergrund legen sie besonderen Wert darauf, ihren Schülern diese Strategien zu vermitteln, um sie mit den beim Lesen erforderlichen mentalen Werkzeugen auszustatten. Wenn Schüler diese Strategien erproben und zu immer eigenständigeren Lesern werden, können ihre Lehrer die seit langem ungenutzten Unterrichtstexte wieder hervorholen und sie im Unterricht einsetzen.

Eine Lehrerin, die in einer 7. Klasse Geschichte und Englisch unterrichtet, teilte uns zu Beginn des Schuljahres mit, dass sie das Geschichtslehrbuch aus zweierlei Gründen nicht einsetzen würde. Erstens, so erklärte sie, könne sie sich nicht darauf verlassen, dass die Schüler die Leseaufträge erfüllten. Und wenn sie, zweitens, den Text tatsächlich lesen würden, schienen die meisten von ihnen nicht in der Lage zu sein, den Textinhalt zusammenzufassen oder in eigenen Worten auszudrücken. Daraus schloss sie, dass die Lektüre nicht verstanden wurde. Sichtbar verlegen sprach sie davon, dass sie sich dabei ertappte, der Klasse Textinhalte häppchenweise zu verabreichen, wobei sie selbst *anstelle der Schüler* die Kernideen zusammenfasste. Im Laufe des Schuljahres fand sie aber Wege, die Jugendlichen an die Anwendung von Verständnisstrategien heranzuführen, und konnte folglich das Lehrbuch erneut und mit mehr Zuversicht im Unterricht einsetzen.

### Formulieren von Fragen an den Text

Viele Netzwerk-Lehrer bewerten das Formulieren von Fragen an den Text als ausgesprochen wirkungsvolles Instrument, um den Sinn eines Textes zu erfassen. Das Konzept der Frage-Antwort-Relationen (in Kapitel 5 beschrieben) halten sie für besonders geeignet, um Schülern gezielte Fragetechniken zu vermitteln. So entwickeln sie zugleich Verständnis für die Prozesse, die jeder Leser durchläuft, wenn er versucht, unterschiedliche Fragen zu beantworten.

Eine Kollegin vermittelt ihren Zehntklässlern Raphaels vier Fragetypen und nutzt dazu den Unterrichtsraum, um Beispiele für die jeweiligen Fragen zu finden. Eine Frage, bei der Informationen zu ermitteln sind, wie „Wie viele Stühle sind in diesem Raum?" können die Schüler allein dadurch beantworten, dass sie sich im Raum umsehen. Die Beantwortung einer Frage zum umfassenden Verständnis wie „Sind die Fenster höher als die Türen?" erfordert dagegen von den Schülern, dass sie die Maße von Fenstern und Türen vergleichen, indem sie beides mehrmals in Augenschein nehmen und in Gedanken Berechnungen und Schätzungen vornehmen.

Nachdem die vier Fragetypen bekannt sind, beginnt die Lehrerin im Unterricht mit der Lektüre eines Romans. Die Schüler lesen einen Textabschnitt und formulieren dazu Fragen jeden Typs. Sie tauschen sich darüber aus und bewerten sie sowie die Methoden, die sie für ihre Beantwortung der Fragen anwenden. Schließlich werden Arbeitsgruppen aus je zwei Schülern gebildet, die für jedes gelesene Romankapitel zwei Fragen jeden Typs formulieren. Auf der Basis dieser Fragen leiten die Arbeitsgruppen abwechselnd Unterrichtsgespräche über das Buch. Die Lehrerin erzählte uns, dass sie von dem Tiefgang der Schülerfragen und der lebhaften Beteiligung an den von ihnen initiierten Unterrichtsgesprächen positiv überrascht war.

Netzwerk-Lehrer haben eine Reihe von Möglichkeiten gefunden, Fragestrategien in Inhalte von Fachcurricula und Unterrichtsprojekte einzubinden, die für die Schüler von Interesse sind. Eine Lehrerin gibt ihren Schülern die Aufgabe, auf der Grundlage der Fragetypen einen Test zu verfassen, um einzuschätzen, wie gut andere Schüler ein Buch verstehen, das während der freien Lesezeit gelesen wird. Eine andere Lehrkraft lässt die Schüler selbst Unterrichtseinheiten zu ihrer Lektüre entwerfen, die dann von den Englischlehrern der Schule verwendet werden sollen.

## Zusammenfassen von Textstellen oder ganzem Text

Die Lehrerin, die in der 7. Klasse Geschichte und Englisch unterrichtete und den Schülern das Geschichtslehrbuch zusammenfasste, trat dem „Netzwerk zur Entwicklung strategischer Lesekompetenz" bei und entschloss sich bald darauf, ihren Schülern im Unterricht zu vermitteln, wie sie Textzusammenfassungen selbst erstellen konnten. Die Schüler arbeiteten in Zweiergruppen, wobei sich jede Gruppe auf einen anderen Abschnitt des zu bearbeitenden Textes konzentrierte. Jeder Schüler schrieb einen zusammenfassenden Satz zu dem Abschnitt und verglich das Ergebnis mit dem seines Gruppenpartners. Die Lehrerin konnte mit dem Resultat mehr als zufrieden sein: Die Schülergruppen kombinierten oder modifizierten ihre Sätze, um die treffendste Zusammenfassung zu erhalten. Dabei diskutierten und klärten sie gemeinsam die genaue Bedeutung des Abschnitts, um die Gedankengänge des Textes am besten zu umreißen.

Eine Lehrerin, die in einer 6. Klasse Englisch unterrichtet, erteilt ihren Schülern die Aufgabe, eine Liste von Regeln für eine treffende Zusammenfassung aufzustellen. In Gruppenarbeit fassen die Schüler eine Geschichte zusammen, die sie alle gut kennen, z. B. ein bekanntes Märchen. Jede Gruppe trägt dann ihren Text laut vor und die Klasse bewertet ihn anhand der aufgestellten Regeln. Im nächsten Schritt müssen die Arbeitsgruppen eine Passage aus einem literarischen Text resümieren, der im Rahmen des Lehrplans in der Klasse gelesen werden soll. Während sie versuchen, die Schlüsselsituationen und Kerngedanken des Textes in eigene Worte zu fassen, behalten sie die Kriterien für eine gute Zusammenfassung im Blick.

Ein Lehrer, der naturwissenschaftliche Fächer unterrichtet, bindet die Schüler seines Kurses für Meereskunde in einen ähnlichen Prozess ein. Die Schüler erstellen Kriterien für eine gute Zusammenfassung, diskutieren in Kleingruppen, welches die zentralen Punkte eines naturwissenschaftlichen Textes sind, und bewerten ihre eigenen Ergebnisse und die der anderen Gruppen anhand der aufgestellten Kriterien. Allerdings hat der Lehrer diesem Prozess noch einige kreative Komponenten hinzugefügt: Die Schüler dürfen nur die Kernaussagen des naturwissenschaftlichen Beitrags in weniger als sechzig Wörtern wiedergeben, *und* sie müssen ein Plakat gestalten, dass die wesentlichen Aussagen visuell veranschaulicht. Dieses Verfahren stimuliert das visuelle Vorstellungsvermögen, das die Schüler brauchen, um die physikalischen Prozesse begreifen zu können, die Gegenstand der Naturwissenschaften sind.

Eine andere Lehrerin für naturwissenschaftliche Fächer, die in elften und zwölften Klassen Chemie unterrichtet, hat festgestellt, dass Schüler oft Probleme damit haben, die Anleitungen für Versuchsanordnungen zu befolgen. Selbstverständlich hängt der Erfolg ihrer Laborarbeit von präzisem Leseverstehen ab. Um zu vermeiden, dass die Schüler fortgesetzt fragen, was sie machen sollen, übt diese Lehrerin mit ihren Schüler in einem umfassenden Verfahren das sinnerfassende Lesen. So stellt sie sicher, dass die Schüler die Versuchsanleitung gelesen und verstanden haben, bevor sie mit den Versuchen beginnt (siehe Kopiervorlage S. 153). In Gruppenarbeit finden die Schüler heraus, was sie tun müssen, um den Versuch durchzuführen. Dann stellen sie den Versuchsablauf bildlich mithilfe von Grafiken und Symbolen dar, ohne ganze Sätze zu verwenden. Wenn alle Gruppenmitglieder den Versuchsablauf verstanden haben, holt die Gruppe das benötigte Material bei der Lehrerin ab. Die Lehrerin zieht Streichhölzer, um auszulosen, bei welchem Schüler sie überprüfen wird, wie gut er die Versuchsanleitung verstanden hat. Dem jeweiligen Schüler steht zur Erklärung des Versuchs nur die visuelle Darstellung des Experiments zur Verfügung. Besteht der Schüler den Test, kann die Gruppe mit dem Versuch beginnen. Ist das nicht der Fall, verliert die Gruppe einen Punkt und muss erneut an der Versuchserklärung arbeiten, um zu gewährleisten, dass sie von allen Gruppenmitgliedern verstanden wird. Schüler lernen auf diese Weise schnell, Versuchsanordnungen und -abläufe zu verstehen, ohne sich auf die Lehrkraft zu verlassen, und sie gewöhnen sich daran, bildliche Darstellungen zu nutzen, um Textinhalte zu erfassen.

**Versuchsanleitung für Schüler**

### Anleitung zur Gruppenarbeit

**Zielsetzung.** Alle Gruppenmitglieder sollen die Versuchsanordnung und den Versuchsverlauf vollständig verstehen, bevor mit dem Versuch begonnen wird.

1. Lest die gesamte Versuchsanleitung leise durch.
2. Besprecht den Versuchsablauf mit euren Mitschülern in der Gruppe. Stellt sicher, dass ihr die folgenden Fragen beantworten könnt.
   a) Was ist das Hauptziel des Versuchs?
   b) Was sind die wichtigsten Versuchsschritte?
   c) Welche Materialien braucht ihr für welchen Versuchsschritt?
   d) Was sind eure Aufgaben in den einzelnen Versuchsschritten?
   e) Warum geht ihr bei dem Versuch in einzelnen Schritten vor?
3. Stellt den Versuchsverlauf bildlich dar. (Tipp: Ihr braucht mindestens ein Bild für jeden Versuchsschritt.) Ihr dürft eure Bildfolge beschriften – aber ganze Sätze sind nicht erlaubt. Stellt sicher, dass alle Versuchsmaterialien und alle chemischen Lösungen gekennzeichnet sind.
4. Erklärt euch gegenseitig abwechselnd den Versuchsverlauf anhand der Bildfolge. Der Gruppenleiter sollte den Anfang machen. Stellt sicher, dass ihr alle wichtigen Punkte angesprochen habt. Verwendet die folgende Tabelle, um die Erklärung jedes Gruppenmitglieds zu bewerten. Macht, wenn nötig, mehrere Probedurchläufe, um sicherzugehen, dass ihr für den Versuch bereit seid.

| Name | | | |
|---|---|---|---|
| Versteht das Hauptziel des Versuchs | | | |
| Benennt alle wichtigen Versuchsschritte | | | |
| Benennt alle Materialien | | | |
| Beschreibt die Versuchsschritte | | | |
| Erklärt die Versuchsschritte | | | |

5. Wenn jeder in der Gruppe sicher ist, dass er oder sie den Versuch erklären kann, kommt die ganze Gruppe zu mir und bringt die Bildfolge mit.

6. Eine Person wird ausgelost, die mir den Versuch anhand der Bildfolge erklärt.

a) Ist die Erklärung zufriedenstellend, kann eure Gruppe mit dem Versuch beginnen. Bereitet euer Versuchsprotokoll wie unten beschrieben vor und fangt mit dem Versuch an.

b) Wenn die Erklärung nicht zufriedenstellend ist, muss eure Gruppe die Schritte 4 bis 6 so lange wiederholen, bis die Erklärung genau genug ist. Die Bewertung eurer Arbeit verschlechtert sich bei jeder Wiederholung um jeweils eine Note. Ihr könnt NICHT mit dem Versuch beginnen, bevor dieser Teil abgeschlossen ist.

### Anleitung für das Versuchsprotokoll

| | |
|---|---|
| **Versuchsbezeichnung** | Welche Bezeichnung trägt dieser Versuch? |
| **Versuchsziel** | Was wollt ihr herausfinden? |
| **Materialien und Versuchsverlauf** | Jedes Gruppenmitglied zeichnet die Bildfolge zum Versuch in sein oder ihr Versuchsprotokoll ein, sobald er erfolgreich abgeschlossen wurde. |
| **Messdaten und Maßheiten** | In einer Tabelle werden alle Messdaten und Maßeinheiten übersichtlich eingetragen. |
| **Berechnungen** | Notiert eure Berechnungen übersichtlich Schritt für Schritt und beschriftet sie. |
| **Versuchsabschluss** | 1. Besprecht das Ergebnis eures Versuchs. Was habt ihr herausgefunden? |
| | 2. Wie genau sind eurer Meinung nach eure Ergebnisse? Was könnt ihr tun, damit eure Ergebnisse beim nächsten Versuch exakter ausfallen? |
| | 3. Was habt ihr aus diesem Versuch gelernt? |
| | 4. Kommentiert den Versuch und die neue Art der Laborarbeit. Was haltet ihr von der neuen Art der Laborarbeit? Wie fandet ihr diesen Versuch? Wie gut habt ihr diesen Versuch, verglichen mit anderen Versuchen vorher, verstanden? Sollte ich diesen Versuch im nächsten Schuljahr wieder durchführen? |

*Kursmaterialien erstellt von Nikki Nunes*

## Den Klang einer Stimme mit Text assoziieren

Einige Netzwerk-Lehrer haben bei der Untersuchung ihrer eigenen Leseprozesse festgestellt, dass sie sich bei der Beschäftigung mit einem Text, den sie als verworren, schwierig oder schlicht uninteressant empfinden, einer

Strategie bedienen, die sie *Off-Stimme* nennen. Sie vergegenwärtigen sich eine Stimme – zum Beispiel die feste und bestimmte Stimme eines Kommentators einer Naturdokumentation oder eines Nachrichtensprechers –, die ihres Erachtens im Stil des betreffenden Textes spricht. Dann stellen sie sich vor, dass diese Stimme den Text vorliest. Laut Aussage der Lehrer hilft ihnen diese Strategie, einen leichteren Zugang zu den Gedankengängen und Vorstellungen eines schwierigen Textes zu finden.

Einige Netzwerk-Lehrer vermitteln ihren Schülern diese *Off-Stimmen-Strategie*. Eine Englischlehrerin in einer 9. Klasse eröffnete beispielsweise den aus verschiedenen Kulturkreisen stammenden Schülern ihrer Klasse einen Zugang zu standardisierten Tests zum Leseverstehen, indem sie sich vorstellen sollten, die betreffende Textpassage würde ihnen von ihr vorgelesen – also mit der Stimme einer Lehrerin, die korrektes Englisch spricht. Ein anderer Lehrer vermittelt seinen Neuntklässlern herkömmliche Verständnisstrategien wie das Formulieren von Fragen an den Text und das Zusammenfassen von Textabschnitten und ergänzt dies mit einem Verfahren, das er „sich die Stimme des Autors vorstellen" nennt und das er für das Lesen informativer Texte einsetzt.

**Bewertung und Auswahl anwendbarer Strategien**

Über die Vermittlung von Textverständnisstrategien sollen sich Schüler geistige Werkzeuge aneignen, die sie je nach Bedarf einsetzen können, um mit Erfolg eigenständig zu lesen. Wenn Schüler ihre eigenen Leseprozesse beobachten, sollten sie zugleich und fortlaufend bewerten können, in welchem Maße ihnen die verschiedenen Strategien für ihr Textverständnis dienlich sind. Fachlehrer können Schüler bestärken, geeignete Strategien beim eigenständigen Lesen auszuwählen.

Nachdem zum Beispiel eine Englischlehrerin die Schüler einer 9. Klasse im Verlauf einiger Unterrichtseinheiten erfolgreich dazu angeleitet hatte, verschiedene Textverständnisstrategien anzuwenden, begann sie eine neue Einheit damit, den Schülern eine Reihe von *Strategie-Bögen* auszuhändigen (jeder Bogen befasste sich jeweils mit einer Strategie). Sie bezeichnete diese bereits geläufigen Strategien als eine Art von *Werkzeugkiste*. In ihrer Unterrichtseinheit mussten sich die Schüler für eines von fünf Büchern entscheiden und dann während des Lesens entweder einzeln oder in Kleingruppen die Strategien zum Textverständnis einsetzen. Während der ersten vier Tage vergab die Lehrerin jeden Tag einen anderen Strategie-Bogen, mit dem die Schüler arbeiten sollten, und erinnerte sie daran, wie sie diese spezielle Strategie zum Verstehen von Texten bereits in vorhergehenden Einheiten genutzt hatten. Nach der ersten Woche besprach die

Klasse, wann und auf welche Weise sich die einzelnen Strategien als am wirksamsten erwiesen hatten. Im weiteren Verlauf der Einheit mussten die Schüler für jeden Abschnitt des Buches, für das sie sich entschieden hatten, eine Strategie zum Leseverständnis aus der Strategien-Werkzeugkiste auswählen. Von der Lehrerin wurde nur ein Auswahlkriterium vorgegeben: „Wähle die Strategie, von der du glaubst, dass sie dir am besten beim Verstehen dieses Textes hilft". Sie stellte fest, dass sich ihre Schüler für unterschiedliche Strategien entschieden und diese in unterschiedlichen Situationen einsetzten, um sich den Text zu erschließen.

## Die inhaltlich-fachliche Dimension: Schüler im Kreis der Experten

Unter Berücksichtigung der Tatsache, dass Hintergrundwissen erheblich zu einem effizienten Textverständnis beiträgt, konzentrieren sich die meisten Netzwerk-Lehrer zunächst darauf, das Sachwissen von Schülern aufzubauen. Je weiter die Lehrer jedoch ihren eigenen Leseprozessen auf die Spur kommen, desto mehr offenbart sich ihnen die Tiefe und Bedeutung ihrer Kenntnis spezieller sprachlicher Textkonventionen und Terminologien von Fachtexten und der besonderen Weise, in der Texte unterschiedlicher Fachrichtungen jeweils gelesen werden. An diesem Punkt beginnen Lehrer zu begreifen, dass die Entmystifizierung der Sprachstrukturen und -konventionen von Fachtexten und die Vermittlung von Verfahren, sie sinnentnehmend zu lesen, in hohem Maße dazu beitragen können, dass Schüler ihre Fachkenntnisse erweitern. Ebenso wichtig ist die Erkenntnis, wie sie diese Informationen an Schüler weitergeben und ihnen den Zugang zum *Kreis der Experten* verschaffen können.

### Sachwissen aufbauen

Eine Geschichtslehrerin, die in einer 7. Klasse unterrichtet und dem Netzwerk angehört, versucht seit einigen Jahren, das Interesse ihrer Schüler an Geschichte als Wissensgebiet zu wecken, indem sie ihnen verschiedene Arbeitsmaterialen wie Bilder, primäres Quellenmaterial und einige kurze Sachtexte zum jeweiligen Thema an die Hand gibt. Für die Lerngruppe bilden diese Materialien die Grundlage für die Bearbeitung der Aufgabenstellungen. So verfassen die Schüler zum Beispiel Tagebücher aus der Sicht von Personen, die die geschilderten geschichtlichen Ereignisse miterlebt haben könnten. Sie nutzen die Arbeitsmaterialien, um kurze Szenen zu schreiben und mit verteilten Rollen zu spielen. Oder sie erstellen einen Reiseführer für ein anderes Land und beschreiben darin landestypische Bekleidung, Gebräuche, Gerichte, Religion und Staatsform – Informationen, die einem Reisenden bei einem Besuch des Landes nützlich sind.

Damit nun ihre Schüler leistungsstärkere Leser im Fach Geschichte werden, hat diese Lehrerin neue Einsatzmöglichkeiten für diese Materialien und Unterrichtsprojekte gefunden. Zum Beispiel fordert sie die Schüler auf, das die Einheit begleitende Bildmaterial zu „lesen" und einige Hypothesen darüber aufzustellen, was sie auf diesen Bildern sehen. Die Schüler stellen in Partnerarbeit Vermutungen an und tauschen sich darüber aus, welche Hinweise diese Bilder in Bezug auf die Kultur, Epoche oder auf geschichtliche Ereignisse geben, die in der anstehenden Unterrichtseinheit behandelt werden. Im Anschluss lesen die Schüler das dazugehörige Quellenmaterial oder die entsprechenden Sachtexte, um ihre Hypothesen zu bestätigen oder zu widerlegen. Dabei führen sie eine Tabelle, in der sie festhalten, zu welchen Schlussfolgerungen sie gekommen sind und welche Textstellen ihnen die entsprechenden Hinweise liefern. Durch die geschilderte Unterrichtsaktivität erweitern Schüler ihr Sachwissen und entwickeln gleichzeitig ein Denkschema für das Sachthema, das sie bearbeiten. So schaffen sie die Grundlagen für detailliertes sachverständiges Lesen, das von diesem Denkschema geleitet ist.

Darüber hinaus unterstützt die Lehrerin ihre Schüler bei der Entwicklung einer gedanklichen Struktur zum Verständnis von geschichtlichen Ereignissen, mit denen sie sich im Unterricht beschäftigen, indem sie den Schülern Rollen von Personen zuweist, die an den jeweiligen Geschehnissen beteiligt waren. Die Schüler lesen und interpretieren dann einen Abschnitt des betreffenden Textes oder des Quellenmaterials aus der Perspektive der jeweiligen geschichtlichen Person. Wenn zum Beispiel im Unterricht ein Bericht von Cortés gelesen wird, in dem dieser ein bestimmtes Geschehen beschreibt, gehen die Schüler der Frage nach, wie Montezuma das Ereignis gesehen haben könnte. Ein anderer Geschichtslehrer wiederum stellt seinen Schülern die Aufgabe, die historische Bedeutung der in den Unterrichtstexten beschriebenen Vorgänge mithilfe folgender Kriterien abzuwägen: (1) Als historisch bedeutsam sind solche Ereignisse oder Personen anzusehen, die den größten Einfluss – positiv wie negativ – auf das Leben einzelner Personen oder Gruppen der jeweiligen Epoche haben; (2) historische Bedeutung kommt solchen Ereignissen oder Personen zu, die einen Einfluss auf uns Menschen in der Gegenwart haben. Derselbe Lehrer fordert seine Schüler oft auf, zu einem Thema oder einem Sachverhalt, der im Unterricht als nächster bearbeitet werden soll, Stellung zu beziehen und ihre Meinung mit der Klasse zu erörtern. Anschließend lesen die Schüler Texte zu dem geschichtlichen Ereignis, in deren Mittelpunkt eben jene Thematik oder Problemstellung steht. Diese lesevorbereitenden Aktivitäten schaffen die Voraussetzungen dafür, dass sich Schüler einem Text mit einer bestimmten Leseabsicht nähern, ein Denkschema für die Textinhalte entwickeln und sich auf das Wesentliche konzentrieren, während sie sich lesend durch den Text bewegen.

In ähnlicher Weise geht ein Netzwerk-Lehrer vor, der naturwissenschaftliche Fächer unterrichtet. Zu Beginn einer neuen Unterrichtseinheit stellt er die jeweiligen Versuche und Experimente vor, damit die Schüler gleich zu Beginn ein sachbezogenes Denkschema für bestimmte wissenschaftliche Phänomene entwickeln können. Die Beobachtungen, die die Schüler zu jedem Versuch machen, und die Fragen, die durch die Versuche aufgeworfen werden, dienen zum einen der Motivation und bieten zum anderen Orientierung, wenn die Schüler im Anschluss das betreffende Kapitel im Lehrbuch lesen. Sie lesen, um Antworten auf reale Fragen zu erhalten und um ihre Beobachtungen zu dem Versuch verstehen und erklären zu können.

Im Fach Literatur binden Lehrer oft eine Reihe von einführenden Aufgaben in den Unterricht ein, damit Schüler Denkschemata entwickeln, die sie auf die Thematik, die Zusammenhänge und den Schauplatz eines Literaturtextes vorbereiten sollen. Um ihre Schüler beispielsweise in die Situation der Anne Frank einzuführen, könnte eine Lehrkraft bei Kerzenlicht aus Anne Franks Tagebuch vorlesen und die Schüler mit gedämpfter Stimme warnen, dass sie in eines der Konzentrationslager der Nazis gebracht werden könnten, wenn man sie entdeckt. In dem Jugendroman *The Cay* von Theodore Taylor treiben ein erwachsener Afroamerikaner und ein weißer Junge auf dem Meer. Um zu überleben, müssen sie Vertrauen zueinander aufbauen. Eine Lehrerin führte ihre Sechstklässler in die Thematik und den Schauplatz von *The Cay* ein, indem sie ein Rechteck von der Größe eines Floßes auf den Fußboden zeichnete und einen Jungen und ein Mädchen dazu bestimmte, während der gesamten Unterrichtsstunde gemeinsam auf diesem Floß zu sitzen. Sie forderte außerdem ihre Schüler auf, Jacken- und Schultaschen auszuleeren, um nachzusehen, ob sie etwas bei sich hatten, das ihnen helfen könnte zu überleben, falls sie sich plötzlich allein auf unbekanntem Terrain wiederfinden würden. Wie würden sie diese Dinge und ihren Verstand gebrauchen, um sich Nahrung, Kleidung und Unterschlupf zu verschaffen?

Solche Aktivitäten bereiten Schüler auf das vor, was sie in einem Text lesen werden, und vermitteln durch den gegenseitigen Austausch und die gemeinsame Entwicklung von Gedanken und Ideen sogar neues Sachwissen. Dennoch sind Schüler im Großen und Ganzen eher passive Empfänger solcher von Lehrern initiierten Aktivitäten zum Aufbau von Denkschemata.

Um Schüler im sinnverstehenden Lesen von Fachtexten auszubilden, müssen Lehrer weitergehen und Schüler befähigen, ihr eigenes Wissen zu einem Thema oder einer Gegebenheit zu aktivieren und zu reflektieren sowie sich eigene Zugangswege zur Informations- und Gedankenwelt eines Textes zu verschaffen. Wir werden diesen Gedanken an anderer Stelle in diesem Kapitel wieder aufgreifen.

### Textwissen vermitteln

Wie viele der dem Netzwerk angehörenden Lehrer festgestellt haben, finden Schüler leichter Zugang zu Informationen in Lehrbüchern, wenn sie wissen, wie solche Bücher strukturiert sind. Im naturwissenschaftlichen Unterricht einer Netzwerk-Lehrerin müssen sich die Schüler in Gruppenarbeit Übersicht über ein Lehrbuch verschaffen, um herauszufinden, wie das Buch aufgebaut ist und welche Funktionen seine einzelnen Strukturelemente haben. Die Schüler lesen die Überschriften und Untertitel, betrachten Illustrationen und Bildunterschriften, den fett gedruckten Text, das Glossar, Marginalien und Leitfragen (siehe Kopiervorlage unten). Solche Voruntersuchungen sollen Schülern helfen, ein Schema für die im Text enthaltenen Informationen sowie für die Struktur und den inhaltlichen Aufbau des Lehrbuches zu aktivieren. Als Teil dieser Unterrichtsaktivität reflektieren die Schüler über einen vorangegangenen Leseauftrag und schätzen ein, wie gut sie diese Aufgabe bewältigt haben. Anschließend nehmen sie die gemeinsame Untersuchung der Textstrukturen als Ausgangspunkt, um ihr Vorgehen bei künftigen Leseaufträgen zu planen.

**Anleitung für Schüler, einen Text vorwegnehmend zu betrachten**

**Ein Physik-Lehrbuch lesen**

Das, was man beim Lesen eines naturwissenschaftlichen Lehrbuchs tut, ist anders als das, was man beim Lesen eines Romans oder eines Geschichtslehrbuchs tut. Um ehrlich zu sein: Dass ein Physik-Lehrbuch nicht gerade spannend ist, weiß jeder. Das soll es auch nicht sein. Stattdessen dient es als Nachschlagewerk, das euch dabei helfen soll, physikalische Kenntnisse zu erwerben. Damit ihr den bestmöglichen Nutzen aus dem Buch ziehen könnt, ist es lohnend, sich mit dem Buch zu beschäftigen. Dabei befolgt bitte folgende Anleitung.

1. Schaut euch gemeinsam mit eurer Gruppe Kapitel ____ im Physikbuch an. Beginnt auf Seite ____ und seht euch das Kapitel Seite für Seite an. Notiert alles, was euch auffällt (Einteilung der Abschnitte, Besonderheiten usw.). Beispiel: Bild über der Kapitelüberschrift.

2. Tauscht euch über eure Listen mit den anderen Gruppen des Teams aus. Ergänzt dabei eure Liste mit den Dingen, die ihr übersehen habt.

3. Geht danach eure Liste wieder mit der Gruppe durch. Besprecht jeden einzelnen Punkt und beantwortet dabei die folgenden Fragen: Warum wurde dieser Punkt in das Buch aufgenommen? Welchem Zweck dient er? Beispiel: Das Bild wurde an den Anfang des Kapitels gesetzt, um beim Leser Interesse für das Thema des Kapitels zu wecken und um ihm eine Vorstellung davon zu geben, wovon dieses Kapitel handelt.

4. Kürzlich habe ich euch zwei Leseaufträge erteilt. Zuerst solltet ihr die Abschnitte _____ lesen und einige Fragen beantworten. Habt ihr das gemacht? Wenn nicht, warum nicht? Falls ihr es gemacht habt – wie seid ihr vorgegangen? Hat euch die Art und Weise, wie das Buch strukturiert und aufgebaut ist, irgendwie geholfen?

5. Bei dem zweiten Leseauftrag solltet ihr den Abschnitt _____ lesen und euch mit den Beispielaufgaben beschäftigen. Habt ihr das gemacht? Wenn nicht, warum nicht? Falls ihr es gemacht habt – wie seid ihr vorgegangen? Hat euch die Art und Weise, wie das Buch strukturiert und aufgebaut ist, irgendwie geholfen?

6. Denkt an die heutigen Diskussionen im Unterricht zurück und führt auf, was jemand eurer Ansicht nach beim Lesen eines Physikbuches tun sollte, damit er den Text bestmöglich versteht. Beispiel: Immer wenn man eine physikalische Gleichung sieht, sollte man sie sich auf einer Karteikarte notieren. Man sollte sich vergewissern, dass man weiß, was jedes einzelnes Symbol bedeutet und wofür die Gleichung gebraucht wird.

7. Schaut euch eure Liste ab Punkt 6 noch einmal an und entscheidet, welche Techniken ihr anwenden werdet, wenn ihr den Text lest. Warum habt ihr euch gerade für diese Techniken entschieden?

8. Was habt ihr aus der genauen Untersuchung des Lehrbuches gelernt? War diese Untersuchung nützlich? Glaubt ihr, dass sie euch dabei helfen wird, das Buch zu lesen? Glaubt ihr, dass sie euch hilft, Physik besser zu verstehen?

*Kursmaterialien erstellt von der Lehrerin Nicci Nunes*

Grafische Darstellungshilfen – entweder Abbildungen oder in bestimmter Weise räumlich angeordnete Notizen – bieten Lernenden eine weitere Möglichkeit, ihre Gedanken auszudrücken. Dagegen betrachten viele Lehrer grafische Organisationshilfen weniger als geeignete Werkzeuge, mit denen Schüler die in einem Text enthaltenen Gedanken und Informationen sinngemäß verarbeiten und verstehen können. Ein Lehrer sagte dazu: „Grafische Organisationshilfen habe ich bisher nur zur Auflockerung des Unterrichts eingesetzt. Ich habe nie besonderen Wert darauf gelegt, weil es für mich eine Art der Bildgestaltung war. Ich habe auch nie wirklich darüber nachgedacht, was wohl in den Köpfen der Schüler vorgeht, wenn sie damit arbeiten. Aber jetzt sehe ich, dass Schüler grafische Darstellungen nutzen, wenn sie sich durch einen Text arbeiten."

Eine Geschichtslehrerin, die in einer 7. Klasse unterrichtet und dem Netzwerk angehört, befasste sich eingehend mit den Textstrukturen des Lehrbuchs für ihren Unterricht. Sie musste feststellen, dass sich, wie in den meisten Lehrbüchern, die Textstrukturen in den einzelnen Kapiteln unterscheiden und ohne Überleitung von Erzähltext zu Vergleichen und von Gegenüberstellungen zu Zeittafeln oder zu beschreibenden Schilderungen wechselten. Um diese Wechsel der Textstruktur durchschaubar zu machen, änderte sie die Liste von Signalwörtern und Wendungen geringfügig ab, die wir im Kurs einsetzten (Anlage 5.1) und ordnete jeder der unterschiedlichen Textstrukturen eine grafische Darstellung zu, die die Schüler verwenden konnten, wenn sie sich Notizen machten.

**Grafische Darstellungshilfen für Textstrukturen**

| Wenn du Folgendes liest, | … könnte es ein Hinweis sein auf: | Nützliche Strategien für Notizen: |
| --- | --- | --- |
| 1. Eine Frage | 1. Eine Antwort oder eine Information, die eine Antwort möglich macht | *Frage:* <br> • *Information* <br> • *Antwort* <br> *Antwort:* |
| 2. Doppelpunkt (:) | 2. Eine Aufzählung | *Wichtigster Punkt:* <br> • *Unterpunkt* <br> • *Unterpunkt* <br> • *Unterpunkt* |
| 3. Deshalb | 3. Ergebnisse oder Schlussfolgerungen | |
| 4. Das heißt (d. h.) <br> Mit anderen Worten <br> Besteht aus <br> Ist das Gleiche wie <br> Bedeutet | 4. Eine Definition | *Markieren* <br> • *Begriff* <br> • *Schlüsselworte* <br> • *Definition* |

| | | |
|---|---|---|
| 5. Zum Beipiel (z. B.) <br> Beispielsweise <br> (So) wie <br> Ist wie <br> Einschließlich <br> Zur Erläuterung | 5. Beispiele | Hauptaussage → Beisp. 1, Beisp. 2, Beisp. 3 <br> *oder* <br> Hauptaussage <br> • Beispiel <br> • Beispiel |
| 6. In ähnlicher Weise wie <br> In der gleichen Weise wie <br> Genau wie <br> Ebenso <br> Gleichermaßen <br> Im Vergleich zu <br> Ebenfalls | 6. Vergleich (auf welche Weise sich Dinge ähneln oder gleichen) | A, A+B, B / A, B; A, A+B, B |
| 7. Im Gegensatz (zu) <br> Andererseits <br> Allerdings <br> Wohingegen <br> Aber <br> Dennoch | 7. Gegenüberstellung (auf welche Weise sich Dinge unterscheiden) | A, A+B, B ; A \| B |
| 8. Dies bewirkte <br> Eine Auswirkung von <br> Aufgrund von <br> Als Reaktion auf <br> Als Folge von | 8. Eine Ursache-Wirkung-Beziehung oder aus welchen Gründen etwas geschah | A, B, C führte zu ... D <br> *viele Ursachen* |
| 9. Vorher <br> Vorangegangen <br> Bevor <br> Zuvor <br> Während <br> Gleichzeitig <br> Darauf folgend <br> Danach/Nachher | 9. Eine Abfolge von Ereignissen, eine Zeitleiste | Vorher — Während — Nachher |

Die Schüler verwendeten diese Liste, um herausfinden, welche Art von Text sie gerade lasen. Die gesamte Klasse gestaltete zudem eine Reihe von *Hinweisschildern* für jedes Signalwort, die wie Wegweiser im Klassenraum aufgehängt wurden. Zum Beispiel stand ein Schild, das ein Stoppsignal zusammen mit einem Pfeil in Gegenrichtung zeigte, für die Wörter *aber* und *allerdings* und signalisierte den Lesern, an dieser Stelle innezuhalten und eine andere (Denk-)Richtung einzuschlagen. Die Arbeit an der Gestaltung half den Schülern wahrscheinlich ebenso wie die aufgehängten Hinweisschilder selbst, den inhaltlichen Kurs eines Sachtextes zu verfolgen.

Diese Lehrerin stimmte die verschiedenen Techniken, sich Notizen zu machen, auf die Textstrukturen ab, mit denen die Schüler jeweils zu tun hatten. Wenn sie beispielsweise einen Erzähltext über das Leben Mohammeds lasen, mussten sie Notizen in Form einer chronologischen Abfolge machen. Als sie einen Text lasen, in dem das Leben eines Leibeigenen mit dem Leben eines Adligen im feudalen Europa verglichen wurde, fügten sie ein Venn-Diagramm in ihre Notizen ein (zwei Kreise, deren Schnittmenge Gemeinsamkeiten von Sachverhalten oder Personen veranschaulicht, während die verbleibenden Flächen zur Beschreibung von Unterschieden dienen). Im Laufe der Zeit lernten die Schüler, eigenständig eine geeignete grafische Organisationshilfe und ein Notizensystem auszuwählen, die auf den im Text gefundenen Signalwörtern und Textstrukturen basierten.

Englischlehrer, die dem Netzwerk angeschlossen sind, haben – wie ihre Kollegen im Fach Sozialkunde – Wege gefunden, wie sie Schüler dabei unterstützen können, die *inhaltliche Richtung* zu erkennen, die ein Text nimmt. Sie geben den Schülern zu verstehen, dass auch erfahrene Leser von Literatur zu Beginn eines Romans oft Startschwierigkeiten haben, dass sie aber über Techniken verfügen, mit denen sie sich beim Weiterlesen im Text zurechtfinden. Ohne dieses Wissen schreiben viele Schüler – besonders diejenigen, die sich selbst nicht für Leser halten – ihre Verständnisschwierigkeiten ihrer mangelnden Lesekompetenz zu und gehen davon aus, dass jedem außer ihnen Literaturverständnis auf magische Weise zufliegt. Die Netzwerk-Lehrer, die Literatur unterrichten, beschlossen, Schülern geeignete Zugangsstrategien zu vermitteln, indem sie ihnen Stummfilme oder Filme mit abgeschaltetem Ton zeigten. Kurz nach Beginn wird der Film angehalten und den Schülern die Frage gestellt, was sie nach dieser Sequenz über die Handlung des Film wissen oder erraten. Wer ist die Hauptperson? Wo spielt dieser Film? Wann? Was wird weiter passieren? Aufgrund welcher Hinweise haben die Schüler ihre Schlussfolgerungen gezogen? Die Schüler stellen fest, dass sie diese Hinweise zum Teil aufgrund ihrer Kenntnisse der Merkmale bestimmter Filmgenres erkennen. Sie wissen, dass Komödien, Krimis, Dramen und Actionfilme zumeist durch ganz bestimmte Charaktere und Handlungsideen gekennzeichnet sind. Die Lehrer greifen diese Erkenntnis auf und machen klar, dass das Gleiche für verschiedene Literaturgenres gilt.

In vielen zeitgenössischen Romanen werden Perspektive, Schauplatz und Zeit großzügig und häufig gewechselt. Es kann zum Beispiel vorkommen, dass in einer Erzählung von einem inneren Monolog zu einem Gespräch und dann zu einer Beschreibung aktueller oder vergangener Ereignisse übergegangen wird. Für Schüler gehören solche Wechsel zu den verwirrendsten Aspekten von Literatur. Manche Lehrer reagieren darauf, indem sie die Aufmerksamkeit ausdrücklich auf Veränderungen von Erzählperson, Zeit, Perspektive und Schauplatz lenken. Die Schüler sollen darauf achten, woran sie solche Wechsel erkennen können. Welche Eigenschaften des Textes kennzeichnen sie? Welche Hinweise gibt es? Solche Unterrichtsgespräche helfen, über dieses verbreitete Charakteristikum moderner Literatur Klarheit zu schaffen und Schüler darin zu unterstützen, ihre Kompetenz beim Lesen literarischer Texte zu steigern.

So wie Schüler den plötzlichen Wechsel der Erzählperson oder der zeitlichen Abfolge nicht bemerken und daher mit Frustration reagieren, können die in einem literarischen Text immer wieder vorkommenden verschiedenen sprachlichen Stile und Untertöne bei Schülern Verwirrung stiften und sie sogar zum Aufgeben veranlassen. Wir hatten Schüler im Unterricht, die kompetent mit Texten wie dem Roman *Mama* des afroamerikanischen Gegenwartsautors Terry McMillan oder Shakespeares *Romeo und Julia* umgehen konnten, doch nicht in der Lage waren, einen Zugang zu dem beißenden Sarkasmus und der Ironie eines James Thurber zu finden. Ein Englischlehrer geht dieses Problem an, indem seine Schüler in Gruppenarbeit kurze, anschauliche Sätze aus Texten herausschreiben und alle Informationen notieren müssen, die sich aus diesen Beschreibungen zu Schauplatz und Entwicklung der handelnden Personen ableiten lassen. Die Schüler arbeiten gemeinsam daran, die Verwendung bildhafter Sprache zu entschlüsseln. Auf diese Weise können die verschiedenen im Text enthaltenen Hinweise identifiziert werden, die Leser nutzen, um den Sinn eines Textes zu erfassen. Eine Schülerin einer 9. Klasse erklärte, wie sie erkennt, dass ein Wort in einem Auszug aus Solschenizyns *Archipel Gulag* bildhaft gebraucht wird: „Wir haben gar nicht über Maschinen gesprochen, aber auf einmal stand da das Wort ‚Maschine'. Also wusste ich, dass nicht wirklich eine Maschine gemeint war. Es musste etwas anderes bedeuten."

Netzwerk-Lehrer nutzen auch die Popkultur, damit Schüler den Interpretationsvorgang verstehen, der ihnen Zugang zu bekannten Songtexten verschafft. Die Lehrer ziehen dann Parallelen zu der Art und Weise, wie sich erfahrene Leser Romantexten nähern. Die Englischlehrerin eines 9. Jahrgangs beginnt eine Unterrichtseinheit über Lyrik, indem sie den Schülern die Bedeutung der unterschiedlichen Interpretationsebenen beim Lesen klar macht. Sie beginnt mit dem Text von Spirituals aus der Sklavenzeit wie „The Drinking Gourd" oder „Swing Low, Sweet Chariot". Die Schüler sollen sich vorstellen, sie seien Sklaven, die versuchen, sich unter den wachsamen Augen und aufmerksamen Ohren der Sklavenhalter verschlüsselte Botschaften über Fluchtpläne zukommen zu lassen. Wenn ein der Gefangenschaft überdrüssiger Sklave in einem Spiritual den Hinweis erhält, „der Kürbisflasche zu folgen" zu dem Fluss, „wo der alte Mann auf dich wartet, um dich in die Freiheit zu tragen", erkennen die Schüler die in dem Text versteckte doppelte Bedeutung. (Der Mississippi wird auch als Old Man bezeichnet; Anm. d. Hrsg.). Durch solche Unterrichtsaktivitäten können Schüler entdecken und sich darüber austauschen, wie sie bereits auf verschiedenen Ebenen Bedeutungen erschließen, wenn sie Filme ansehen, Texte aus der Popkultur sowie Gespräche interpretieren und Literatur lesen. Sie erkennen immer deutlicher, dass Wörter auf verschiedenen Ebenen der Interpretation unterschiedliche Bedeutungen haben. Woran kann ein Mensch zum Beispiel einen Witz erkennen? Am sprachlichen Sarkasmus? Oder an mangelnder Ernsthaftigkeit?

**Wissen durch fachbezogenes Lesen erwerben**

Um ihre Schüler darin zu unterstützen, sich zu kompetenteren Lesern eines breiteren Spektrums von Fachtexten zu entwickeln, arbeiten die Lehrer des „Netzwerks zur Entwicklung strategischer Lesekompetenz" daran, genau zu bestimmen, welches Wissen und welche Lesarten sie selbst beim Lesen eines Textes einbringen. Arten des Lesens und Denkens sind oft miteinander verknüpft. In den Naturwissenschaften kann Lesen zum Beispiel – ganz wie das Fachgebiet selbst – eine Suche nach Information und Wahrheit sein. Im Geschichtsunterricht erfordert Lesen eine eher interpretierende Herangehensweise.

Bei ihren Betrachtungen des naturwissenschaftlichen Leseverständnisses haben Lehrer einen Unterschied festgestellt zwischen der Art und Weise, in der erfahrene Leser literarischer Werke und erfahrene Leser naturwissenschaftlicher Werke Wörter verstehen. Leser literarischer Werke haben eine hohe Toleranz gegenüber vielschichtigen Bedeutungen von Wörtern, denn in Erzählliteratur und Lyrik geht es oft nicht um die jeweils wortwörtliche Bedeutung. Wörter können gleichzeitig die buchstäbliche, eine figurative oder symbolische Bedeutung haben. Im Gegensatz dazu beschränken sich kompetente Leser in den Naturwissenschaften auf die präzise Definition eines Schlüsselbegriffs. So vermittelt beispielsweise ein Wort wie *Reibung* eine Vorstellung, die über Jahrhunderte Gegenstand wissenschaftlicher Experimente, Beobachtungen und Entdeckungen gewesen ist. Seine Bedeutung hat sich im Laufe der Zeit in dem Maße verändert, wie Wissenschaftler mehr über die zugrunde liegenden wissenschaftlichen Phänomene herausfanden und sie präziser artikulieren konnten.

Netzwerk-Lehrer, die naturwissenschaftliche Fächer unterrichten, sind zudem zu der Einsicht gelangt, dass sie einen wissenschaftlichen Text auch lesen, um jegliche naiv-einfältigen Vorstellungen auszuräumen, die sie über die Funktion und Wirkung bestimmter wissenschaftlicher Phänomene gehegt haben könnten. Sie erkannten zum Beispiel, dass durch das Lesen eines Artikels über die klassische Vorstellung von Reibung und über die wichtigsten Experimente, die zur Entdeckung ihrer tatsächlichen Eigenschaften führten, ihre eher laienhafte Definition dieses Wortes durch die in dem Artikel dargelegte präzisere wissenschaftliche Definition ersetzt wurde. Aus der Erkenntnis, dass sie selbst beim Lesen wissenschaftlicher Texte alte Definitionen oft zugunsten präziserer und aktuellerer Definitionen verwarfen, folgerten sie, dass ihre übliche Praxis, Schülern vor dem Lesen wissenschaftlicher Texte Definitionen von Schlüsselbegriffen zu geben, irreführend war. Sie beschlossen stattdessen, dass die Schüler anhand grafischer Strukturierungshilfen ihre eigenen Definitionen und Beispiele für die wesentlichen wissenschaftlichen Konzepte erkunden sollten, *bevor* sie den Text lasen. Danach sollten die Schüler ermitteln, wie die in dem Text dargestellten Entdeckungen und Experimente ihre Definition dieser Wörter veränderten, *während sie lasen.* Auf diese Weise gaben die Lehrer der naturwissenschaftlichen Fächer ihren Schülern die Möglichkeit, wie Wissenschaftler zu lesen und zu denken.

Da dem Netzwerk inzwischen Lehrer für Geschichte und naturwissenschaftliche Fächer ebenso angehören wie Lehrer für Literatur, ist den Mitgliedern die Tatsache deutlicher bewusst geworden, dass unterschiedliche Fachdisziplinen unterschiedliche Arten des Lesens hervorbringen oder erfordern. Während eine Lehrerin für Geschichte an einer *High School* gemeinsam mit anderen Lehrern des Netzwerkes literarische Texte und geschichtliche Essays las, fiel ihr auf, dass sie nur sehr wenig Geduld für die Wortspielereien und die Ästhetik literarischer Werke aufbrachte, obwohl sie eine interessierte Leserin von Sachlektüre ist. Die Erkenntnis, dass sie anders liest als andere Lehrer im Netzwerk, hat sie für die verschiedenen Arten des Lesens und die Neigungen ihrer Schüler sensibilisiert und dazu motiviert, Wege zu finden, Sachtexte auch den Schülern zugänglich zu machen, die eher literarisch veranlagt sind.

Nach der Lektüre eines schwierigen naturwissenschaftlichen Sachtextes erklärte eine Lehrerin, die Literatur unterrichtet, dass sie sich besser in ihre Schüler hineinversetzen kann, seitdem sie der Situation ausgesetzt war, in der sie sich beim Lesen ständig – wie sie es beschrieb: „am Rande ihrer Frustrationsgrenze" befand. Sie nahm dies auch zum Anlass, mit den Lehrern anderer Fächer an ihrer Schule diplomatischer und kollegialer umzugehen. Schüler müssen sich die für die verschiedenen Unterrichtsfächer spezifische Art des Lesens aneignen, sich fachmännisch durch Texte arbeiten und auf die gleiche Art und Weise denken wie Literaten, Naturwissenschaftler oder Historiker. Die Lehrer des Netzwerkes haben erkannt, dass dieser Umgang mit dem geschriebenen Wort gelehrt und gelernt werden kann.

## Einbettung der Förderung in den Fachunterricht: Wo fängt man an?

Es ist eine Sache, die vielen Lesestrategien zu kennen, die das Leseverständnis der Schüler im Fachunterricht fördern. Etwas anderes ist es, diese Strategien in die reguläre Unterrichtspraxis zu integrieren. Die übliche Frage von Lehrern lautet: Wo fange ich an?

Unsere Antwort lautet: Sich der eigenen Leseprozesse bewusst zu werden ist der erste notwendige Schritt, um die Aufmerksamkeit der Schüler auf die Art, wie sie lesen, und damit auf ihre fortschreitende Entwicklung hin zu erfolgreichen Lesern fachspezifischer Texte lenken zu können. Wenn Sie als Lehrer lesen – allein oder mit Ihren Schülern –, sollten Sie immer zwei Fragen im Kopf haben: Was habe ich gemacht, um zu verstehen, was dieser Text bedeuten könnte? Welche Anteile dieses Leseprozesses sind für andere nicht sichtbar, welche sollte ich aber für meine Schüler nachvollziehbar machen?

Fordern Sie Ihre Schüler auf, über die bei ihnen ablaufenden Leseprozesse und darüber, wie sie lesen und Texten Sinn entnehmen, zu sprechen und zu schreiben. Beginnen Sie, beim Lesen das metakognitive Bewusstsein Ihrer Schüler zu schärfen. Führen Sie den metakognitiven Diskurs.

Wir empfehlen Lehrern, die damit beginnen, Lesestrategien in ihren Fachunterricht einzubetten, dass sie
- diesen Prozess einfach gestalten und nur eine oder zwei wesentliche Strategien oder Unterrichtsaktivitäten zur Förderung des fachlichen Leseverstehens der Schüler auswählen,
- diese Strategien mit der Lernroutine im Unterricht verknüpfen,
- Arbeitszyklen einführen, in denen diese zentralen Strategien wiederholt erprobt, bewertet und in verfeinerter Form erneut angewendet werden,
- Schüler zur Eigenständigkeit führen, indem sie ihnen helfen, diese Stra-

tegien autonom anzuwenden, und indem sie direkte Lehrerhilfe und -beteiligung schrittweise zurücknehmen.

Im nächsten Kapitel beschreiben wir einige der Fragen und Herausforderungen, denen Lehrer begegnen, wenn sie daran arbeiten, das Leseverstehen von Schülern zu fördern, und wir möchten unsere Leserinnen und Leser dazu einladen, gemeinsam mit uns diese Aspekte näher zu untersuchen.

# 8. Abbau von Hürden bei der unterrichtlichen Umsetzung

Obwohl die Leseausbildung geeignet ist, Schüler aller Kompetenz- und Fähigkeitsstufen zu fördern, müssen Lehrer auch die speziellen Lernbedürfnisse einzelner Schüler berücksichtigen, um sie in ihrer Entwicklung als Leser bestmöglich zu unterstützen. Unser Konzept, das wir in den vorangegangenen Kapiteln beschrieben haben, entstand in Zusammenarbeit mit vielen engagierten Lehrern, die den Bedürfnissen ihrer Schüler mit Sensibilität und Aufmerksamkeit begegnen. In diesem Kapitel werden wir auf einige der vielfältigen Herausforderungen bei der Umsetzung der neuen Lesepraxis eingehen. Damit laden wir gleichzeitig die Leser und Leserinnen ein, gemeinsam mit uns nach neuen Wegen zu suchen, um diesen Herausforderungen zu begegnen.

## Unterschiedliche Schüler, unterschiedliche Lernbedürfnisse

Es ist eine weit verbreitete Annahme, dass Schüler mit geringer Lesekompetenz auch ein geringes Denkvermögen haben. Da die Leseausbildung erfordert, dass Schüler metakognitiv und strategisch denken, und darauf abzielt, dass Schüler die bei ihnen ablaufenden Leseprozesse selbst überwachen, fragen sich Pädagogen manchmal, ob dieser Ansatz auch ihren leistungsschwächsten Schülern nützlich sein kann. Unserer Erfahrung nach machen aber gerade die Schüler, die zu Beginn des Schuljahres im Eingangstest zur Leseleistung die schlechtesten Ergebnisse hatten, im Laufe der Leseausbildung die größten Fortschritte.

Eine Lehrerin, die Englisch als Zweitsprache unterrichtet und seit zwei Jahren dem „Netzwerk zur strategischen Lese- und Sprachförderung" angehört, erklärte, dass alle Schüler in ihrem Förderunterricht, deren Muttersprache nicht Englisch ist, in den Vereinigten Staaten geboren sind und das US-Bildungssystem durchlaufen haben. Obwohl sie in der 8. Klasse sind, nehmen diese Schüler noch immer am Förderunterricht für Englisch als Zweitsprache teil, sind unmotiviert und halten sich selbst für schlechte Schüler. Dennoch konnten siebzehn dieser zwanzig Schüler zwischen Oktober und Mai desselben Schuljahres ihre Ergebnisse im standardisierten Test um zwanzig Punkte verbessern (laut Aussage der Testentwickler gelten für die Lesekompetenz auf dem Niveau weiterführender Schulen zwei Punkte als normaler Fortschritt für ein Schuljahr).

Wenn sich unser Kurs bisher bei Schülern mit geringer Leseleistung bewährt hat, welche Erwartungen gibt es dann im Hinblick auf Schüler mit hoher Leseleistung? Einige Pädagogen hegen Zweifel, dass ihre leistungsstärkeren Leser in irgendeiner Weise von der in diesem Buch dargestellten unterrichtlichen Förderung profitieren können. Aber die Lehrer in unserem Netzwerk, die besonders begabte Schüler sowie Vorbereitungsklassen für das College unterrichten, sind oft entmutigt, weil ihre Schüler auf Lektürehilfen für den Literaturunterricht angewiesen sind und weil sie außer den in der Schule erteilten Leseaufträgen so wenig lesen. Überdies erinnern sich Lehrer bei unserer gemeinsamen Untersuchung der Leseprozesse oft daran, wie schwierig es für sie selbst in ihren ersten Jahren am College war, sich selbst beizubringen, wie man anspruchsvolle Texte liest. All dies macht deutlich, dass sogar die so genannten besten Leser davon profitieren, wenn sie Einblick in die eigene Vorgehensweise beim sinnerfassenden Lesen gewinnen und sich Wissen über die sprachlichen Strukturen und Konventionen bestimmter Textarten aneignen. Dies gilt besonders im gegenwärtigen Zeitalter des Informationsbooms, in dem neues und unvertrautes Textmaterial zur Zukunft der Schüler als Leser gehören wird.

**Schwache Leser lernen flüssiges Lesen**

Die meisten Schüler an weiterführenden Schulen lernen Wörter – auch vielsilbige – zu dekodieren. Leseschwache Schüler sind zumeist nicht durch ein Unvermögen zu lautierendem Lesen beeinträchtigt, sondern durch mangelnde Geläufigkeit beim Erlesen der Wörter, d. h. dadurch, dass ihre grundlegenden Lesefertigkeiten nicht automatisiert sind. Die Aussprache der Wörter erfordert so viel Konzentration, dass sie schnell das Textverständnis aus den Augen verlieren. (Im Englischen stellt das Erlesen von Wörtern eine größere Hürde als im Deutschen dar, weil die Buchstabe-Laut-Zuordnung viel weniger verlässlich ist. Als Beispiel sei der lange Vokal [i:] genannt, der u. a. folgende Schreibungen aufweist: *see*, *sea*, *me*, *believe*. Anm. d. Hrsg.) Die Forschung hat vielfach gezeigt, dass Schüler an Geläufigkeit gewinnen, wenn sie oft und viel Texte lesen, die ihrem Leseniveau entsprechen – Texte, die sie mit 95 Prozent Textverständnis lesen können, wie Überprüfungen anhand von Verständnisfragen zum Text ergeben haben. Auf diesem Leseniveau stoßen Schüler manchmal auf schwierige Wörter, allerdings wird ihr Textverständnis nicht durch den Prozess der Erweiterung ihres Wortschatzes gestört. Vielmehr hilft ihnen ihr Textverständnis dabei herauszufinden, was die unbekannten Wörter bedeuten könnten. Auf diese Weise entwickelt sich durch das Lesen sowohl der Wortschatz als auch die Leseleistung.

In Kapitel 4 haben wir beschrieben, wie sehr sich stilles Lesen dazu eignet, Jugendliche wieder an das Lesen von Büchern heranzuführen und ihnen Gelegenheit zu geben, ihre Lesegeläufigkeit und ihre Lesedauer weiterzuentwickeln. Allerdings brauchen einige Leser mit sehr geringer Kompetenz zusätzlich zu stillen Lesephasen eventuell noch weitere Unterrichtsaktivitäten und besondere Förderangebote, um sich zu geläufigen Lesern zu entwickeln. Zudem müssen leseschwache Jugendliche noch eine große Hürde bei der Entwicklung von Lesegeläufigkeit überwinden, das von ihnen empfundene Stigma, dass sie nur solche Bücher mühelos lesen können, die in ihren Augen Kinderbücher sind. Um ihnen helfen zu können, muss man dieses Stigma relativieren oder völlig abbauen.

Eine kreative und erfolgreiche Methode dazu wird in *Buddy Reading* (einer Lese- und Lernpartnerschaft zwischen älteren und jüngeren Schülern) vorgestellt. Die Autorinnen Katherine Samway, Gail Whang und Mary Pippitt schufen ein Programm, in dem Schüler der 5. Klasse, die über nur sehr geringe Lesekompetenz verfügten, Lesepartner von Schülern der 2. Klasse wurden. Um sich darauf vorzubereiten, mussten die Fünftklässler viele Bücher für jüngere Kinder lesen, um ihren jungen Lesepartnern Bücher empfehlen zu können. Sie führten Hefter mit Zusammenfassungen der Bücher, mit neuen Wörtern und Verständnisfragen für ihre Lesepartner. Die Vorbereitungen für das wöchentliche Treffen mit ihren Lesepartnern waren genau das, was diese Fünftklässler brauchten, um zunehmend flüssiger zu lesen und Selbstvertrauen als Leser zu gewinnen. Darüber hinaus fühlten sie sich zu intensiver Arbeit motiviert, weil sie als „kompetente" Leser betrachtet wurden, die – wenigstens einmal in ihrer Schullaufbahn – über etwas verfügten, das sie an andere weitergeben konnten.

Natürlich erforderte diese Lese- und Lernpartnerschaft viel Organisation und Aufsicht seitens der Lehrer; auch wurden vielfältige Materialien in Form von Erzähl- und Sachtexten für jüngere Kinder benötigt. Wenn erreicht werden soll, dass leseschwache Schüler Lesegeläufigkeit und -kompetenz entwickeln, ist es nicht damit getan, ihnen einfach nur die Aufgabe zu stellen, einmal pro Woche jüngeren Schülern vorzulesen. Die Koordination zwischen Lehrern und gelegentlich auch Schulen erfordert vom Einzelnen Zeit, Interesse und Engagement, ist aber durchaus machbar.

Die Forschung weist Pädagogen auf eine Reihe verschiedener Möglichkeiten hin, um flüssiges Lesen von Schülern zu fördern. Wenn diese Methoden bei Jugendlichen funktionieren sollen, dann muss jede von ihnen genau so kreativ sein wie die beschriebene Lese- und Lernpartnerschaft. Wiederholtes Lesen von Texten mit einem Schwierigkeitsgrad, der ein wenig über dem liegt, was Schüler mühelos schaffen, ist eine bewährte Möglichkeit, Probleme des flüssiges Lesen anzugehen. Aber wie stellt man es an, dass Jugendliche denselben nicht ganz einfachen Text mehrmals lesen?

Vorstellbar wäre, dass Jugendliche Hörbücher für jüngere Leser, für Bibliotheken, für Blinde, für Senioren oder für Strafgefangene herstellen. Die Schüler wählen selbst Texte aus, die ihnen gefallen und von denen sie annehmen, dass sich ihre Zuhörerschaft davon angesprochen fühlt. Sie üben dann das laute Vorlesen mit Betonung und wiederholen die Aufnahmen auf Kassette so lange, bis der Text vollständig und zufriedenstellend auf Band gesprochen ist. Hierfür eignen sich Romane oder Kurzgeschichten, Dramen oder informative Texte. Auch hier erfordert das erfolgreiche Hörbuchprojekt Koordination, Organisation und entsprechendes Material.

Zwei andere bekannte Ansätze zur Entwicklung von flüssigem Lesen sind Sprechtheater und seine Variante, die szenische Lesung. Vorstellbar ist, dass eine Gruppe von Jugendlichen den mündlichen Vortrag eines Textes übt, wobei ihnen Rollen für eine Aufführung zugewiesen werden. Dabei könnten Themen wie eine Antiraucherkampagne oder ein Plädoyer für mehr Toleranz unter den verschiedenen Schülergruppen einer Schule aufgegriffen werden. Es ist sehr wichtig, die Bandbreite an Texten, die Schüler geläufig lesen sollen, im Blick zu behalten, sodass sich die Aufführungen am Lehrplan orientieren und informative Texte ebenso wie Lyrik, Drama und Prosa berücksichtigt werden.

Natürlich müssen Schüler die von ihnen vorgelesenen Wörter verstehen und sie nicht nur aussprechen können. Szenische Lesungen sind ein geeigneter Rahmen, um sowohl flüssiges Lesen als auch Leseverstehen zu entwickeln, denn die Vorlesenden müssen sich zunächst die Bedeutung der betreffenden Textpassage erschließen, damit sie die Wörter angemessen betonen und dem Publikum eine entsprechende Interpretation vermitteln können. Damit das Leseverstehen im Vordergrund steht, erfordern solche Aktivitäten allerdings die Wachsamkeit innovationsbewusster Lehrer, denn Schüler mit geringer Lesekompetenz neigen dazu, Lesen mit der Aussprache von Wörtern gleichzusetzen.

**Wenn Dekodieren noch immer ein Problem ist**

Wie wir bereits festgestellt haben, verfügen die meisten Schüler über die Fähigkeit des Dekodierens, wenn sie an eine weiterführende Schule kommen, auch wenn es ihnen vielleicht noch an Lesefluss fehlt. Die anderen könnten durch Sprach- oder Lernprobleme beeinträchtigt sein. Herauszufinden, welche Beeinträchtigungen zugrunde liegen und daraus die geeigneten unterrichtlichen Fördermaßnahmen abzuleiten ist eine Aufgabe für Lese-Spezialisten und Diagnostiker. Häufig ist bereits festgestellt worden, dass Schüler, die in der weiterführenden Schule Schwierigkeiten im Bereich des Dekodierens haben, eine Förderung brauchen und deshalb spezielle Maßnahmen in Anspruch nehmen können. Sollte ein Lehrer vermuten, dass ein bisher nicht auffälliger Schüler Probleme auf der Wortebene hat, sollten entsprechende Tests verwandt werden.

Die für eine spezielle Förderung erforderlichen Materialien und Arbeitshilfen werden in der Regel von den Lesebeauftragten oder von der Abteilung für spezielle Fördermaßnahmen der Schule zur Verfügung gestellt. Diese Schüler können auch von Fördermaßnahmen freiwilliger Hilfskräfte an der Schule oder von Nachhilfeunterricht profitieren. Die wirksamste Förderung bekamen Schüler, ihre Lehrer und ihre Mitschüler nach unserer Erfahrung im Klassenunterricht und nicht in speziellen, zusätzlichen Förderprogrammen. Zudem haben wir auch erlebt, dass die Schulverwaltung Fachlehrern Stunden zur Verfügung stellt, um die Zusammenarbeit mit sonderpädagogischen Fachkräften koordinieren zu können. Im Rahmen einiger besonders innovativer Konzepte für Teamunterricht arbeiten Sonderpädagogen im Unterricht mit und unterstützen nicht nur Schüler mit ausgewiesenen Lernproblemen, sondern alle Schüler mit Lernschwierigkeiten.

In unserem „Netzwerk für Lehrer an weiterführenden Schulen" haben wir mit einigen Lehrkräften zusammengearbeitet, die mit der Förderung von Schülern mit Lernproblemen befasst sind. Diese Lehrkräfte bewerteten die „Leseausbildung" als wertvolle Hilfe bei ihrer Arbeit. Unterrichtliche Konzeptionen wie lautes Denken, das Anwenden kognitiver Strategien beim Lesen und das Identifizieren von Textstrukturen haben ihren Schülern dazu verholfen, die verborgenen Prozesse zu verstehen, die das Leseverstehen stützen. Diese Lehrer haben zudem Wege gefunden, Strategien für das Leseverstehen, die andere Netzwerklehrer für unbrauchbar hielten, in vereinfachter Form einzusetzen. Es ist kein Zufall, dass gerade Lehrer, die in der Förderung von Schülern mit Lernproblemen tätig sind, oft Unmengen von Büchern zusammentragen, die sich mit den Lehrplänen für Fachunterricht verbinden lassen, die die unterschiedlichen Interessen der Schüler aufgreifen und die für verschiedene Leseniveaus verfasst sind.

Mit anderen Worten können Sonderpädagogen oder Förderlehrer eine Fülle an Informationen, Textmaterialien und Ansätze zur Entwicklung von Lesekompetenz bieten, die sich in der Arbeit mit Schülern mit Leseschwierigkeiten bewähren. Häufig sind sie mit einer Reihe von Konzeptionen für den Aufbau der Lesekompetenz vertraut, die an den Stärken und Fähigkeiten einzelner Schüler anknüpfen (und die Schwächen umgehen). Zum Beispiel kennen sie das Zerlegen von Wörtern in Segmente, den Anlaut (Konsonanten) und den Reim (Vokale und Auslaut). Diese Methode kann Schülern, die einzelne Laute nicht segmentieren und aneinander reihen können, helfen, mit mehr Erfolg zu dekodieren.

Für den Lehrer im Regelunterricht – und für die Schulverwaltung – besteht die Herausforderung darin, alle relevanten Ressourcen einer Schule – einschließlich der Materialien, spezialisierter Fachkräfte, freiwilliger Helfer und Tutoren – so effektiv zu koordinieren, dass Schüler die benötigte zusätzliche Förderung zum richtigen Zeitpunkt erhalten.

### Lesekompetenz für Schüler mit Englisch als Zweitsprache

Lehrer gehen oft davon aus, dass Schüler, die Englisch als Zweitsprache lernen, zunächst ihre mündlichen Englischkenntnisse erweitern müssen, bevor sie in der Lage sind, vom Lesen zu profitieren. Aus Konzepten wie dem geschützten Lernen im Fachunterricht und dem multimodalen Lernen zur Vermittlung der wichtigsten Sprachkonzepte und Vokabeln ziehen diese und viele andere Schüler großen Nutzen. Dennoch machen Schüler, für die Englisch Zweitsprache ist, im kompetenten Gebrauch der englischen Sprache auch durch Lesen Fortschritte.

Durch die Leseausbildung binden Lehrer ihre Schüler in die Erkundung der bei ihnen ablaufenden Leseprozesse, ihrer Vorlieben und Abneigungen ein und vermitteln ihnen Strategien, um als eigenständige Leser Texte sinnerfassend zu lesen. Ziel ihrer Arbeit ist es, Textstrukturen zu verdeutlichen und die sprachlichen Merkmale hervorzuheben, die für bestimmte Texte charakteristisch sind. Damit sind genau die Ansätze umrissen, die sich für Schüler mit Englisch als Zweitsprache als förderlich erwiesen haben, damit sie als Leser englischsprachiger Texte zunehmend Kompetenz und Selbstvertrauen entwickeln können.

Schüler, für die Englisch Zweitsprache ist, profitieren nicht nur von der Vermittlung von Leseverständnisstrategien, sondern auch von umfassender und vielfältiger Lektüre. Sie schafft Hintergrundwissen und einen themenspezifischen Wortschatz, einschließlich semantisch verwandter Wörter. Wenn Schüler beispielsweise zu demselben Thema zwei oder drei Passagen aus mehreren Quellen lesen, begegnen sie ähnlichen, aber nicht identischen Begriffen und Ideen. Dabei können sie ihr Vorwissen zu dem Thema heranziehen, während sie ihre Kenntnisse durch die weitere Lektüre vertiefen. Ebenso hilft die umfassende Lektüre verschiedener Genres den Schülern mit Englisch als Zweitsprache, ein Verständnis für die Funktionsweisen der englischen Sprache in einer Palette von Texten zu entwickeln.

Lehrer und Mitarbeiter der Schulverwaltungen sind mit der Tatsache vertraut, dass die Schüler aus Migrantenfamilien in die unterschiedlichen Jahrgangsstufen US-amerikanischer Schulen eingeschult werden und hinsichtlich ihrer schulischen Ausbildung und Lesekompetenz und in Bezug auf ihr Wissen sehr heterogene Voraussetzungen mitbringen. Geeignetes Textmaterial bereitzustellen, das diesen verschiedenartigen Bedürfnissen entspricht, ist eine schwierige, aber notwendige Aufgabe. Solches Arbeitsmaterial ist jedoch unerlässlich. Lehrer, die Englisch als Zweitsprache unterrichten, brauchen umfangreiche Klassenbüchereien mit stark motivierenden, leicht zu lesenden Texten jeder Art. Schulen und Abteilungen in Schulen müssen zahlreiche Texte unterschiedlichen Anspruchsniveaus sammeln, die die zentralen Inhalte der Lehrpläne repräsentieren. Nur so können sich Schüler mit Englisch als Zweitsprache das für den Lehrplan erforderliche Hintergrundwissen und den erforderlichen Wortschatz aneignen. Mit entsprechender Organisation und Unterstützung kann ein Programm zur Förderung der Lesekompetenz bei Schülern, deren Muttersprache nicht Englisch ist, zur mündlichen Sprachentwicklung und zum Lernen im Fachunterricht beitragen. Umgekehrt können Erfolge in diesen Bereichen positiv auf das Leseverstehen der Schüler rückwirken.

### Kulturelle Werte verknüpft mit Lesekompetenz und Leistung

Jugendliche suchen nach Zugehörigkeit und nach Identifikation mit anderen. Leider geben in Gruppen von Gleichaltrigen oft solche Jugendlichen den Ton an, die Lesen für Zeitverschwendung halten. So übernehmen auch die anderen eine Identität als Nicht-Leser. In unserem Kurs bemühten wir uns intensiv darum, Autoren ausfindig zu machen, deren Texte es jungen Leuten unterschiedlicher kultureller und ethnischer Herkunft erlauben würden, sich zu erfolgreichen Lesern zu entwickeln. Zum Beispiel waren uns Malcolm X, Frederick Douglass und Claude Brown wertvolle Verbündete bei der herausfordernden Aufgabe, junge afroamerikanische Männer für das Lesen zu interessieren. Parallel dazu bat uns ein Lehrer, der kürzlich aus einer Großstadt in den ländlichen Mittelwesten umgezogen war, um eine Liste von gleichermaßen fesselnd schreibenden Autoren, die weiße, auf dem Land lebende junge Männer ansprechen könnten, die das Lesen nicht als Bestandteil ihres künftigen Lebens sahen.

Pädagogen unterrichten eine Vielfalt von Schülern mit einer Vielfalt von Identifikationen, die jedoch oft von Opposition oder Widerstand dem Lesen gegenüber gekennzeichnet sind. In manchen Fällen werden diese Identitäten von der ethnischen Herkunft bestimmt, oft aber auch nicht. Es gibt die Skater, die BMX-Fans, engagierte Macher, die Schulfeten organisieren, die Sportfanatiker, die Musiker.

Wir haben versucht, das jugendliche Bedürfnis nach Identifikation, nach Experimentieren mit Identität und nach Selbstvertrauen in einem enorm verunsichernden Lebensabschnitt aufzugreifen und junge Menschen in die Suche nach Antworten auf bestimmte Fragen einzubinden. Der Frage nachzugehen, welche Rolle Lesekompetenz in ihrem zukünftigen Leben spielen wird, gibt Schülern die Möglichkeit, sich über ihre eigenen Ziele und Wege dorthin klar zu werden und sie zu überprüfen. Zurzeit wird überlegt, ein aus Jugendlichen bestehendes Beratungsgremium für das „Netzwerk zur Entwicklung strategischer Lesekompetenz" einzurichten. Ausgehend von der Bereitschaft junger Leute zum Engagement baten wir die Mitglieder des Gremiums, ernsthaft zu recherchieren, wie ihre Altersgenossen verschiedene Texte – von Medien der Popkultur bis zu Textmaterial aus unterschiedlichen Bereichen der Arbeitswelt – lesen und interpretieren. Diese Jugendlichen könnten auch als *Botschafter* oder *Anwälte für Lesekompetenz* fungieren, indem sie auf überzeugende Weise mit anderen jungen Leuten über die Relevanz des Lesens als Schlüssel zur eigenen Biografie und zur Rolle des Einzelnen in der Gesellschaft sprechen. Wir sind uns bewusst, dass die „Leseausbildung" sowohl die bereitwillige Teilnahme des Leselehrlings als auch den Zugang zu seiner oder ihrer Leseerfahrung voraussetzt. Ein Gremium, in dem Jugendliche beratende Funktion einnehmen, könnte uns dabei helfen herauszufinden, wie wir die noch unerschlossenen Ressourcen Jugendlicher besser nutzen können. Ein vergleichbares, aus Jugendlichen bestehendes Beratungsgremium wäre auch in einer Klasse oder an einer Schule vorstellbar.

## Herausforderungen für Fachlehrer

Fachlehrer, die in Erwägung ziehen, den Leselehrgang in ihren Unterricht zu integrieren, fürchten den scheinbar unausweichlichen Konflikt, der entsteht zwischen dem Druck, Lehrpläne zu erfüllen, und der gleichzeitigen Zielsetzung, Schüler zu eigenständig Lesenden und Lernenden zu entwickeln. Wie wir in Kapitel 1 bereits festgestellt haben, können die Leseschwierigkeiten von Schülern so entmutigend wirken, dass sich Lehrer entscheiden, ihren Unterricht ohne Texte zu gestalten, um so zu gewährleisten, dass Schüler dem Lehrplan entsprechend lernen. Unsere Erfahrung hat hingegen gezeigt, dass die Vermittlung von Ritualen der Leseförderung zu Beginn des Schuljahres eine Anfangsinvestition ist, die nicht bedeutet, dass der Fachunterricht zu kurz kommen muss.

Eine Netzwerk-Lehrerin, die Geschichte unterrichtet und deren Schüler anfangs nicht in der Lage waren, gelesene Texte zusammenzufassen oder die wichtigsten Gedanken eines Textes in eigenen Worten wiederzugeben, investierte am Anfang des Schuljahres Zeit, um eine einzige Strategie zum Textverständnis zu vermitteln. Die Schüler mussten in Partnerarbeit eine Zusammenfassung einzelner Abschnitte eines Textes erstellen und diese dann beurteilen und überarbeiten. Sie stellte fest, dass dieses Ringen mit dem Text die Schüler dazu brachte, sich mehr auf die Inhalte des Lernplans zu konzentrieren, und dass diese Aktivität kaum Zeit beanspruchte, die für die Vermittlung von Fachinhalten bestimmt war. Stattdessen wurde durch die intensiv geübte Arbeitsform der Erwerb von Sachkenntnis erleichtert.

Es soll allerdings nicht behauptet werden, dass nicht auch Zugeständnisse gemacht werden müssen zwischen der Vermittlung von Lehrplaninhalten und von Verfahren, mit denen man sich fachliches Wissen durch Lesen aneignet. Jeder Lehrer wägt letztlich die Optionen gegeneinander ab und findet zu einem Mittelweg, wobei er sich oft mit einem Kompromiss zufrieden geben muss.

### Umfassende, vielfältige Lektüre im Fachunterricht

Angesichts der anspruchsvollen Lehrpläne für viele Fächer kann es für Lehrer schwierig sein, diesen Mittelweg zu finden. Umfassende, vielfältige Lektüre, die für Schüler vielfachen Nutzen bringt, sollte sorgfältig mit dem Lehrplan verknüpft werden, damit Lehrer den Aufwand an wertvoller Unterrichtszeit rechtfertigen können.

Umfassende und vielfältige Lektüre zu einem Thema vermittelt nicht nur Schülern, die in ihrer Zweitsprache lernen, Hintergrundwissen und einen erweiterten Wortschatz, sondern allen Lesern. Ein Zugang dazu besteht darin, Schüler so oft wie möglich mit viel Quellenmaterial zu einem bestimmten Thema zu versorgen. Solche Texte können aus älteren Unterrichtswerken stammen, die nicht mehr eingesetzt werden, oder aus primärem Quellenmaterial, das in Lehrbüchern zu finden ist. Moderne Lehrbücher enthalten oft Auszüge aus verschiedenen Quellentexten, die historische Ereignisse aus verschiedenen Blickwinkeln darstellen. Die Lektüre dieser unterschiedlichen Quellentexte gibt Schülern zudem die Möglichkeit, Verwendungsweisen von Fachterminologie und unterschiedliche Perspektiven der spezifischen Thesen kennen zu lernen. In ähnlicher Weise können sich Schüler spezielles Vokabular und spezifische Thesen erschließen, indem sie die Version eines historischen Geschehens in einem alten Lehrbuch parallel zur Version in einem neueren Lehrbuch lesen. Sie werden dabei auch feststellen, dass historische Ereignisse in beiden Büchern aus jeweils verschiedener Perspektive dargestellt sind.

Schüler werden Unterstützung benötigen, um sich Zugang zu diesen Materialien zu verschaffen. Sie werden auch Zuspruch brauchen, um das Lesen mehrerer Texte als lohnenswerten Zeitaufwand zu betrachten. Es kann hilfreich sein, dass die Schüler Hefter führen, in denen sie zwei oder drei Texte miteinander vergleichen. Ist einer von ihnen einfacher zu verstehen als die anderen? Oder ist einer der Texte interessanter? Woran liegt das? Eine andere Möglichkeit ist, dass Schüler vor Beginn der Lektüre darüber nachdenken, was sie zu einem bestimmten Thema bereits wissen, was sie aus dem ersten Text und dann aus dem zweiten Text gelernt haben. Diese Reflexion hilft ihnen zu erkennen, dass ihr Sachverständnis zunimmt, je mehr sie über ein Thema lesen.

Stilles Lesen gehört traditionell nicht zum Fachunterricht, verschafft Schülern aber die Gelegenheit, viel zu lesen. Wenn Lehrer über eine Klassenbücherei mit vielen Texte zu den Inhalten der Lehrpläne verfügen, kann das stille Lesen Bestandteil des naturwissenschaftlichen Unterrichts, des Geschichtsunterrichts oder sogar des Kunst- und Werkunterrichts oder des Politikunterrichts werden. Internetseiten und aktuelle Zeitungs- oder Zeitschriftenartikel über Naturwissenschaft, Technik, Innen- oder Außenpolitik bieten Textmaterial, das mit den Unterrichtseinheiten eines Lehrplans verknüpft und in den Unterricht eingebracht werden kann, damit die Schüler daraus auswählen können.

Viele Fachlehrer führen zu Beginn einer Unterrichtsstunde bestimmte Unterrichtsaktivitäten durch, um nach der Pause Ruhe herzustellen und die Aufmerksamkeit der Schüler auf das Stundenthema zu lenken. Stilles Lesen kann eine dieser regelmäßigen Beschäftigungen im Unterricht sein. An zwei oder drei Tagen pro Woche könnten Schüler einen für sie ansprechenden Text wählen und zehn bis fünfzehn Minuten lang lesen. In dem Maß, in dem sich diese Texte thematisch an den Unterrichtseinheiten orientieren, eignen Schüler sich Sachwissen an und lesen gleichzeitig umfassende und vielfältige Lektüre zum Unterrichtsfach. Um einen noch deutlicheren Bezug zwischen Lektüre und Lehrplaninhalten herzustellen, könnten die Schüler Lesetagebücher führen, in denen sie bestimmte Fragestellungen aufgreifen. Gespräche über das, was die Schüler in der Lesephase gerade erarbeiten, dienen demselben Zweck.

**Prüfungsdruck**

Prüfungsdruck ist im Grunde eine Variante der Verpflichtung, bestimmte Inhalte im Unterricht abdecken zu müssen. Zunehmend werden Schulen und Lehrer für die Leistungen von Schülern in standardisierten Tests zur Überprüfung von Lesekompetenz und Fachwissen zur Verantwortung gezogen. Lehrer haben oft den Eindruck, vor eine Wahl gestellt zu werden, die einer Zwickmühle gleicht: Entweder sie ignorieren teilweise die Vorgaben des Lehrplans und vermitteln den Schülern stattdessen Methoden und Strategien, von denen sie wissen, dass sie ihnen bei der Vorbereitung auf einen Test von realem Nutzen sind, oder sie beugen sich dem Stoffdruck und hoffen das Beste hinsichtlich der Prüfungsleistungen ihrer Schüler. Es gibt jedoch einen anderen Ausweg, der den Geist der Leseausbildung widerspiegelt, die in diesem Buch beschrieben ist.

Lehrer können Leistungstests als eigenes Genre begreifen – als Texte, die für bestimmte Zwecke erstellt wurden, mit spezifischer Struktur und eigenem Sprachgebrauch, die genretypische Denkweisen enthalten. Gemeinsam mit ihren Schülern können Lehrer darangehen, Absichten und Strukturen dieser Tests sowie die erwarteten Antworten herauszuarbeiten und zu klären. Durch lautes Denken sowohl von Schülern als auch von Lehrern, durch die Anwendung verschiedener kognitiver Strategien und durch den Austausch über die Leseprozesse, die mit dieser spezifischen Lesesituation verbunden sind, können alle Beteiligten an den Stärken und Erfahrungen der anderen teilhaben und so die eigenen Fähigkeiten als Prüflinge ausbauen. Die Lehrerin Lucy Calkins und ihre Kollegen beschreiben zum Beispiel ein Curriculum, in dem Schüler und Lehrer genau diesem Ansatz folgen. Es dient dazu, die Textgattung der standardisierten Tests durchschaubar zu machen.

In standardisierten Leistungstests für Geschichte, Mathematik und naturwissenschaftliche Fächer müssen Schüler zeigen, dass sie ein bestimmtes Wissensgebiet beherrschen und fachspezifische Texte verstehen. Wir sind der Ansicht, dass die Einbeziehung der Leseausbildung in den Fachunterricht Schülern hilft, sich die Inhalte des betreffenden Faches zu erschließen, sie tiefer zu durchdringen, sodass sie während der Tests über umfassendere prüfungsrelevante Kenntnisse verfügen.

**Herausforderungen annehmen**

Dieses Kapitel begann mit einer Würdigung der Lehrer, die sich bemühen, einige der hier beschriebenen Hürden auf dem Weg zur Umsetzung der Leseförderung im Unterricht abzubauen und deren Arbeit zunehmend Früchte trägt. Wir möchten auch weiterhin von solchen Lehrern lernen.

Insbesondere möchten wir

- gerne mehr Beispiele dafür zusammentragen und weitergeben, wie Lehrer speziell im Fachunterricht das flüssige Lesen von Jugendlichen fördern,
- andere erfolgreiche Modelle kennen lernen, die Schülern die zusätzliche Leseförderung geben, die manche von ihnen brauchen.
- mehr darüber erfahren, wie Pädagogen junge Leute erfolgreich darin unterstützen, eine Leseridentität zu entwickeln. Wer sind diese jungen Leute, die so schwer zu erreichen sind? Wer sind die Autoren, deren Texte ihnen etwas über den Wert von Bildung im Allgemeinen und über den Wert des Lesens im Besonderen sagen können?
- in diesen Zeiten knapper Budgets und öffentlicher Skepsis im Austausch mit anderen Pädagogen Informationen darüber sammeln, auf welchem Wege Lehrer an die nötigen Ressourcen gelangen, um allen Schülern Zugang zu einer Vielfalt von Texten zu ermöglichen.
- zudem gerne erfahren, wie es Fachlehrer trotz des immensen Drucks, die Lehrplananforderungen erfüllen zu müssen, schaffen, Zeit für zusätzliche Lektüre einzuplanen.
- gemeinsam mit den Fachabteilungen und Schulgemeinschaften und den für Vorgaben und Richtlinien Verantwortlichen überlegen, wie über einen ausgewogenen Kompromiss zwischen der Notwendigkeit, Lehrplaninhalte abzudecken, und der Notwendigkeit, das Leseverstehen von Schülern zu fördern, entschieden werden könnte.
- schließlich mehr über weitere, eventuell noch nicht erfasste Fragestellungen und Herausforderungen erfahren, die mit dem bisher Beschriebenen zusammenhängen und denen wir uns noch stellen müssen.

# Teil C
# Über das
# Klassenzimmer hinaus

## 9. Lehrerfortbildung: die Entwicklung von Leseexpertenteams

Wie in jeder Ausbildung hängt auch in der Leseausbildung der Erfolg größtenteils davon ab, wie gut ein Meister oder Experte sein Handwerk – in diesem Fall das Handwerk des verstehenden Lesens – versteht, es vermitteln und praktisch demonstrieren kann. Da die meisten kompetenten Leser, Lehrer eingeschlossen, auf eine weitgehend automatisierte Weise lesen, besteht der erste Schritt auf dem Weg zum Leseexperten darin, der eigenen Art zu lesen neue Aufmerksamkeit zu widmen. Lehrer sollten daher eine ausgeprägte Wahrnehmung dafür entwickeln, wie sie allgemein an schwierige Texte und an Texte ihrer eigenen Fachrichtungen im Besonderen herangehen.

Die Abklärung der bei ihnen selbst ablaufenden Leseprozesse unterstützt Lehrer an weiterführenden Schulen darin, mit Sachkenntnis und fachlicher Autorität auf einem Gebiet zu arbeiten, das sie bisher oft für die Domäne anderer Fachleute hielten – Fachleute für die Entwicklung von Lesekompetenz, Lehrer, die in der sonderpädagogischen Förderung arbeiten, oder Forscher. Die normalen Fachlehrer an weiterführenden Schulen betrachten sich nicht als Lehrkräfte, die Lesekompetenz vermitteln, und sie halten sich auch nicht für qualifiziert, Schüler in ihrer Lesefähigkeit zu fördern. Unsere Erfahrung mit dem „Netzwerk für strategische Lese- und Sprachförderung" hat jedoch gezeigt, dass Fachlehrer, die ein Bewusstsein für ihre individuellen Leseprozesse entwickeln, ihre eigene Rolle zunehmend neu definieren und stärker von ihrer Fähigkeit überzeugt sind, Schüler in ihrer Lesekompetenz fördern zu können. Ein Lehrer sagte dazu: „Die genaue Erforschung der bei mir ablaufenden Leseprozesse hat mich in die Lage versetzt, verstehendes Lesen für meine Schüler durchschaubarer zu machen."

Netzwerklehrer und in der Forschung Tätige lesen regelmäßig gemeinsam Texte, tauschen sich aus über die Art und Weise, wie sie verschiedene Leseprobleme lösen, artikulieren und analysieren. Diese Untersuchungen auf kollegialer Ebene vermitteln Lehrern die Einsicht, dass sie als kompetente Leser in ihrem Fachgebiet selbst die besten Voraussetzungen mitbringen und Wegbereiter dafür sind, dass Schüler fachspezifische Texte bewältigen können. Sie erkennen, dass sie zusätzlich zu einem vielfältigen Repertoire an Verständnisstrategien, das sie bei schwierigen Texten einsetzen können, ein beträchtliches Wissen über den *Sprachkode* ihrer jeweiligen Fachrichtung besitzen. Dazu gehören spezifische Terminologien und Muster des Sprachgebrauchs, historische und kontextabhängige Bezüge sowie Konventionen des Denkens, die sich in jedem Fachtext wiederfinden. Die Lehrer kommen zu der Erkenntnis, dass die Vermittlung dieser Strategien und Sprachkodes Schülern einen eigenständigen Zugang zum Kern eines Fachgebiets verschafft.

Zudem wird den Netzwerklehrern durch die Untersuchung auf kollegialer Ebene ein wesentlicher Gesichtspunkt deutlich oder wieder in Erinnerung gebracht: die Tatsache nämlich, dass – ebenso wie ein einzelner kompetenter Leser nicht alle Texte auf die gleiche Weise angeht – sich auch verschiedene kompetente Leser demselben Text auf unterschiedliche Weise nähern. Indem diese Lehrer regelmäßig gemeinsam lesen, erweitern sie ihr eigenes Repertoire an Strategien zum Leseverständnis und ihr Wissen darüber, wie man sich Texte der eigenen und anderer Fachdisziplinen effizient erschließt.

Der zunehmende Einblick in die eigenen Leseprozesse und die Erkenntnis, dass man sich all den verschiedenen Texten nicht auf *eine* richtige Art nähern kann, versetzt Lehrer in die Lage, ihre Arbeit als Leseexperten aufzunehmen. An diesem Punkt können sie mit der Umwandlung ihrer Klasse in eine Lesegemeinschaft beginnen, in der ein Team aus Schülern und Lehrern Sachwissen und, als Verfahren zur Aneignung dieses Sachwissens, allgemeine und fachspezifische Leseprozesse erkundet.

### Eigenständiges Lernen versus Unterweisung

Der Unterschied, ob man in der Funktionsweise einer Sache *unterwiesen* wird oder ob man aus eigener Erfahrung *lernt, wie* etwas funktioniert, ist erheblich. Die meisten Lehrerfortbildungen im Zusammenhang mit der Entwicklung von Lesekompetenz an weiterführenden Schulen vermitteln Konzepte, die weitgehend auf Unterweisung beruhen. Normalerweise liefern externe Fachkräfte für Lesekompetenz eine Übersicht über die wesentlichen Strategien zum Leseverständnis wie Ermitteln der zentralen Aussagen, Vorhersagen zum weiteren Textverlauf, Fragen an den Text und Zusammenfassungen. Einige Fachlehrer vermitteln diese Strategien dann in fast gleicher Weise ihren Schülern und zwar in Form unterrichtlicher Anhängsel an das Fachcurriculum. Zumeist jedoch wird die Vermittlung dieser Strategien als Belastung empfunden und unter dem Druck, das eigentliche Curriculum abzudecken, leichten Herzens geopfert.

Eine Strategie wie das Nutzen von Überschriften für die Vorhersagen über den Inhalt eines Textes kann das Verstehen eines Textes erleichtern. Aber diese Art von Hilfe ist nicht zu vergleichen mit dem Wissen, wie man die vielen Strategien sichtet, auswählt und koordiniert, die im Allgemeinen für das Verständnis komplexer und ungewohnter Text erforderlich sind. Leseverständnisprobleme mögen einander gleichen, aber im Detail unterscheiden sie sich oft erheblich. Die Erfahrung, sich mit anderen Lesern zusammenzusetzen und sich durch reale Verständnisprobleme mit realen Texten zu arbeiten, ist bei weitem wirkungsvoller als das Erlernen isolierter Leseverständnisstrategien. Im Gegensatz zu belastender zusätzlicher Unterweisung in der Anwendung von Lesestrategien kann die praktische Erfahrung, Fachtexte strategisch zu lesen, für den Erwerb von fachunterrichtlichem Wissen von zentraler Bedeutung sein. Zudem wissen Lehrer an weiterführenden Schulen bereits, wie Verständnisprobleme beim Lesen von Fachtexten zu lösen sind; diese Fähigkeit setzen sie während der eigenen Fachlektüre ständig ein, wenn auch meistens unbewusst.

Eine Fortbildung von Lehrern, die auf der Erforschung von Leseprozessen beruht, nutzt und erweitert genau dieses Know-how. Die genaue Überprüfung eigener und fremder Leseprozesse – ob es sich dabei um Lehrer, Forscherkollegen oder Schüler handelt –, verschafft ein tief gehendes und verbindendes Wissen über die Verstehensprozesse beim Lesen. Aufgrund dieses Wissens können Fachlehrer in ihrem Unterricht eine Sprache für den Austausch über Leseverständnis entwickeln, besser verstehen, was die Anmerkungen eines Schülers über die bei ihm ablaufenden Leseprozessen aussagen, und anhand fachspezifischer Unterrichtsmaterialien und curricularer Lerninhalte neue und andersartige Lernsituationen schaffen.

Das Wissen darum, wie sie ihre eigenen Verständnisprobleme beim Lesen bewältigen, verhilft Lehrern zudem zu einem gesicherten Standpunkt, von dem aus sie die Eignung verschiedener Unterrichtskonzepte beurteilen können. Wir sind davon überzeugt, dass Lehrer, die sich mit der Erforschung von Leseprozessen beschäftigen, gut vorbereitet sind, mit den wechselhaften und oft widersprüchlichen Ratschlägen so genannter Experten adäquat umzugehen. In der kürzlich neu entflammten, hitzigen Debatte um die Förderung von Lesekompetenz wurden beispielsweise sowohl sprachbasierte als auch literaturbasierte Ansätze des Leseunterrichts innerhalb der öffentlichen Diskussion entweder pauschal begrüßt oder bekämpft. Vor allem Lehrer, die sich selbst nicht als Fachleute für das Lesen, sondern eher als Empfänger der Fachberatung anderer betrachten, sind diesen rasanten Umschwüngen der öffentlichen Meinung und Wechseln der Methoden ausgesetzt.

## Leseprozesse im Kollegenkreis

Ein ausgeprägtes Bewusstsein der persönlichen Leseprozesse zu entwickeln, ist schwieriger und komplexer, als man zunächst denken mag. Obwohl die Forschung gezeigt hat, dass jemand, der diesen oder jenen Text liest, verschiedene interpretative Strategien koordiniert, um den Sinn des Textes zu erfassen, nutzen und koordinieren Leser solche Strategien für gewöhnlich ohne bewusste Wahrnehmung, Absicht oder Bemühung. Sich der eigenen inneren Prozesse beim Lesen bewusst zu werden, erfordert die Konzentration auf komplexe geistige Vorgänge, die meist unbewusst ablaufen; in etwa vergleichbar mit dem Versuch, die Bewegungsabläufe beim Gehen im Einzelnen nachzuvollziehen. Um als Leseexperte fungieren zu können, müssen Lehrer die Vorgänge an die Oberfläche holen, die zumeist im Verborgenen ablaufen.

Obwohl ein Lehrer sicherlich die Leseprozesse reflektieren kann, insbesondere mithilfe eines Lesetagebuchs, haben wir festgestellt, dass er mehr davon profitiert, wenn er seine Fertigkeiten zusammen mit anderen Leseexperten analysiert. Unsere Erfahrungen im „Netzwerk für strategische Lese- und Sprachförderung" haben uns gezeigt, dass Lehrer sich gegenseitig dabei unterstützen können, die mentalen Abläufe beim Lesen unter die Lupe zu nehmen. Ebenso wichtig ist es für Lehrer zu erfahren, dass ihre eigenen Leseprozesse nicht unbedingt die Leseprozesse anderer widerspiegeln.

Tatsächlich gilt für jeden von uns, dass wir von dem gedanklichen Austausch mit anderen profitieren. Die Erklärung eines anderen Lesers, wie er oder sie vorgegangen ist, um sich den Sinn eines Textes zu erschließen, kann durchaus zu der Erkenntnis führen, dass wir ganz ähnlich – oder ganz anders – vorgegangen sind, obwohl wir zu dem Zeitpunkt unsere Strategie nicht bewusst wahrgenommen haben. In ähnlicher Weise erkennen Lehrer, die Leseprozesse gemeinsam mit Kollegen untersuchen, dass alle Leser über ein Repertoire an Strategien und einen reichen Fundus an Wissen verfügen, was ihnen bei einigen Texte nützlicher ist als bei anderen. Sie erfahren außerdem unmittelbar, dass kein Leser davor gefeit ist, vor bestimmten Texten zu kapitulieren. Wenn diese Erkenntnisse in die unterrichtliche Arbeit von Lehrern einfließen, ist es eher wahrscheinlich, dass sie ihren Schülern ein breites Spektrum an Strategien und Vorgehensweisen für sinnentnehmendes Lesen anbieten, anstatt zu erwarten, dass ein einzelnes

Konzept allen Lesern und jeder Form von Lektüre gerecht wird. Eine Lehrkraft sagte dazu: „Ich dachte, ich weiß, was ich tue, wenn ich lese. Aber das trifft nicht unbedingt zu. Je mehr mir bewusst wurde, wie kompetente Leser beim Lesen vorgehen, desto mehr wirkte sich diese Erkenntnis auf meine Unterrichtspraxis aus. Und je mehr sich die Schüler der Leseprozesse bewusst wurden, desto mehr Sachwissen konnten sie natürlich den Texten entnehmen."

## Übungen zur Analyse von Leseprozessen

In unserer Arbeit mit Lehrern haben wir einige Übungen zur Analyse von Leseprozessen entwickelt. Vier Übungen geben wir hier als Beispiele vor, die in einer Lehrerfortbildung mit dem Schwerpunkt der Erforschung von Leseprozessen eingesetzt werden können. Sie sind besonders nützlich für Fachlehrer, die Schülern Hilfestellung beim Lesen von Unterrichtstexten geben wollen. Wir empfehlen, diese Übungen gemeinsam mit mindestens einem oder zwei Kollegen durchzuführen. Trotzdem kann auch eine einzelne Lehrkraft, die entschlossen ist, sich ihrer gedanklichen Prozesse beim Lesen bewusster zu werden, von diesen Übungen profitieren. In jedem Fall ist es hilfreich, Papier und Stift zur Hand zu haben, um Reflexionen und Anmerkungen zu den beobachteten Vorgängen festzuhalten.

### Leseprozesse schriftlich fixieren

Für diese Übung ist es wichtig, mit einem Text zu arbeiten, der kurz (ein oder zwei Seiten) und dennoch anspruchsvoll genug ist, um alle Teilnehmer zu fordern. Zunächst lesen die Lehrer den Text still und tauschen sich dann mit den anderen Teilnehmern über alle Probleme aus, auf die sie beim Lesen gestoßen sind. Dabei werden die verschiedenen Problemlösungsstrategien angesprochen, die sie angewendet haben, um den Text zu verstehen.

Während die Lehrer in diesem Gespräch versuchen, ihre Leseprozesse einer von vier übergeordneten Kategorien zuzuordnen – Lesegeläufigkeit, Lesemotivation, Kognition, Wissen –, notiert ein Teilnehmer die Kommentare in Form einer Tabelle auf einem Flipchart oder einer OHP-Folie. Die Kategorien sind wie nebenstehend definiert.

Die ausgefüllte Tabelle gibt den Lehrern einen Überblick über die Komplexität der Denkprozesse, die am Leseverstehen beteiligt sind. Häufig fällt es den Teilnehmern schwer, die einzelnen Kommentare nur jeweils einer Kategorie zuzuordnen. Das erinnert sie daran, dass sich die Vorgänge in den Köpfen von Lesern überschneiden und wechselseitig beeinflussen.

| Lesegeläufigkeit | Grundlegende automatisierte Lesefertigkeiten einsetzen: z. B. Dekodieren, Worterkennung oder Satzverständnis |
| --- | --- |
| Lesemotivation | Absichten und Ziele definieren; eine Haltung als Leser einnehmen; emotionale Reaktionen auf den Text, die Aufgabe oder die Situation wahrnehmen |
| Kognition | Die Aufmerksamkeit überprüfen; das Textverständnis überprüfen; Strategien zur Fokussierung der Aufmerksamkeit und zur Festigung des Textverständnisses einsetzen (Fragen an den Text formulieren, Text paraphrasieren, Text zusammenfassen, Unklarheiten klären, Passagen wiederholen, sich Textinhalte bildlich vorstellen usw.) |
| Wissen | Weltwissen: Ideen, Fakten oder Erfahrungen heranziehen, die in Bezug zum Thema stehen. Textwissen: Kenntnisse über Genre, Textstrukturen und -merkmale, Sprachmuster und -konventionen aktivieren |

Durch diese Übung wird zudem deutlich, dass verschiedene kompetente Leser sich denselben anspruchsvollen Text durch verschiedene Herangehensweisen erschließen. Außerdem steigert diese Übung das Verständnis der Teilnehmer für die Schüler, die bei der Bewältigung eines Leseauftrags mit erheblich weniger Ressourcen auskommen müssen als ihre Lehrer.

Den folgenden Textauszug aus einer Darstellung der Weltgeschichte haben wir in dieser Übung mit Lehrern eingesetzt. Die während der Übung erarbeitete Tabelle finden Sie in der Anlage 9.1. auf S. 188.

**Im Totalitarismus wurde Hass zum Wegbereiter des Genozids**
Im Laufe der Geschichte haben Eroberer Städte niedergebrannt und ihre Bewohner umgebracht oder in die Sklaverei geschickt. Gefangene wurden aus religiösen oder politischen Motiven in Verliesen festgehalten und gefoltert. Organisationen wie die Inquisition machten aus Verhören und Folter eine Wissenschaft. Besonders Menschen jüdischen Glaubens mussten immer wieder Verfolgung und Gewalt erleiden.

Obwohl es in den vergangenen Jahrhunderten viele Gewaltherrscher und Verfolgungen gegeben hat, war Massenmord ein schwieriges Unterfangen. Menschen einzeln mit Schwert oder Streitaxt zu töten, brauchte Zeit.

Moderne Waffen wie Maschinengewehre und Giftgas steigerten das zerstörerische Potenzial von Krieg enorm. Gegen eine bestimmte Bevölkerungsgruppe innerhalb eines Landes gerichtet, konnten diese Waffen zu Werkzeugen des Völkermords werden.

Krieg und Völkermord erfordern gesellschaftliche Organisation auf breiter Ebene. Zu Beginn des 20. Jahrhunderts erwarben Gewaltherrscher nicht nur neue Waffen, sondern sie griffen auch zu neuen Maßnahmen der gesellschaftlichen Kontrolle und Organisation. Das Radio brachte die Stimme des Machthabers in alle Wohnzimmer und in alle Schulen. Leistungsfähige Druckmaschinen produzierten Propagandablätter und Plakate. Dank des Automobils konnte die Geheimpolizei sich schnell und einfach im ganzen Land bewegen. Das Telefon verband alle Hauptquartiere miteinander und ermöglichte den Staatsbeamten eine hinreichende Organisation, um Regimekritiker ausfindig zu machen und die Opposition zu zerschlagen. Das Ergebnis war ein totalitärer Staat, in dem nichts der Wachsamkeit des Staates entging.

### Propaganda und Indoktrination schürte Emotionen

Die vielleicht wichtigsten Instrumente moderner totalitärer Staaten waren Propaganda und Indoktrination. Indem die Hoffnungen und Ängste der Menschen geschickt ausgenutzt wurden, konnten sie durch Propaganda zu glühendem Hass auf ein externes Feindbild getrieben werden – oder auf eine Bevölkerungsgruppe im eigenen Land, die „anders" oder nicht angepasst war. Menschen, die den Machthaber unterstützten, wurden als aufopfernde Helden dargestellt. Feinde oder inländische Oppositionelle des Regimes wurden als korrupte und verderbte Unmenschen verteufelt. Hatte ein totalitäres System einmal die volle Macht im Staat erlangt, bediente es sich schon bald der Indoktrination bzw. des systematischen Einsatzes von Propaganda, um die Lebensgewohnheiten und Einstellungen zu formen. Es ist kein Zufall, dass totalitäre Staaten wie das nationalsozialistische Deutschland, die Sowjetunion und das kommunistische China die Erziehung von Kindern vollständig unter ihre Kontrolle brachten. Junge Menschen wurden oft für spezielle Freizeitlager oder zur Mitgliedschaft in Jugendbewegungen wie der Hitlerjugend verpflichtet. Kinder wurden sogar dazu gebracht, sich gegen ihre Eltern zu wenden und sie auszuspionieren. Sie wurden belohnt, wenn sie sie den Behörden auslieferten.

### Furcht und Isolation lähmte den Widerstand

So gut gerüstet und mächtig sie auch sein mögen, Diktatoren können dann gestürzt werden, wenn sich genügend Menschen gegen sie erheben. In einem Rückblick auf den stalinistischen Terror geht Alexander Solschenizyn in seinem Buch *Archipel Gulag* folgenden Gedanken nach:

„Im Lager später wurmte es einen: Was, wenn jeder von ihnen nicht sicher gewesen wäre, ob er vom nächtlichen Einsatz zurückkäme; wenn er sich von seiner Familie zu verabschieden gehabt hätte? Wenn in den Zeiten der Massenverhaftungen, z. B. als sie in Leningrad gut ein Viertel der Stadt festsetzten, was, wenn die Menschen – statt dass jeder in seinem Bau sich verkriechen und beim leisesten Geräusch an der Tür, beim Poltern von fremden Schritten im Stiegenhaus vor Angst vergehen würde – begriffen hätten, dass es nichts mehr zu verlieren gab; wenn sie also in ihren Häusern sich zusammengetan hätten, ein Haufen tapferer Männer mit Äxten, Hämmern, Schürhaken und Sonstigem, was eben zur Hand war? Man wusste doch von vornherein, dass die nächtlichen Gesellen nichts Gutes im Schilde führten, da konnte man nicht fehlgehen, dem Halsabschneider einmal über'n Schädel zu hauen. Und der Gefängniswagen auf der Straße, mit dem einsamen Fahrer darin – warum ihn stehen lassen, warum nicht die Reifen aufschneiden? Bald hätten die Organe Mangel an Personal und Fahrzeugen verspürt, und es wäre das verfluchte Räderwerk trotz Stalins Eifer zum Stillstand gekommen!"

Das Problem ist, dass eine Revolution in der Regel erst nach längeren Zeiten der Unruhe und allmählich erstarkender Opposition möglich wird. Diktatoren benutzten Terror, um das Volk zu demoralisieren, und statuierten ein Exempel an jedem Einzelnen, der dagegen protestierte. Die Menschen hörten auf, ihre Meinung frei zu äußern und sich als Opposition zu organisieren, als sie zusehen mussten, wie Widerstandskämpfer in den Straßen niedergeschlagen oder erschossen, Geschäfte zerstört und Zeitungsredaktionen zwangsweise geschlossen wurden. Diktatoren profitierten außerdem von der Tatsache, dass die meisten Leute nur langsam erkannten, dass Recht und Gesetz außer Kraft gesetzt und Schuld oder Unschuld bedeutungslos geworden waren. Menschen, die in die Polizeipräsidien geschleppt wurden, glaubten: „Das muss ein Versehen sein. Ich bin ein rechtschaffener Bürger. Sicher wird sich alles aufklären."

Letztlich waren auch diejenigen, die den neuen Staat ablehnten, in ihrer politischen Opposition uneins. Während die Bevölkerungsgruppen der Reihe nach von der vollen Wucht der Verfolgung getroffen wurden, trösteten sich die anderen Bevölkerungsgruppen damit, dass sie nicht zu den Juden, Kommunisten oder anderen „Staatsfeinden" gehörten. Wenn schließlich der Tag kam, an dem auch an ihre Tür geklopft wurde – wer war dann noch übrig, um in ihrem Namen zu protestieren?

*Quelle: L. S. Krieger, Totalitarianism in the Modern World, in: Issues of the Modern Age, D. C. Heath, 1994*

**Vier miteinander verzahnte Bereiche des Lesens: Wie gingen Sie vor, um diesen Text zu verstehen?**

| Lesegeläufigkeit | Lesemotivation | Kognition | Weltwissen | Textwissen |
|---|---|---|---|---|
| Ich musste aufhören und einige der wirklich komplizierten Sätze noch einmal lesen. | Als ich den Namen „Solschenizyn" las, verließ mich der Mut. Ich konnte bisher noch keins seiner Bücher zu Ende lesen. | Mir fiel auf, dass ich mit dem Text haderte, denn ich war der Auffassung, dass Solschenizyn, obwohl der Text einen Auszug aus seinem Buch enthält, tatsächlich ein Gegenbeispiel zu der vom Autor dieses Textes vertretene Position liefert. | Ich musste sofort an den Kosovo und an das denken, was dort gerade passiert. | Bevor ich den Text las, sah ich mir die Bildunterschrift an. Das gab mir ein paar Hinweise auf den Inhalt des Textes. |
| Ich musste sofort aufhören zu lesen, als ich auf den Namen „Solschenizyn" stieß, weil ich nicht sicher war, ihn nicht richtig aussprechen zu können. | Um die Wahrheit zu sagen, ich hätte diesen Text nicht gelesen, wenn ich mich nicht in dieser Situation befunden hätte, in der ich mich auf andere Leser stützen konnte. | | Mir fielen Filmszenen ein. | Ich habe das Erscheinungsdatum gesucht, weil ich wissen wollte, wie alt dieser Text ist und aus welcher Perspektive er vielleicht geschrieben wurde. |
| | | | Ich erinnerte mich an einige von Solschenizyns Reden und an die Rezensionen des *Archipel Gulag*, als das Buch erschien. | |
| Ich musste ein Wort in seine einzelnen Teile zerlegen, um herauszufinden, was es tatsächlich bedeutete. Damit meine ich die Trennung von Wortstamm und Nachsilbe. | Ich habe diesen Text nur gelesen, weil ich ein guter Schüler bin und Sie gesagt haben, ich solle ihn lesen. | Ich musste stellenweise wieder von vorne anfangen, als ich feststellte, dass ich eine ganze Textpassage überflogen hatte, ohne sie wirklich zu verstehen. | Ich musste an Sklaverei denken. | Ich las zuerst alle Überschriften und Zwischentitel. |
| | | Ich merkte, dass ich nicht verstand, was der Autor eigentlich sagen will. Also habe ich beschlossen, so lange weiterzulesen, bis ich es verstehe. | Platz des himmlischen Friedens, Peking | Ich war an einigen Stellen von der Wortwahl des Autors fasziniert und dachte eine Weile über den Blickwinkel des Textes nach. |
| | | | Russland | |
| | | | Als ich „lähmte den Widerstand" las, entschied ich mich ganz bewusst, über meine eigene Erfahrung und anderes Wissen nachzudenken, um den Sinn dieser Wendung zu erfassen. | |

Anlage 9.1

**Übung zum lauten Denken**

Eine weitere Übung zum Leseverständnis, die wir mit Lehrern durchführen, ist das laute Denken, während sie einen komplizierten Text lesen. Auch dies zielt darauf ab, normalerweise unsichtbare Prozesse transparent zu machen. Oft beginnen wir die Übung zum lauten Denken mit einer Aktivität, die keinerlei Bezug zum Lesen hat, wie zum Beispiel Tiere aus Knetmasse oder Pfeifenreinigern zu formen. Während die Lehrer zu zweit arbeiten, müssen sie laut ihre Gedanken bei der Auswahl und der Gestaltung eines Tieres äußern. Diese ziemlich kindliche Aktion dient einem doppelten Zweck: Sie macht die Teilnehmer lockerer, fördert den Teamgeist und vermittelt die Erfahrung, etwas Ungewohntes zu tun, was nicht unbedingt leicht fällt (eine Erfahrung, die Schüler oft machen müssen, wenn sie Fachtexte lesen).

Danach fordern wir die Lehrer auf, laut zu denken, während sie lesen. Um sich wiederum in die Situation von Schülern hineinversetzen zu können, lesen sie einen Text, an dem sie arbeiten müssen, um ihn zu verstehen. Aktuelle Romane wie *Sula* von Toni Morrison oder *Der Gott der kleinen Dinge* von Arundhati Roy sind eine empfehlenswerte Wahl, denn sie erfordern vom Leser ein hohes Maß an innerer Beteiligung. Im Idealfall sollte der Text jedem Teilnehmer neu sein, sodass sich alle gleichermaßen das Verständnis erarbeiten müssen, anstatt sich den Text einfach ins Gedächtnis zu rufen. Während die Lehrer wieder zu zweit und in gegenseitigem Austausch arbeiten, liest einer von ihnen einen Auszug aus einem Text und kommentiert dabei, wie er vorgeht, um den Text zu verstehen, während der andere zuhört. Im Folgenden ist ein Auszug aus der Niederschrift einer solchen Leseübung wiedergegeben, in der ein Leser laut denkt, während er *Das rote Tapferkeitsabzeichen (The Red Badge of Courage)* von Stephan Crane liest.

### Lautes Denken anhand von *Das rote Tapferkeitsabzeichen*

Leser: Dazu fällt mir, glaube ich, ja, der Amerikanische Bürgerkrieg ein, und, hm, davon habe ich keine wirklich konkrete Vorstellung, außer vielleicht, hm, ein paar konfuse Bilder aus *Im Westen nichts Neues* oder so, aber das ist der Krieg danach. Auf jeden Fall stelle ich mir junge Menschen im Kampf vor, allerdings ist das hier das erste Kapitel.

*Die nächtliche Kälte verging allmählich, und die zurückweichenden Nebel enthüllten ein Heer, auf die Hügel verteilt, das noch ruhte.*

Leser: Hm, sie sind also schon an Ort und Stelle, lagern auf dem Feld und warten auf den Sonnenaufgang. Vermutlich bereiten sie sich auf die nächste Schlacht vor. Irgendwann weiter in der Mitte von dem Text hier werden sie wohl loslegen.

*Doch während die Landschaft von Braun zu Grün überging, wachte das Heer auf und begann vor Eifer zu beben, sobald Gerüchte laut wurden.*

Leser: So, das klingt, als ob sie auf den Marschbefehl warten. Sie sind kurz davor, sich in Bewegung zu setzen, und sie sind alle, hm, unruhig deswegen.

*Die Landstraßen, zunächst wie Tröge voller Schlamm, wurden zu brauchbaren Verkehrswegen.*

Leser: Ich vermute, mit „sie" ist die Sonne gemeint. Es wird allmählich warm. Ich glaube, da laufen wirklich viele, eine ganze Menge Leute, Soldaten, herum, denn beim Marschieren trampeln sie den Schlamm fest, ja, ich kann mir vorstellen, wie sie Staub und Schmutz festtrampeln und dass dann richtige Verkehrswege für Soldaten entstehen.

*Ein Fluss, bernsteinfarben im Schatten seiner Ufer, rauschte zu Füßen der Leute, und nachts, wenn er von trostloser Schwärze war, konnte man auf der andern Seite die feindlichen Lagerfeuer glimmen sehen, wie rote Augen in der niedrigen Stirn ferner Berghänge.*

Leser: Sie sind also am Flussufer, und ich kann mir vorstellen, wie sie ins Wasser schauen und dabei an zwei Dinge denken. Einmal ist da der Fluss – er ist schön – und es ist Nacht, aber, aber da sind auch diese düsteren, diese roten Augen da drüben, hm, am anderen Ufer, das sind die feindlichen Stellungen, was, wie man sich vorstellen kann, die Furcht der Soldaten natürlich noch steigert.

*Einmal hatte ein langer Schlacks von einem Soldaten eine tugendhafte Anwandlung und ging mir nichts, dir nichts ein Hemd waschen. Er kam dann eilends vom Fluss zurück, wobei er das Wäschestück wie eine Fahne schwenkte, brachte er doch Neuigkeiten mit, die er von einem zuverlässigen Freund hatte,*

Leser: Ein guter Freund, na, habe ich es nicht gesagt?

*der sie von einem redlichen Kavalleristen hatte, der sie von einem vertrauenswürdigen Bruder hatte, wie eine Ordonnanz im Hauptquartier der Division.*

Leser: Hm, ich dachte, er würde vor einer Kugel davonlaufen, aber stattdessen rennt er von, rennt er *mit*, ähm, etwas, was er gehört hat, Gerüchte über, vielleicht darüber, wo sie hingehen oder was sie als Nächstes tun werden.

*Wie ein farbenprächtiger Herold trat er auf.*

Leser: So, die Neuigkeiten haben ihn also zu einer Art Bannerträger gemacht, und jetzt läuft er von einem Soldaten zum nächsten.

*„Morgen rücken wir aus – bestimmt", verkündigte er einigen seiner Kompanie.* (Im englischen Original mit deutlichem Südstaaten-Slang)

Leser: Hört sich an, als ob durch den Dialog eine Figur dargestellt werden soll, die aus den Südstaaten stammt, zumindest aber vom Land. Er sagt weiter:

*„Wir ziehen den Fluss hinauf, setzen über und fallen ihnen in den Rücken. "*

Leser: Na gut, so wird auf dem Land gesprochen, aber es ist außerdem die Sprache des achtzehnten oder neunzehnten Jahrhunderts, glaube ich.

*Vor aufmerksamen Zuhörern entwarf er den Plan zu einem glanzvollen Feldzug. Als er fertig war, zerstreuten sich die Blauröcke in eifrigem Gespräch unter die Reihen niedriger brauner Hütten.*

Leser: Er, hm, ich weiß nicht, es geht um ihn und um seine Neuigkeiten von dem glanzvollen Feldzug, und er weiß das nur vom Hörensagen, also macht er sich offensichtlich mit dem Überbringen dieser Nachricht wichtig.

*Ein schwarzer Fuhrmann, der auf einer Kiste vor zwei Dutzend beifallsfreudiger Soldaten getanzt hatte, sah sich plötzlich verlassen und setzte sich betrübt hin.*

Leser: Das zeichnet also wieder einmal ein Bild vom Amerika des neunzehnten Jahrhunderts mit, hm, weißen Soldaten auf der einen Seite und vielleicht, um den Ernst der ganzen Sache etwas aufzubrechen, hm, einem Farbigen, der … der, ich habe keine Ahnung, was der da macht, was der da zu suchen hat, außer dass er, dass er, na ja, dazu gezwungen wird, nein, nicht gezwungen wird, also dass er die Leute einfach unterhält.

### Genaues Lesen

Die Übung zum genauen Lesen ähnelt dem Führen von Lese- oder Lerntagebüchern, in denen Lernende ihren Lernprozess reflektieren, und die viele Lehrer bereits einsetzen, um ihre Schüler in die aktive Arbeit mit Texten einzubinden. Allerdings rücken diese Aufgaben die Reaktionen auf einen Text in den Mittelpunkt, während bei der Übung zum genauen Lesen die Verbindung des Leseprozesses mit dem Textinhalt im Zentrum der Aufmerksamkeit steht. Die Lehrer sollen sich besonders darauf konzentrieren, wie sie zu Annahmen über den Textinhalt kommen, welche Kennzeichen oder Eigenschaften des Textes sie zu diesen Annahmen veranlassen.

Während die Teilnehmer die Bedeutung des ihnen vorliegenden Textes ermitteln, erwägen sie, welche Informationen und Hinweise der Text selbst liefert und welches Wissen über Personen, Ereignisse, Situationen und Ideen vom Leser eingebracht wird. Noch wichtiger ist, dass die Leser beschreiben müssen, welche Aspekte des Textes ihre Schlussfolgerungen, Annahmen und Assoziationen hervorgerufen haben.

Genaues Lesen hilft Lehrern, ein differenzierteres Verständnis dafür zu entwickeln, wie Textinterpretationen aus der komplexen Beziehung zwischen Lesestrategien, spezifischen Texteigenschaften, unmittelbar im Text enthaltenen Informationen und dem Vorwissen des Lesers entstehen.

Für die Übung zum genauen Lesen haben wir eine Reihe von Texten eingesetzt, unter anderem die Kurzgeschichte *Die Spottdrossel* (englischer Titel: *The Catbird Seat*) von James Thurber und ein Interview mit dem Basketballspieler Michael Jordan in der Zeitschrift SLAM. Nachdem die Teilnehmer mehrere Abschnitte gelesen haben, beantworten sie zwei Fragen zu jedem Abschnitt: „Was glauben Sie über den Text zu wissen?" und „Welche Hinweise liefert der Text für diese Annahme?" Hier ist ein kurzes Beispiel:

> Mr. Martin kaufte das Päckchen Camel-Zigaretten am Montagabend in einem Zigarrengeschäft am Broadway. Es war kurz vor Theaterbeginn, und sieben oder acht andere Leute kauften ebenfalls Zigaretten. Der Verkäufer hatte alle Hände voll zu tun und blickte nicht einmal auf, als Mr. Martin das Päckchen in die Manteltasche steckte und hinausging. Wenn Mitarbeiter der F&S gesehen hätten, dass er Zigaretten kaufte, wären sie sehr erstaunt gewesen, denn jeder in der Firma wusste, dass Mr. Martin Nichtraucher war.
>
> Aber niemand sah ihn.

| Was glauben Sie über den Text zu wissen? | Welche Hinweise liefert der Text für diese Annahme? |
|---|---|
| Ich glaube, die Geschichte spielt in New York. | Es herrscht Gedränge und es ist auf dem Broadway. |
| Allerdings könnte es auch überall sein. | Aber der Hinweis, dass um diese Zeit die Vorstellungen in den Theatern beginnen, lässt mich doch an New York denken. |
| Ich glaube, dass F&S der Zigarettenladen ist, aber ich bin mir auch da nicht ganz sicher. | Ich glaube, das stimmt, denn da steht: „Wenn einer der Mitarbeiter der F&S gesehen hätte" und „Der Verkäufer hatte alle Hände voll zu tun und blickte nicht einmal auf", also ist das nur eine Person, die ihn nicht gesehen hat. |
| | Allerdings könnte F&S auch etwas anderes sein. Es könnte sich um seinen Arbeitsplatz handeln und damit … Ich weiß wirklich nicht genug, um da sicher zu sein. Er könnte auch ins Theater gehen, aber nein, nicht unbedingt. Also, an dieser Stelle stellen sich mir die meisten Fragen. |
| Ich weiß nicht, ob er raucht. Also weiß ich nicht, ob er mit dem Rauchen anfangen will oder ob er die Zigaretten für jemand anders kauft. An dieser Stelle in diesem Abschnitt habe ich viele Fragen. | Es wird im Text gesagt, dass er nicht raucht. |
| Ich weiß nicht, ob es am Schreibstil liegt, aber ich glaube, er wird etwas völlig Unnormales tun. Irgendetwas hat er vor. Er tut etwas, was er sonst nicht tut, und der Autor | Wegen des Mantels. |

betont, dass er die Zigaretten in die Manteltasche steckt. Obwohl es keinen Hinweis im Text gibt, dass es ihm wichtig ist, nicht gesehen zu werden, betont der Text, dass er nicht gesehen wurde. Das legt nahe, dass das, was er tut, ...

Das korrespondiert mit dem Genre. Dass niemand ihn sah, kann eine ganz objektive, banale Aussage sein. Aber wie schon gesagt, vieles deutet darauf hin, dass es um eine Heimlichkeit geht.

| | |
|---|---|
| Da ist diese versteckte Botschaft über irgendetwas Ungewöhnliches, das normalerweise nicht passiert. | Denn „Aber niemand sah ihn" passt zu dem Genre „Hier geht was Geheimnisvolles vor". |
| Das wird jetzt ein bisschen wie im Krimi. | In einem anderen Genre gäbe es diese Andeutungen nicht. |
| Man könnte sogar sagen, dass er unsichtbar sein will. | Er befindet sich an einem Ort auf dem Broadway, wo das größte Gedränge herrscht. |
| | Etwas Verstohlenes. |

**Fachspezifische Leseprozesse aufdecken**

Wir wissen, dass kompetente Leser sich im Allgemeinen Ziele setzen und ihr Hintergrundwissen sowie Techniken und Strategien beim Lesen einsetzen. Aber welchen Nutzen bringen solche Vorgehensweisen Lesern in unterschiedlichen Fachbereichen? Welche spezifischen Hilfsmittel, Kenntnisse oder Erwartungen setzt ein kompetenter Leser beim Lesen eines naturwissenschaftlichen Textes ein und wie unterscheiden sie sich von denen, die Leser geschichtlicher oder literarischer Texte verwenden? Mit der folgenden Übung sollen Lehrer ein tieferes Verständnis für den eigenen fachspezifischen Leseprozess entwickeln, um sie darauf vorzubereiten, ihren Schülern diesen Prozess effizienter zu vermitteln.

In der Übung befassen sich Lehrer eines Fachs mit demselben anspruchsvollen Text. Eine Gruppe von Lehrern naturwissenschaftlicher Fächer liest zum Beispiel einen schwierigen Artikel aus den Zeitschriften *Science* oder *Scientific American*. Geschichtslehrer könnten einen kürzlich erschienenen Bericht über ein historisches Ereignis oder einen Auszug aus einem Geschichtslehrbuch für College-Studenten lesen. Lehrer, die Literatur unterrichten, könnten sich für eine ihnen unbekannte Kurzgeschichte, ein Drama, ein Gedicht oder einen Roman entscheiden. Einzelne können diese, auf ihr Fachgebiet bezogene Übung auch allein durchführen.

Vor dem Lesen des Textes notiert jeder von ihnen seine Antworten auf die folgenden zwei Fragen: „Welche Erwartungen haben Sie an den Text, bevor Sie mit dem Lesen beginnen?" und „Welche Voraussagen machen Sie zum Inhalt des Textes?" Diese Fragen allein können schon interessante Untersuchungsaspekte darstellen. Als erfahrene Leser naturwissenschaftlicher Texte begannen, einen Artikel aus der Zeitschrift *Scientific American* zu lesen, erklärten sie uns, sie wüssten bereits, dass sich der Artikel mit dem gegenwärtigen Kenntnisstand in Bezug auf das betreffende Thema beschäftigen würde und dass er mit einer Reihe von noch offenen Fragen enden würde. Einige von ihnen übersprangen sogar die im Erzählstil gehaltene Einleitung mit der Begründung, sie wüssten, dass sie irrelevant sei. Als jedoch eine Lehrerin für Literatur begann, denselben Beitrag zu lesen, konzentrierte sie sich auf die einleitende Schilderung und war keineswegs auf das eingestellt, was kurz darauf als sachliche Darstellung folgte.

Anschließend lasen die Lehrer den Text zehn Minuten lang für sich allein, so wie sie jeden Text dieser Art lesen würden. Dabei verfuhren sie ihrer Gewohnheit entsprechend, indem sie zum Beispiel Anmerkungen an den Rand schrieben und einzelne Wörter durch Unterstreichen oder Einkreisen markierten. Dann hielten sie ihre Antworten auf die folgenden Fragen fest:

1. Welche Abschnitte dieses Textes haben Sie mit besonderer Aufmerksamkeit gelesen? Warum haben Sie sich gerade auf diese Passagen konzentriert?

2. Wenn überhaupt, welche Fragen haben Sie während des Lesens an den Text formuliert?

3. Wenn überhaupt, welche bildlichen Vorstellungen haben Sie während des Lesens entwickelt?

4. Welche Voraussagen machen Sie zum weiteren Inhalt des Textes, nachdem Sie bis hierher gelesen haben?

Dieses Verfahren des Lesens und des schriftlichen Antwortens auf die oben genannten vier Fragen durchläuft die Gruppe noch mindestens ein weiteres

Mal. Im nächsten Schritt geht jeder Teilnehmer seine Notizen noch einmal durch und verallgemeinert seinen fachspezifischen Leseprozess in den folgenden vier Bereichen:

1. Die Aspekte, auf die er beim Lesen besonders geachtet hat, und die Bedeutung, die ihnen für das Textverständnis zukommt.
2. Die Fragen, die er sich beim Lesen gestellt hat, und die Bedeutung, die ihnen für das Textverständnis zukommt.
3. Die bildlichen Vorstellungen, die er beim Lesen entwickelt hat, und die Bedeutung, die ihnen für das Textverständnis zukommt.
4. Die Voraussagen, die er zum Textinhalt gemacht hat, und das Wissen oder die Informationen, auf denen diese Voraussagen beruhen.

Nachdem jeder für sich seine Reflexionen noch einmal durchgegangen ist, tauschen sich die Lehrer über Muster und übertragbare Vorgehensweisen aus, die sie bei ihren Leseprozessen festgestellt haben. Ein Teilnehmer notiert die Ergebnisse auf einem Flipchart.

Während dieser Übung kristallisieren sich einige gemeinsame Verfahrensweisen heraus, die Angehörige einer bestimmten Disziplin beim Lesen von Fachtexten anwenden. Wenn verschiedene Fachgruppen ihre Beobachtungen zu den bei ihnen ablaufenden Leseprozessen untereinander austauschen, sind sie oft überrascht, in welchem Maße sich die Vorgehensweisen beim Lesen in den einzelnen Fachdisziplinen voneinander unterscheiden. Dieser Austausch hilft Unterrichtenden, die unausgesprochenen Regeln, Denkweisen, spezifischen Terminologien und Hintergrundinformationen, die sie benötigen, um in ihren Fachgebieten Texte effizient verstehen zu können, bewusst in den Blick zu nehmen. Dieses Wissen können sie wiederum einsetzen, um ihren Schülern einen effizienteren Umgang mit Fachtexten zu erschließen.

### Anmerkungen zu Prozessorientierung versus Inhaltsorientierung

Die folgenden vier Übungen helfen Lehrern, ihre Denk- und Verstehensprozesse transparent zu machen und die Ressourcen, auf die sie beim Lesen zurückgreifen, zu identifizieren und nutzbar zu machen. Für unsere persönliche Leseentwicklung fanden wir es hilfreich, diese Übungen mehrfach mit verschiedenen Texten durchzuführen. Dadurch haben wir tiefere Einsichten in die unterschiedlichen Vorgehensweisen gewonnen, mit denen kompetente Leser an Texte herangehen.

Selbstverständlich soll diese Konzentration auf Leseprozesse nicht den Austausch über Textinhalte ersetzen. Das ist ein völlig anderes Thema. Allerdings ist uns bekannt, dass erwachsene Leser Schwierigkeiten haben, ihre Reaktionen und Assoziationen zum ideellen Gehalt eines Textes während der Untersuchung von Leseprozessen zurückzuhalten. Wir schlagen zwei Vorgehensweisen vor, um diesem Bedürfnis, direkt auf Textinhalte einzugehen, zu begegnen. Erstens, erinnern Sie sich selbst und Ihre Kollegen daran, worum es bei der Erforschung von Leseprozessen geht: zu erfahren und darzulegen, wie man als kompetenter Leser Texten Sinn entnimmt. Zweitens, stellen Sie Zeit ab für ein gesondertes Gespräch über inhaltliche Aspekte des Texts, den sie gemeinsam gelesen haben. Tatsächlich kann eine solche Diskussion weitere Ideen dafür liefern, wie sich prozessorientierte und inhaltsorientierte Diskussionen über Texte im Unterricht verbinden lassen.

## Die Wirkung forschungsorientierter Lehrerfortbildung

Wir haben festgestellt, dass Lehrer, die sich auf kollegialer Ebene mit den hier beschriebenen Übungen beschäftigen, zu verschiedenen Einsichten gelangen, die ihre Selbstwahrnehmung als Leser, die Wahrnehmung ihrer Lehrerrolle und ihre Wahrnehmung der Schüler tief greifend verändern können.

### Veränderte Wahrnehmung des Lesens

Wenn Lehrer üben, ihre eigenen Leseprozesse zu artikulieren und zu beschreiben, stellen sie fest, dass der Lesevorgang komplexer ist, als es auf den ersten Blick scheint. Sie erkennen, dass Leseexperten wissen, wie man eine Textpassage überfliegt, um sich einen Überblick zu verschaffen oder das Wesentliche zu erfassen, und wie man Informationen in mentalen Strukturen, Schemata, organisiert, die dabei helfen, das Gelesene im Gedächtnis zu behalten. Sie erkennen zudem, dass Leseexperten schnell den Schwierigkeitsgrad eines Textes einschätzen und ihre Lesestrategien darauf abstimmen können. Mit anderen Worten: Lehrer, die eigene Leseprozesse und die anderer analysieren, lernen das Lesen als die beeindruckende Fertigkeit schätzen, die sie tatsächlich ist. Diese Wertschätzung bewirkt, dass Lehrer eine veränderte Sichtweise auf ihre Schüler und auf ihren Beruf entwickeln. Ein Lehrer schrieb dazu Folgendes: „Ich verstehe jetzt, dass Lesen genauso anstrengend ist, wie einige meiner Schüler behaupten. Ich habe Verständnis dafür, dass es beängstigend sein kann, sich einem Text zu nähern, selbst wenn man alle Wörter auf einer Seite erkennt. Außerdem habe ich gelernt, dass Lesen dem Leser mehr abverlangt, als ich zunächst angenommen habe. Das Ergebnis ist, dass ich jetzt anders über Texte denke und darüber, wie ich meine Schüler dabei unterstützen kann, mit Texten umzugehen."

**Veränderte Wahrnehmung der Schüler**

Aus unserer Sicht besteht eine der weit reichenden Auswirkungen der Leseausbildung in ihrem Potenzial, Lehrer-Schüler-Beziehungen zu verändern. Die Würdigung der Komplexität des Leseprozesses verändert oft die Art und Weise, wie Lehrer Schüler wahrnehmen. Das tiefere Verständnis der dem Lesen inhärenten Anforderungen, die besonders bei fachspezifischen Texten wirksam sind, entkräftet die landläufige Annahme, Schüler könnten sich zu leistungsstärkeren Lesern entwickeln, wenn sie sich nur mehr anstrengen würden. Lehrer, die zuvor bestimmte Schüler als faul und unmotiviert beschrieben haben, kommen zu der Erkenntnis, dass diese Schüler möglicherweise nur mehr oder andere Hilfen bei der Aneignung und Beherrschung der komplexen geistigen Fähigkeiten benötigen, die für das Leseverständnis eines anspruchsvollen oder schwierigen Textes erforderlich sind. Diese Erkenntnis ist ein wesentlicher erster Schritt, damit Lehrer die Entwicklung von Schülern zu eigenständigen Lesern tatsächlich fördern können. Ein Lehrer sagte dazu: „Ich erkenne jetzt, dass sich Textverständnis nicht automatisch einstellt, und ich erkenne die einzelnen Schritte, die notwendig sind, um Schüler in die Arbeit mit einem Buch einzubinden." Ein anderer Lehrer erklärte es so: „Ich weiß jetzt viel besser, was Schüler mitbringen: Lesegewohnheiten in der Familie, Hintergrundwissen, frühere Erfolgs- oder Versagenserlebnisse beim Lesen. Nun sprechen wir über diese Dinge."

Lehrer erkennen, dass sich Schüler, die Schwierigkeiten beim Lesen haben, möglicherweise bereits viel Mühe geben, die Bedeutung dessen zu erfassen, was auf einer Seite beschrieben ist. Sie kommen zu der Erkenntnis, dass sie diese Jugendlichen darin unterstützen können, sich zu kompetenteren Lesern zu entwickeln, indem sie ihnen effektivere Lesestrategien, veränderte Lesegewohnheiten und tiefere Einsicht in die Sprachkodes und Hintergrundwissen erschließen, die für verstehendes Lesen in bestimmten Fachgebieten unentbehrlich sind. Es ist von größter Bedeutung, dass Lehrer neue Interventionsmöglichkeiten sehen, wenn sie bei ihren Schülern Leseprobleme im Unterricht bemerken. Ein Kollege drückte es so aus: „Ich achte jetzt immer darauf, wie die Leseprozesse bei den Schülern ablaufen. Das hat sich erheblich auf meine Interaktion mit den Schülern und auf die Art und Weise ausgewirkt, wie ich Leseaktivitäten im Unterricht steuere. Einen Schüler, der beim Lesen Schwierigkeiten hat, spreche ich jetzt ganz anders an."

**Veränderte Wahrnehmung des Berufs**

Wie bereits erwähnt, lehnen viele Fachlehrer zunächst den Gedanken ab, dass sie in ihrem Unterricht die Lesekompetenz von Schülern fördern könnten oder sollten. Sie sind nicht nur der Auffassung, dass diese Förderung in die Zuständigkeit anderer fällt, sondern auch, dass sie für Schüler beim Erwerb sachlicher Kompetenz irrelevant sei. Jedoch zeigt uns unsere Erfahrung, dass Lehrer nach der Arbeit mit uns sich zunehmend als *Wegbereiter* für die Erschließung der Inhalte und Texte ihres Faches begreifen. Sie erkennen, dass ihre Schüler ein eigenständiges Lernverhalten entwickeln und tiefere Kenntnisse über das jeweilige Unterrichtsthema erwerben, wenn es ihnen als Lehrern gelingt, das Lesen fachbezogener Texte zu entmystifizieren. Zudem gelangen Lehrer zu der Einsicht, dass die zunehmende Lesefähigkeit der Schüler ein wirksames Instrument ist, mit dessen Hilfe sie in der betreffenden Fachdisziplin Lernfortschritte machen. Für diese Lehrer löst sich die Trennung von Fachunterricht und Leseförderung allmählich auf, bis sie schließlich keine Rolle mehr spielt. Ein Lehrer sagte dazu: „Ich glaube, dass ich mich momentan in einem Prozess des Umdenkens befinde. Ich beginne, mich selbst nicht nur als Geschichts- und Englischlehrer zu sehen, sondern auch als ‚Lese-Lehrer'."

Wenn Fachlehrer in ihrem Fach die Rolle des Leseexperten übernehmen, verändert sich damit auch das Klima ihres Unterrichts. Wir haben festgestellt, dass dadurch mehr Unterrichtszeit für die detaillierte Textarbeit sowie für das Lesen und für Gespräche über Leseverstehen verwendet wird. Diese Lehrer fungieren als Vorbilder und Mitarbeiter bei Verfahren, die sie den Schülern vermitteln wollen, anstatt im Frontalunterricht Anleitungen und Instruktionen zu geben. Eine aktive Untersuchung der Leseprozesse hebt oft den Lärmpegel im Unterricht, aber sie fördert auch das Verstehen. Schüler, die sich die für das eigenständige Lernen in bestimmten Fächern nötigen Fertigkeiten aneignen, stellen mehr Fragen und trauen sich selbst eher zu, Texten Sinn zu entnehmen.

**Das Lektürerepertoire erweitern**

Viele amerikanische Lehrer, die sich an Schreibzentren dortiger Schulen und Universitäten beteiligen, stellen fest, dass es eine interessante und befriedigende persönliche Erfahrung ist, sich selbst als Schreibende zu begreifen. Genauso wichtig ist es, diese neue Erkenntnis effizient einzusetzen, damit Schüler lernen, mehr wie Schreibexperten zu schreiben. Ähnliches haben Lehrer festgestellt, die dem „Netzwerk für strategische Lese- und Sprachförderung" angehören: Die Erforschung der bei ihnen ablaufenden Leseprozesse ist nicht nur für ihre Arbeit mit Schülern von großem Vorteil, sondern bringt zudem einige bereichernde und unerwartete Veränderungen ihrer persönlichen Lesegewohnheiten mit sich. Eine Lehrerin äußerte sich dazu folgendermaßen: „Ich habe das Lesen immer als eine Art Wettrennen gesehen, bei dem ich so schnell wie möglich ans Ziel kommen wollte. Ich hatte schon immer die Fähigkeit, aus kleinen Informationsbrocken auf den Sinn eines Textes zu schließen, sodass ich Textverständnis vortäuschen kann, indem ich mir Textteile ins Gedächtnis rufe. Jetzt nehme ich mir die Zeit, langsamer zu lesen, Textteile mehrmals zu lesen, setze mich damit auseinander und spreche mit anderen darüber. Ich finde mehr Gefallen daran, einen Text wirklich zu verstehen, als schnell mit dem Lesen fertig zu werden." Eine erfahrene Englischlehrerin vertraute uns an: „Ich liebe es, Bücher zu lesen, die ich als ‚Flugzeuglektüre' bezeichne – Bücher, die sich fast von selbst lesen, wenn man beispielsweise fünf Stunden lang in einem Flugzeug sitzen muss. Aber seit ich dem Netzwerk angehöre, habe ich den Eindruck, dass meine Leseansprüche um ein oder zwei Stufen gestiegen sind. Wenn ich jetzt ein Buch lese, für das ich früher wegen seines Schwierigkeitsgrads keine Geduld aufgebracht hätte, sage ich mir: ‚Das ist ein tolles Buch! Darüber kann ich mit jemandem ein anregendes Gespräch führen'. Für mich hat sich die Veränderung meiner Lesegewohnheiten als einer der größten Pluspunkte meiner Mitgliedschaft im Netzwerk erwiesen."

# 10. Der Leselehrgang als Element der Schulentwicklung

„Bezweifle nie, dass eine kleine Gruppe nachdenklicher, engagierter Menschen die Welt ändern kann. In Wahrheit lässt sie sich nur durch sie ändern."

Margaret Mead

Eine Schule kann die Lesekompetenz von Jugendlichen auf vielerlei Art fördern, Beispiele dafür reichen von separaten Förderkursen wie „Lesen macht schlau" über die Einbettung der Leseausbildung in den regulären Fachunterricht (z. B. in den Fächern Englisch und Sozialkunde), ihren Einsatz bei fächerübergreifenden Projekten oder bei Lernpartnerschaften zwischen jüngeren und älteren Schülern, den so genannten *Buddy Programs*. Wir haben gezeigt, dass separate Förderkurse wie der unsrige zu grundlegenden, positiven Veränderungen führen können. Wir haben auch deutlich gemacht, dass durch die Integration der Leseförderung in den Unterricht für Geschichte, Naturwissenschaften oder Englisch effektive Leistungssteigerungen des Leseverständnisses der Schüler initiiert werden können.

Um allerdings die Leseausbildung in mehr als ein oder zwei isolierten Klassen zu erreichen, müssen sich engagierte Kolleginnen dafür einsetzen, ein schulweites Programm zu etablieren. Dieses abschließende Kapitel enthält einige Vorschläge für eine *überzeugende Argumentation* (mit der sich Interesse und Zustimmung gewinnen lässt) und für die *Schaffung einer Basis* (innerhalb des Kollegiums, bei der Sachausstattung, durch Lehrplanentwicklung und durch Unterstützung seitens der Schulverwaltung), um eine Förderung der Lesekompetenz von Schülern als Teil der Schulentwicklung umzusetzen.

## Argumente für den Leselehrgang

Sind engagierte Mitglieder einer Schulgemeinschaft zu der Überzeugung gelangt, dass Schüler ein signifikantes Leseproblem haben, dass diesem Problem wirksam mit dem Konzept der Leseausbildung begegnet werden kann und dass sie gemeinsam mit anderen an einer systematischen Lösung des Problems arbeiten können, dann haben sie die Grundlagen für eine schulweite Leseförderung gelegt.

Besteht innerhalb einer Lehrergruppe Konsens darüber, dass der Leselehrgang eingeführt werden sollte, müssen diese Lehrer die Skeptiker in der Schulgemeinschaft von Folgendem überzeugen:

- Bei Leseschwierigkeiten von Schülern handelt es sich zumeist um Probleme mit dem Leseverständnis und um einen Mangel an Leseinteresse.
- Das Leseverstehen kann durch detailliertes Lehren und Üben von Lesestrategien im Zusammenhang mit der Lektüre authentischen Textmaterials verbessert werden.
- Jugendliche, die dem Lesen ablehnend gegenüber stehen, können wieder an das Lesen herangeführt werden, indem ihnen die Möglichkeit zur freien Auswahl von Büchern geboten wird, indem sie ihre eigenen Leseinteressen und die bei ihnen ablaufenden Leseprozesse kennen lernen, und indem sie die Bedeutung des Lesens auf gesellschaftlicher Ebene und für ihre persönliche Zukunft in den Blick nehmen.
- Es gehört zur Aufgabe von Fachlehrern, Schülern Zugänge zu Texten ihrer Disziplin zu eröffnen.
- Fachlehrer bringen bereits sehr viel Wissen über fachspezifisches Lesen mit und sind in der Lage, Schüler im Lesen auszubilden und ihnen zu helfen, ihr Lesespektrum zu erforschen und zu erweitern. Das setzt aller-

dings voraus, dass sie ihr von außen unsichtbares Vorgehen beim Lesen für die Lernenden nachvollziehbar machen.

## Das Problem analysieren

Ein effektiver erster Schritt, einen Großteil kritischer Kollegen zu gewinnen, besteht darin, aus einer Vielzahl von Quellen Informationen über die Lesefähigkeiten und -schwierigkeiten von Schülern zu sammeln und zu untersuchen. Wir schlagen vor, dass die Befürworter so viele Kollegiumsmitglieder wie nur möglich an der folgenden Fragestellung beteiligen: *Wie ist der Stand der Lesekompetenz unserer Schüler?* Diese Untersuchung sollte nicht nur die Ergebnisse standardisierter Tests einbeziehen (die nach ethnischer Herkunft, Sprachkompetenz, Leistungsstand, Geschlecht und nach anderen für den Einzugsbereich und die Schule relevanten Aspekten aufgeschlüsselt sind), sondern sie sollte sich außerdem auf weitere Informationen stützen. Das können zum Beispiel Erhebungen zum Leseverhalten von Schülern sein (siehe Anhang B: Beurteilung und Bewertung von Leseleistung), Befragungen einzelner Schüler oder Fokusgruppen zu ihren Leseerfahrungen und -gewohnheiten, fachspezifische Erhebungen, die detaillierte Informationen zu typischen Leseaufträgen und Leistungserwartungen beinhalten, sowie direkte Beobachtungen der Stärken und Probleme, die Schüler beim Lesen zeigen.

Ebenfalls wichtig ist die Kooperation mit Personen und Einrichtungen aus dem Umfeld der Schule. Befürworter könnten Umfragen, Fokusgruppen und andere Verfahren zur Informationserhebung einsetzen, um Eltern und Arbeitgeber im Umfeld der Schule über ihre Hoffnungen, Erwartungen, Besorgnisse und Beobachtungen bezüglich der Lesekompetenz und der Lesegewohnheiten von jungen Leuten zu befragen. Die Schüler selbst daran zu beteiligen, bei potenziellen zukünftigen Arbeitgebern Informationen über berufsbedingte Leseanforderungen einzuholen, kann eine wirksame Methode sein, um die Schüler für die Einrichtung einer Leseförderung zu motivieren.

Vielleicht sind zusätzlich zu den Leseverständnistests auf Bundesstaats- oder Bezirksebene weitere Tests notwendig, die direkt auf die Unterrichtsplanung und -durchführung anwendbar sind. Hierzu zählt der auf dem Prinzip des Lückentexts basierende „Degrees of Reading Power Test" (DRP). Dieser bewertet das Leseverständnis von Schülern in Relation zu einer Liste von Büchern, die auf das Leseniveau der Schüler abgestimmt ist. Außerdem könnte an Schulen, an denen Fachkräfte für die Leseförderung tätig sind, das Leseverständnis eines repräsentativen Querschnitts aller Schüler eingeschätzt werden, um zu nuancierten Erkenntnissen bezüglich ihrer Stärken und Schwierigkeiten beim Lesen zu gelangen. Somit ließe sich eine Entscheidungsgrundlage für die Entwicklung eines Förderprogramms schaffen.

### Evaluation von Fortschritten

Positive Lernergebnisse und Leistungsfortschritte bei Schülern sind die überzeugende Argumentationsgrundlage dafür, dass sich der Arbeitseinsatz lohnt, der mit einer konsequenten Leseförderung in einer weiterführenden Schule verbunden ist. Dazu ist die Entwicklung und Umsetzung eines klaren und praktikablen Evaluationsverfahrens erforderlich. Die Kernfrage lautet: Wie wissen wir, ob dieser Einsatz Erfolg hat? Oder anders formuliert: Welche Fortschritte erwarten wir und welche Kriterien werden wir anlegen, um diesen Erfolg zu messen? (siehe dazu Anhang B)

## Leseförderung als Element der Schulentwicklung

Welche Gestalt ein schulweites Förderprogramm auch annehmen mag, der wichtigste Aspekt für seine Umsetzung ist die Unterstützung der Lehrer, die die Leseausbildung in ihren Unterricht integrieren. Substanzielle und dauerhafte Veränderungen im Unterricht erfordern Ideen und praktische Umsetzungen, die Lehren und Lernen tief greifend verändern und sich in den Köpfen und Herzen einzelner Lehrer verankern. Lehrer an weiterführenden Schulen sehen ihre primäre Verantwortung darin, die Inhalte ihrer Fächer zu vermitteln. Die Vorstellung vom Leseunterricht als integralem Bestandteil der Vermittlung von fachlichem Wissen kann Überzeugungsarbeit erfordern – Überzeugungsarbeit in dem Sinne, dass der hier vorgestellte Ansatz sich positiv auf die Schüler auswirken kann, ohne den Lehrern ein Mehr an neuen Curriculum-Inhalten aufzubürden.

Wir empfehlen dringend, Lehrern die Gelegenheit zu geben, die Leseausbildung kennen zu lernen, sie aber *nicht* dazu zu verpflichten, das Konzept in ihrem Unterricht umzusetzen. Wir weisen an dieser Stelle zudem ausdrücklich darauf hin, dass Kollegen auch nicht verpflichtet werden sollten, einen speziellen Leseförderkurs durchzuführen, es sei denn, sie engagieren sich dafür. Wenn „Leseausbildung" die zentrale Metapher für Lehren und Lernen sein soll, müssen Lehrer in der Lage sein, ihre Schüler für Fragestellungen zu begeistern wie *Was können wir tun, um diesen Text zu verstehen?* Werden Lehrer gezwungen, dieses Konzept anzuwenden, untergräbt dies die Chance, einen Unterricht zu entwickeln, in dem eine Ausbildung im Lesen und eine Erforschung von Leseprozessen Früchte tragen könnte.

## Lehrerarbeitskreise aufbauen

Der Schlüssel zum Aufbau von Lehrerarbeitskreisen, die das Lernen von Schülern positiv beeinflussen, ist die Entwicklung eines kontinuierlichen professionellen Austausches, dessen Schwerpunkt auf der Auseinandersetzung mit Lehr- und Lernproblemen und deren Lösung liegt. In den Lehrerarbeitskreisen, die wir aufbauen und pflegen, schaffen wir die Basis für eine besondere Art der beruflichen Fort- und Weiterbildung von Lehrern. Im gegenseitigen professionellen Austausch beteiligen sich Lehrer an der Entwicklung einer theoretisch und praktisch fundierten Wissensbasis, die ihnen als verlässlicher, internalisierter Bezugspunkt dient. Diese Form der beruflichen Weiterqualifizierung hat eine zentrale Rolle bei der Veränderung von Einstellungen, Grundannahmen und Unterrichtspraktiken einzelner Lehrer gespielt und zu signifikanten, positiven Lernergebnissen bei Schülern geführt.

In diesem professionellen Austausch entwickeln sich eine gemeinsame Sprache und ein gemeinsames Grundverständnis von Unterricht, die in der Unterrichtspraxis erprobt und durch Feedback verfeinert werden.

Wir haben festgestellt, dass Fortbildung in Arbeitskreisen dann am fruchtbarsten ist, wenn die folgenden inhaltlichen Aspekte berücksichtigt werden: (1) eine gemeinsame Grundlage durch die Arbeit mit denselben Schülern, an denselben Projekten, Zielsetzungen und Curricula sowie durch die gemeinsame Analyse von Schülerarbeiten; (2) vielfältige Informationen und Sichtweisen von unterrichtlichem Lehren und Lernen einschließlich Schülerarbeiten, Videoaufnahmen mit Unterrichtsbeispielen, aktuelle Forschungsergebnisse und eigene persönliche und berufliche Erfahrungen von Lehrern. Hinsichtlich des Ablaufs sollte die Fortbildung Folgendes beinhalten: (1) routinemäßige Reflexionen und Austausch von Ideen, Materialien und Problemlösungen; (2) Verfahren für die Untersuchung von unterrichtsbezogenen Problemstellungen und Informationen; (3) klare Grundregeln für die Diskussion sowie Teilnehmer, die bereit sind, die Diskussion anhand dieser Regeln zu führen.

## Zeit einräumen für professionellen Austausch

Zeit ist immer ein entscheidender Faktor, ganz gleich, ob es um die Einrichtung von ähnlichen Intensivkursen wie „Lesen macht schlau", um die Integration der Leseausbildung in allen Fächern oder um beides geht. Die Teilnehmer an Lehrerarbeitskreisen werden mehr als das bloße Interesse an der Förderung der Lesekompetenz von Schülern aufbringen müssen. Sie brauchen Zeit für die entsprechende berufliche Fortbildung, für die kontinuierliche Weiterqualifizierung mit Fachleuten, für die Curriculumplanung und für die gemeinsame Feinabstimmung sowohl der Unterrichtsinhalte als auch der Unterrichtsmethoden, die den Erfolg des Förderprogramms ausmachen. Im Großen und Ganzen gibt es in den USA wie in Deutschland bisher nur wenige Schulen und Schulverwaltungsbezirke, die Lehrern angemessene Zeit für solche Projekte zur Verfügung stellen konnten. Es wäre aber gerade diese Art und dieses Maß an Unterstützung, die Lehrer bräuchten, denn nur so können sie heutige Schüler befähigen, die „Weltklasse-Standards" zu erreichen, die auf bundesstaatlicher Ebene von einer wachsenden Zahl bildungspolitischer und gesetzgeberischer Gremien gefordert werden. Für die meisten Pädagogen muss die Vorstellung von Schule als einem Ort, an dem kontinuierliches Lernen von Schülern und Lehrern erwartet und unterstützt wird, erst noch zur Realität werden.

Trotz finanzieller Engpässe und ungeklärter Kinderbetreuung an unterrichtsfreien Tagen in Familien, in denen beide Elternteile berufstätig sind, gibt es wachsenden Konsens darüber, dass die Einplanung regelmäßiger beruflicher Fort- und Weiterbildung in die Lehrerarbeitszeit von großer Bedeutung ist.

An Schulen, die regelmäßig Zeit für fächerübergreifende Lehrerfortbildung eingeplant haben, können Lehrer und Führungsteams Arbeitstreffen zur Untersuchung von Leseprozessen, wie in Kapitel 9 beschrieben, durchführen. Schulen, die an einer Umsetzung von Leseförderung in allen Fächern interessiert sind, können auch Fachbereichskonferenzen zu diesem Zweck nutzen. Selbst wenn sich an einer Schule noch kein allgemeines Engagement für eine schulweite Leseförderung entwickelt hat, besteht für einzelne Fachbereiche die Möglichkeit, die Vermittlung von Lesekompetenz in den jeweiligen Fachunterricht zu integrieren. Auch in diesem Fall wäre die Fachkonferenz der gegebene Ort für die notwendige berufliche Fortbildung und Planung.

### Bereitstellen von Unterrichtsmaterialien und Curriculumplanung

Gut ausgestattete Klassen- und Schulbüchereien sind für die Förderung des Leseinteresses und der Lesegeläufigkeit von jugendlichen Lesern von ausschlaggebender Bedeutung. Obwohl Schulbibliotheken aus dem Schuletat finanziert werden, kann der Aufbau einer Klassenbücherei weiteren Einsatz und Kreativität erfordern. Auf Klassenebene können Lehrer Bücheraktionen veranstalten, bei denen Eltern, Schüler und Kollegen in ihrer Nachbarschaft oder bei ortsansässigen Firmen gebrauchte Bücher sammeln. Auf Schulebene gibt ein Bücherbasar, der von einer örtlichen Buchhandlung gesponsert werden kann, Schülern und Eltern die Gelegenheit, Bücher zu kaufen. Mit den Gewinnen eines solchen Bücherbasars können neue Bücher für die Schulbücherei angeschafft werden. Es ist sehr wichtig, dass Klassen-büchereien Bücher unterschiedlicher Genres, einschließlich einer großen Auswahl an Sachbüchern, eine reichhaltige Sammlung von Büchern mit Charakteren und Themen aus dem kulturellen Erfahrungsbereich der Schüler und viele Bücher zu den Interessenschwerpunkten Jugendlicher enthalten. Das Textmaterial sollte auch ein breites Spektrum unterschiedli-cher Schwierigkeitsgrade widerspiegeln.

Wenn die Frage der Unterrichtsmaterialien gelöst ist, folgt die nächste, für Lehrer – insbesondere für Lehrer, die einen separaten Förderkurs pla-nen – drängende Frage des Umfangs und der Abfolge der Unterrichtsbau-steine. Wer einen solchen Kurs gestaltet, sollte die vier wesentlichen Di-mensionen der Leseausbildung (soziale, persönliche, kognitive und inhaltlich-fachliche Ressourcen) berücksichtigen und die Schüler in eine Reihe von routinemäßigen Unterrichtsübungen einbinden, die sie beim Er-werb und bei der Festigung von Lesefertigkeiten und Lesemotivation für die Lektüre verschiedener Texte unterstützen. Es ist von grundlegender Be-deutung, dass bei der Kursgestaltung ein metakognitiver Diskurs über das Lesen entwickelt und aufgebaut wird, der ein Medium des verstehenden Le-sens von Kurstexten darstellt.

Sowohl in Kapitel 3 wie auch in Anhang A (der Unterrichtsplan für den ein-jährigen Intensivkurs „Lesen macht schlau") geben wir einen Überblick da-rüber, wie grundlegende Gedanken über das Lesen und zentrale Lesestrate-gien in die drei Unterrichtseinheiten integriert wurden, die im Zentrum dieses 1995/96 erstmals erprobten einjährigen Förderangebots standen.

Wenn Leseförderung in den Fachunterricht integriert werden soll, emp-fehlen wir, dass Lehrer zunächst den inhaltlichen Rahmen des Curriculums abstecken. Wenn wir Curriculumentwicklung mit der Arbeit an einem Web-rahmen vergleichen, stellt der Inhalt des Curriculums die *Kette* dar. Wenn wir die vorliegenden Einheiten und Texte des Curriculums als Ausgangs-punkt nehmen, muss überlegt werden, wie der *Schuss* – die zentralen Di-mensionen und routinemäßigen Übungen des Leselehrgangs (siehe auch Kapitel 2) – in diese Struktur eingewebt werden soll.

Wie in Kapitel 4 und in Teilen von Kapitel 7 beschrieben, müssen zuerst Grundlagen für ein Lernumfeld geschaffen werden, das gleich zu Beginn der Förderung einen offenen Gedankenaustausch, Zusammenarbeit, for-schendes Lernen und bewusste Selbstwahrnehmung unterstützt.

Wenn es Lehrern gelungen ist, die Schüler in einen metakognitiven Diskurs einzubinden und routinemäßig durchgeführte Unterrichtsübungen zu konzipieren, damit diese metakognitiven Tätigkeiten schon zu Beginn des Kurses gefestigt werden, können sie im Anschluss spezifische kognitive Strategien (siehe Kapitel 5 und 7) sowie Strategien zum systematischen Wissensaufbau (siehe Kapitel 6 und 7) in den Unterricht einführen.

**Die Unterstützung der Schulverwaltung gewinnen**
Selbstverständlich sind in erster Linie die Lehrer für die Ausbildung im Lesen verantwortlich. Jedoch ist die Unterstützung durch die Schulverwaltung ebenso notwendig, wenn eine schulweite Umsetzung der Leseförderung Erfolg haben soll.

Die womöglich wichtigste Funktion, die Verantwortliche der Schulverwaltungen dabei übernehmen können, ist die Bereitstellung und Verteidigung von Ressourcen – allen voran die Zeit. Lehrer brauchen Zeit, um ihr Wissen und ihre Fertigkeiten als Leseexperten zu entwickeln und um zu verstehen, wie sich andere erfahrene Leser verschiedene Texte auf unterschiedliche Weise erschließen. Die Stundenplanung an Schulen ist ein sensibles Thema; Schulverwaltungen müssen in der Lage sein, alle Interessengruppen – Eltern, Mitglieder der Schulleitung und vielleicht sogar Journalisten der lokalen Medien – von den Vorteilen zu überzeugen, die das Abstellen von Zeit für Lehrerfortbildung und Planung mit sich bringen. Zusätzlich zur benötigten Zeit müssen Schulverwaltungen auch die erforderlichen finanziellen Mittel aufbringen und zuweisen, damit Unterrichtsmaterialien und in manchen Fällen die Unterstützung externer Fachleute bereitgestellt werden können.

Abgesehen von der Zuweisung zeitlicher und finanzieller Ressourcen müssen Vertreter der Schulverwaltungen die Rolle aktiver Befürworter der Ausbildung im Lesen übernehmen. Sie müssen unter Umständen mit Schülern sprechen, die nicht damit einverstanden sind, zu einem Unterricht verpflichtet zu sein, bei dem es nur ums Lesen geht. Eventuell müssen auch Bedenken auf Seiten von Eltern zerstreut werden, von denen man zum Beispiel folgende Befürchtung hört: „Der Lehrer meines Kindes kommt zu langsam im Geschichtslehrbuch voran; ich mache mir Sorgen, dass mein Kind nicht genügend lernt, um bei den offiziellen Leistungstests gut abzuschneiden."

Ein Element des aktiven Einsatzes der Schulverwaltung für die Leseausbildung sollte auch die Diskussion mit Mitgliedern der Schulgemeinschaft über den notwendigen Stundenausgleich und über die Kosten in Relation zu dem erwarteten Erfolg sein. Dies ist besonders wichtig, wenn ein Kurs neu eingerichtet wird, insbesondere dann, wenn dieser dringend erforderlich ist. Vertreter der Schulverwaltung müssen darauf vorbereitet sein, die Bedeutsamkeit einer Leseförderung argumentativ überzeugend darzulegen, indem sie die Zielsetzungen des Konzepts und den erwarteten Nutzen deutlich machen.

Es kann auch sein, dass die Schulverwaltung Lehrer, die diesen Ansatz der Leseförderung umsetzen, in Schutz nehmen müssen vor der Kritik der Schulleitung oder höher gestellter Schulaufsichtsbeamten, die meinen, ein Ansatz, der auf lautierendem Lesen beruht, sei für Leser an weiterführenden Schulen die bessere Wahl. Da inzwischen die Debatte über die geeignete Methode des Leseunterrichts über die ersten Klassen hinausgeht, taucht auch die Kontroverse zum Thema lautierendes Lesen versus ganzheitlicher Ansatz erneut auf. Vertreter der Schulverwaltungen sollten in der Lage sein, den aktuellen Stand der Forschung zu beschreiben, und die Prinzipien kennen, die der Leseausbildung zugrunde liegen (siehe Kapitel 1 und 2), damit sie Mitglieder der Schulgemeinschaft wirksam überzeugen und unterstützen können, deren Kooperation für den Erfolg eines Leselehrgangs ausschlaggebend ist.

## Schlussfolgerungen: Krise und Chance

Die *fast unbemerkte Krise* der Leseförderung für Jugendliche hat sich während des Jahres, in dem wir dieses Buch geschrieben haben, verschärft. Auf der Titelseite der August/September-Ausgabe 1999 von *Reading Today*, der zweimonatlich erscheinenden Zeitschrift der „International Reading Association", stand zu lesen: „Leseförderung für Jugendliche ist den Kinderschuhen entwachsen". Der Artikel schildert die um sich greifende Vernachlässigung des weiterführenden Lesens und den Mangel an Ressourcen und Spezialisten an weiterführenden Schulen und beschreibt eine Krise der Leseförderung für Jugendliche, „deren ganzes Ausmaß noch nicht erfasst ist." In dem Beitrag wird argumentiert, dass die mangelnde Lesekompetenz Jugendlicher zu einem Bildungsproblem geworden ist, für das eine schnelle Lösung gefunden werden muss, und führt dazu eine Resolution der „International Reading Association" zur weiterführenden Leseförderung an: „Zu Beginn des letzten Jahrtausends brauchten nur wenige Lesefertigkeiten. Zu Beginn des neuen braucht sie jeder – jüngere Kinder, reife Erwachsene und, vielleicht am wichtigsten, die Jugendlichen, die dabei sind, sich selbst zu finden und nach ihrem Platz in der Welt zu suchen."

Diese Resolution der „International Reading Association" fordert von Lehrern, auf den wachsenden Lesekompetenzmangel Jugendlicher zu reagieren. Insbesondere spricht sie sich für die Rechte jugendlicher Leser aus. Zu diesen Rechten gehören:

- Unterricht, der sowohl die Lesekompetenz als auch das Interesse an zunehmend komplexen Texten fördert.
- Qualifizierte Lehrer, die expliziten Unterricht zum Leseverständnis, zum kritischen Lesen und zum Erwerb von Lesestrategien für alle Fächer erteilen und dabei als Leitbild fungieren. Sie sollten zudem die Komplexität Jugendlicher verstehen, ihre Verschiedenheiten respektieren und auf ihre persönlichen Eigenschaften eingehen.
- Familien, Gemeinschaften und eine Gesellschaft, die nicht nur die Bemühungen um eine höhere Lesekompetenz fördern, sondern auch die weitere Entwicklung unterstützen.

In diesem Buch haben wir unterrichtliche Rahmenbedingungen für ein Förderprogramm dargestellt, das in gemeinsamer Arbeit von Lehrern und Wissenschaftlern entwickelt und verfeinert wurde. Als Ergebnis dieser Arbeit haben sich stark heterogene Lerngruppen an *Middle* und *High Schools,* die im US-weiten Vergleich Rückstände zu Gleichaltrigen aufwiesen, im Laufe eines Schuljahres nicht nur als Leser weiterentwickelt, sondern sie haben sogar überdurchschnittliche Fortschritte gemacht. Sie wurden zu kritischen, strategischen Lesern, die fähig sind, ihre Freizeitlektüre selbst auszuwählen, und zwar mit vertiefter Kenntnis über sich selbst als Leser und mit Bezug auf ein breites Spektrum an Büchern und auf eine Gemeinschaft von Lesern. Darüber hinaus erwarben viele Schüler das Wissen und das Selbstvertrauen, verschiedene kognitive Werkzeuge anzuwenden, um sich durch schwierige Texte zu arbeiten, die ihnen vorher völlig unverständlich waren.

Es gibt Gründe zum Optimismus. Die Beweise, dass eine Reihe von Fachlehrern an weiterführenden Schulen durch eine schulweite Fördermaßnahme die Lesekompetenz von Schülern deutlich verbessern konnte, geben anderen die Möglichkeit, das hier beschriebene erfolgreiche Vorgehen aufzugreifen und weiterzuentwickeln. Allerdings reichen Optimismus und Erprobungsmöglichkeiten für dieses Konzept nicht aus. Es muss vielmehr von intensivem Bemühen begleitet werden. Unsere Vision – dass Jugendliche die Grenzen ihrer Lesefähigkeit, die ihre gegenwärtigen und zukünftigen Chancen einschränken, durchbrechen können – kann nur unter einer Bedingung Realität werden: Schüler benötigen während ihrer gesamten Schulzeit die Unterstützung von Lehrern, die ausreichendes Wissen, Engagement und Vertrauen in die Wirksamkeit ihrer Methoden besitzen, um die Entwicklung der Schüler zu strategischen Lesern zu ermöglichen. Wir haben festgestellt, dass sowohl die Lehrer als auch die Jugendlichen in ihren Klassen viele noch ungenutzte Ressourcen in den Unterricht einbringen, die genutzt werden können, um Schüler zu eigenständigen, kritischen und interessierten Lesern zu machen.

Die Umsetzung dieser Vision erfordert auch weiterhin die produktive Zusammenarbeit von Lehrern und Wissenschaftlern, die gemeinsam Theorie und Praxis des weiterführenden Lesens bereichern. Dieses Buch beenden wir, indem wir unsere Leser noch einmal bestärken, sich uns bei dieser lohnenden und zugleich notwendigen Arbeit anzuschließen.

# Nachwort

In diesem Buch haben wir Ihnen ein Konzept zur Entwicklung von Lese-kompetenz vorgestellt, mit dem wir Schülerinnen und Schüler an weiter-führenden Schulen als Leser zurückgewinnen und ihre Lesekompetenz deutlich verbessern können.

Zwar sind wir von dem großen Potenzial des Konzepts „Lesen macht schlau" überzeugt und begeistert, dennoch sind wir uns auch bewusst, dass es für eine Lösung der komplexen Probleme von leseschwachen Schülern in weiterführenden Schulen keine magische Formel gibt. Um das Konzept weiter zu verbessern, möchten wir die vielfältigen Erfahrungen unserer Le-serinnen und Leser nutzen und sie zu einem Gesprächsaustausch einladen. Dabei interessieren uns vor allem folgende Aspekte:

- Wie können Jugendliche Lesegeläufigkeit entwickeln, ohne dass sie da-bei als leistungsschwache Leser stigmatisiert werden?
- Wie können zusätzliche Fördermaßnahmen für Schüler mit speziellen Lernbedürfnissen bereitgestellt werden?
- Wie kann man den Lernbedürfnissen von Zweitsprachenlernern gerecht werden? Kennen Sie geeignetes Material, das diesen Schülern zur Verfü-gung stehen sollte?
- Auf welche Weise kann man jugendliche Leser dabei unterstützen, eine Leseridentität zu finden?
- Wie können im Fachunterricht ergänzende Materialien für das Lesen in-tegriert werden?
- Wie sehen Ihre Erfahrungen mit Leistungsprüfungen in verschiedenen Fächern im Hinblick auf das Lesevermögen aus?
- Welche Informationen, Erfahrungen und Ideen können Sie sonst noch mitteilen?

Unsere Webadresse lautet: www.wested.org/stratlit. Die Website enthält Unterrichtsideen, einige Dokumente aus der Forschung, auf die in diesem Buch Bezug genommen wurde, sowie Links zu anderen Websites, die für diejenigen von Interesse sind, die an der Förderung der Lesekompetenz Ju-gendlicher arbeiten.

Die Herausgeberin der deutschen Ausgabe, Frau Dorothee Gaile, können Sie über den Verlag oder über folgende Mail-Adresse anschreiben: d.gaile@afl.hessen.de.

# Anhang

## Anhang A: Der Unterrichtsplan

Dieser Anhang enthält eine Darstellung der ersten Unterrichtseinheit „Lesen in seiner persönlichen und gesellschaftlichen Bedeutung", die im Intensivkurs „Lesen macht schlau" unterrichtet wurde. Im Anschluss zeigt eine grafische Übersicht (Anlage A. 1, S. 218) die Reihenfolge, in der die einzelnen Komponenten des Kurses im Rahmen der drei Unterrichtseinheiten eingeführt und im Laufe des Schuljahr 1996/1997 durchgängig unterrichtet wurden.

## Erste Unterrichtseinheit: Lesen in seiner persönlichen und gesellschaftlichen Bedeutung

Diese Einheit ist für zwölf Unterrichtswochen konzipiert und bindet Schüler in die Untersuchung persönlicher und allgemeiner Lesewelten ein. Die Untersuchung wird von Reflexionen über eigene und fremde Lesebiografien und -erfahrungen geleitet. Dabei kommt es vor allem darauf an, Werkzeuge zur Steigerung der Lesekompetenz zu erwerben sowie die Zusammenhänge zwischen Lesekompetenz, persönlicher Stärke, Bildungszielen und beruflichen Chancen zu erkennen. Die Schüler erkennen, dass Texte stets zu bestimmten Zeiten, an bestimmten Orten und für bestimmte Zwecke entworfen oder konstruiert werden. Somit sprechen sie bestimmte Leser selektiv an oder schließen andere aus und können sich als unzuverlässige Informationsquellen erweisen.

### Wesentliche Fragestellungen

Was heißt Lesen? Wie gehen kompetente Leser vor, wenn sie lesen? Welche Eigenschaften besitze ich als als Leser? Welche Strategien wende ich beim Lesen an? Welche Bedeutung hat das Lesen für das private und öffentliche Leben von Menschen? Welche Rolle wird Lesekompetenz für die eigenen Zielsetzungen in Bildung, Ausbildung und Beruf spielen? Auf welche Ziele kann ich hinarbeiten, um in meiner Entwicklung als Leser voranzukommen?

## Im Kurs verwendete Texte und Materialien

Marilyn Jager Adams, What Skillful Readers Know, in *Beginning to Read: Thinking and Learning about Print,* MIT Press, Cambridge MA, 1994

Rudolfo A. Anaya, Seis, in *Bless me, Ultima,* TQS Publ. Berkeley CA, 1972

Richard C. Anderson, What is Reading?, in *Becoming a Nation of Readers: Report of the Commission on Reading,* Nat. Inst. of Education, 1985

James Baldwin, If Black English Isn't a Language, Then Tell Me, What Is?, in James D. Lester (Hrsg.), *Diverse Identities, Classic Multicultural Essays,* McGraw-Hill, New York, 1996

Claude Brown, I Heard a Knock on the Door, in *Manchild in the Promised Land,* Touchstone Pubishers, 1999

Emily Dickinson, He Ate and Drank the Precious Words, There Is No Frigate Like a Book, beide in *Complete Poems of Emily Dickinson* (Erstveröffentlichung Boston, 1924), Neuauflage bei Bartleby, 2000

Frederick Douglass, Learning to Read and Write, in *Narrative of the Life of Frederick Douglass, an American Slave,* (Erstveröffentlichung Boston, 1845), überarbeitete Ausgabe Randomhouse, New York, 2004

June Jordan, Nobody Mean More to Me Than You and the Future of Willie Jordan, in James D. Lester (Hrsg.), *Diverse Identities, Classic Multicultural Essays,* McGraw-Hill, New York, 1996

Alfred Kazin, The Word Was My Agony, aus *A Walker in the City* (Erstveröffentlichung Walker, 1951)

Maxine Hong Kingston, Silence, in James D. Lester (Hg.), *Diverse Identities, Classic Multicultural Essays,* McGraw-Hill, New York, 1996

Bernard Malamud, A Summer's Reading, in *The Magic Barrel* (Erstveröffentlichung 1954 in der Zeitschrift Parkinson Review), online über e-books

Nicholasa Mohr, The English Lesson, in Laurie King (Hrsg.), *Hear My Voice,* Addison Wesley, Menlo Park CA, 1994

Richard Rodriguez, On Becoming a Chicano, in *Patterns Across the Disciplines,* Stuart Hirschberg (Hrsg.), New York 1988

Mike Rose, *Lives on the Boundary, A moving Report of the Strategies and Achievements of America's educationally underprepared,* Erstveröffentlichung Penguin Books, 1990, überarb. Ausgabe 2005

Interview mit Kevin Clarke in Nadine Rosenthal, *Speaking of Reading,* Heinemann, 1995

Richard Wright, I Hungered for Books, in Black Boy: *A Recollection of Childhood and Youth,* (Erstveröffentlichung 1945), neu bearbeitet von Arnold Rampersad (Hrsg.), *Black Boy,* Library of America, 1991

Malcolm X, Learning to Read, in *Autobiography of Malcolm X,* Random House, New York, 1975

## Geeignete deutschsprachige Texte

Helen Bonzel/Leo G. Linder/Doris Mendlewitsch, *Die Kinder-Akademie für kleine Forscher und große Entdecker,* Ullstein Verlag 2005. Antworten auf viele Alltagsfragen aus Naturwissenschaft und Technik, ab Klasse 5

Roald Dahl, *Matilda,* Rororo Taschenbuch 10. Auflage 1997. Für das Mädchen Matilda ist das Lesen eine Rettung aus den Schrecken des Alltags, ab Klasse 5

Daniel Ehrenhaupt, *Schreib Naomi,* cbj Verlag 2005. David alias Naomi betreut einen Sorgenbriefkasten im Netz, das Lesen der Sorgenbriefe hilft ihm bei der Bewältigung eigener Probleme, ab Klasse 8

Cornelia Funke, *Tintenherz,* Dressler Verlag 2003. Fantastischer Roman über das Abenteuer Lesen, das die Grenzen zwischen Traum und Realität verschwimmen lässt, ab Klasse 5

Mark Haddon, *Supergute Tage oder die sonderbare Welt des Christopher Boone,* Blessing Verlag 2003. Die Welt aus der ungewöhnlichen Sicht eines 13-jährigen autistischen Jungen, für den die Welt im Lesen ordnungstiftender Zahlen besteht, ab Klasse 7

Elisabeth Honey, *Salamander im Netz,* Beltz Verlag 2005. Reptilien und Computer bringen den 13-jährigen Australier Ned in höchste Gefahr, ab Klasse 6

Hans Massaquoi, *Neger, Neger, Schornsteinfeger. Meine Kindheit in Deutschland,* Verlag Knaur 2001. In seiner Autobiographie beschreibt der Autor, was es bedeutete, als Dunkelhäutiger in Deutschland während der Nazizeit aufzuwachsen, ab Klasse 7

Ingeborg Rotach, *Fünf Schritte südlich vom Birnbaum,* Bajazzo Verlag 1999. Die Geschichte des Holocaust wird aus heutiger Sicht lebendig, ab Klasse 7

Jochen Till, *Zugeinander,* Ravensburger Buchverlag 2005. Lesen weckt Sympathie: Wenn aus einem Flirt im Internet Ernst wird, sind viele Hindernisse zu überwinden, ab Klasse 9

www.exil-club.de Projekt von Schulen ans Netz e.V.: zahlreiche Recherche-Aufgaben und Mach-mit-Stationen zu Exil und Migration, ab Klasse 6

## Einführung von Strategien/Fertigkeiten
### Kognitive Strategien

Stufenweise werden Strategien der Texterschließung durch reziprokes Lernen eingeführt und geübt. Diese Lernmethode beinhaltet eine allmähliche Verringerung direkter Lehrerhilfe hin zu selbstständigem Arbeiten der Schüler – der Lehrer demonstriert das gewünschte Lernverhalten und bespricht es im Unterrichtsgespräch mit der gesamten Lerngruppe.

Anschließend wird in Partnerarbeit gelesen. Nach der Kleingruppendiskussion überprüft der Lehrer den individuellen Lernstand.
Die methodischen Schritte beim reziproken Lernen sind:
- Formulieren von Fragen an den Text
- Zusammenfassen von Textstellen oder ganzem Text
- Vorhersagen der weiteren Textinhalte
- Klären von Unklarheiten

**Lesen, um zu lernen**

In diesem Bereich werden die Schüler in die Vorbereitung auf einen Text eingeführt. Sie lernen, Hintergrundwissen zu einem bestimmten Thema oder Themenbereich durch Selbstreflexion und gelenkte Anwendung spezifischer Fertigkeiten zu aktivieren. Dazu dienen die folgenden Methoden:
- Befragung zur individuellen Lesebiografie des Schülers, zu Lesegewohnheiten und zur Einstellung zum Lesen
- Beschreibung der Lernumgebung und Protokoll der Lernorte
- Führen eines Lerntagebuchs
- Informationen geben und bekommen
- Anmerkungen zu einem Text machen

**Schreiben, um zu lernen**

Es werden spezifische Schreibstrategien vermittelt, die dazu dienen, das eigene Denken zu erforschen und zu entwickeln:
- Reflexion der Gedankengänge eines Textes, der Beziehung zwischen diesen Gedanken und der eigenen Erfahrung sowie der eigenen Leseprozesse durch freies Schreiben und zweispaltige Lesetagebücher
- Strategien für das Abfassen von Notizen

**Sprachliche Fertigkeiten und Strategien**

Schüler lernen die spezifische Terminologie einer „Forschersprache" und besonderer Begriffe in Zusammenhang mit Leseprozessen kennen und können zwischen Dialekten und der Hochsprache unterschieden. Dazu bearbeiten sie:
- Wörter und Wortfamilien, die eine Fragehaltung implizieren (Faktum, Interpretation, Meinung, Beurteilung, Folgerung, Frage, Untersuchung usw.)
- Wörter und Wortfamilien, die sich auf die Lesefähigkeit beziehen (Lesekompetenz, Leseverständnis, Dekodieren, Leseprozess, Sprache, Dialekt, Vokabular usw.)
- Begriffe des Dialekts im Vergleich zur Hochsprache

## Recherchefertigkeiten

Die Einführung in Rechercheprozesse und den Umgang mit Informationsquellen finden über diese Methoden statt:

- Leitfragen für eine Recherche finden
- Information durch eigenes Wissen, durch Texte oder durch andere Per-
  sonen gewinnen
- Informationen zusammenfassen
- Informationen bewerten
- Befragungstechniken

## Arbeitsaufträge, Unterrichtsprodukte und Arbeitsformen

Wähle ein geeignetes Buch für die freie Lesezeit.
Führe ein Lesetagebuch für die freie Lesezeit.
Erstelle ein Leserprofil deiner Person.

- Übersicht über bisherige Leseerfahrungen, Lesegewohnheiten und Ein-
  stellung zum Lesen
- Beschreibung der Lernumgebung
- Protokoll über wechselnde Lernorte
- Führen eines Lerntagebuchs

## Entwirf und überarbeite eine reflexive Beschreibung deiner Identität als Leser oder Leserin.

- Eine Metapher für das Lesen
- Zielsetzungen für die freie Lesezeit
- Zielsetzungen für die Lernumgebung
- Analyse der eigenen Stärken und Schwächen als Leser
- Erreichen der Zielsetzungen für die Anwendung von Lesestrategien

## Führe ein Lerntagebuch für die Arbeit an den Unterrichtseinheiten.

Beteilige dich an Diskussionen über Texte, die durch die Elemente des rezi-
proken Lernens bestimmt sind.
Ergänze regelmäßig deine Aufzeichnungen zu Wortfamilien.
Erledige deine schriftlichen Arbeitsaufträge.

- Reflexion (freies Schreiben, zweispaltiges Lesetagebuch) sowohl des Tex-
  tinhalts als auch des Leseprozesses
- Anmerkungen
- Notizen

Befrage einen einzelnen Leser.
Erstelle ein Leseportfolio.

## Verschiedene Arten des Schreibens

Definition (eines guten Buches, eines guten Lesers)

Metapher (für das Lesen)
Beschreibung eines Ortes (Lernumgebung) und eines Vorgangs (Leseprozess)
Beschreibung (der eigenen Leserpersönlichkeit)
Zusammenfassung
Bewertung
Persönliche Reflexion in Form eines Aufsatzes
Meinungsäußerung in Form eines Aufsatzes

**Beurteilung der Lese- und Schreibleistung**
Zur Bewertung des Lernfortschritts werden die Arbeiten in den von den Schülern erstellten Leseportfolios herangezogen. Darin enthalten:
- Leserprofil der eigenen Person
- individueller Leseplan und Zielsetzungen
- kontinuierliche metakognitive Reflexion der Leseprozesse
- Auswahl aus Lerntagebüchern, die während der Arbeit an der Unterrichtseinheit geführt werden
- Lesetagebuch über die in der „freien Lesezeit" gelesenen Bücher
- Projekt „freie Lesezeit"
- Protokoll über Fortschritte hinsichtlich der Leseziele
- Reflexion, Selbsteinschätzung und Bewertung der Fortschritte
- Lückentexte
- Grad der Beherrschung der Elemente des reziproken Lernens
- schriftliche Reflexionen, Lern- und Lesetagebücher
- Anmerkungen
- Reflexion der eigenen Leserpersönlichkeit in Form eines Aufsatzes
- schriftliche Zusammenfassungen
- Fragen für Interviews
- Interviews und Zusammenfassungen von Interviews
- Erhebung zum Lesen

# Anhang B: Beurteilung und Bewertung von Leseleistung

Die von uns angewendeten Evaluationsverfahren zur Überprüfung und Bewertung des Leseprozesses haben den Vorteil, sowohl für Klassenlehrer informativ als auch für breitere Interessengruppen quantifizierbar und aussagekräftig zu sein. Es handelt sich dabei um eine Überprüfung der Kompetenzstufe im Lesen, um den in den USA sehr verbreiteten „Degrees of Reading Power Test" (DRP) und die Eingangs- und Ausgangsbefragungen zum Kurs. ▶ S. 219

## ANLAGE A.1

### „Lesen macht schlau" im Schuljahrsverlauf: die einzelnen Unterrichtsbausteine

| Sep | Okt | Nov | Dez | Jan | Feb | Mär | Apr | Mai | Jun |
|-----|-----|-----|-----|-----|-----|-----|-----|-----|-----|
| **Einheit 1:** | | **Einheit 2:** | | | **Einheit 3:** | | | | |
| Lesen in seiner persönlichen und gesellschaftlichen Bedeutung | | Die vielfältigen Lesewelten der Medien | | | Lesen als Zugang zur Geschichte | | | | |

Erforschung der eigenen Person als Leser, Beurteilung und Bewertung von Lesestrategien, Austausch innerhalb der Klassengemeinschaft anhand von Gesprächen und schriftlichen Reflexionen

Auswahl und Bewertung von Büchern anhand der „Zehn-Seiten-Chance"

Individuelle Buch-Lektüre von 200 Seiten pro Monat in der „freien Lesezeit"

Führen von Lesetagebüchern für die „freie Lesezeit" mit schriftlichen metakognitiven Reflexionen zum Leseprozess

Aktivieren von Vorwissen, Aufbau von Schemata

Erwerb von Fragestrategien (Frage-Antwort-Relation, Fragerunde), Erschließen unbekannter Wörter (durch Nutzen kontextueller Hinweise und Einschätzen, wie vertraut einem das Wort ist, Untersuchen von Wortteilen)

Zusammenfassen von Textstellen oder ganzem Text

Vorhersagen weiterer Textinhalte aufgrund von Signalen im Text

Klären von Unklarheiten (wiederholtes Lesen, Weiterlesen)

Methode des reziproken Lernens

Zerlegen komplizierter Sätze in Sinneinheiten

Analyse von Rhetorik, Symbolik und Aufbau von Medien und Texten

Gewinnen eines Überblicks über einen Text, vorbereitende Aktivitäten

Paraphrasieren eines Texts

Nutzung von grafischen Organisationshilfen, Baumdiagrammen

Erkennen wesentlicher Aussagen von Sachtexten

Interpretieren von primärem Quellenmaterial

**Quantitative Messung von Fortschritten der Leseleistung**
Um die Wirkung unseres Kurses auf die Entwicklung der Leseleistung der
Schüler und später die Wirkung der in den Fachunterricht integrierten Leseausbildung beurteilen zu können, wollten wir die Veränderungen der Leseprozesse von Schülern messen. Die Beurteilung sollte den Lehrern wenig
Zeit abverlangen und dennoch verwertbare Informationen hinsichtlich unterrichtlicher Entscheidungen liefern. Da wir keine Querschnittstudie (kon-
trollierte Studie mit Versuchs- und Kontrollgruppe) geplant hatten, suchten
wir nach einem normenbezogenen Test, der die Leistungen und den Lernfortschritt von Schülern einer neunten Klasse im Vergleich zu einer größe-
ren Zahl vergleichbarer Schüler messen würde. Der „Degrees of Reading
Power Test" (DRP) von Touchstone Applied Associates erfüllte die meisten
dieser Kriterien. Ein vergleichbares Testformat ist der Cloze-Test, der im
Englisch-Teil der Schulleistungsstudie DESI (Deutsch-Englisch Schülerlei-
stungen International), unter Leitung des Deutschen Instituts für Pädagogische Forschung, 2003 und 2004 in Deutschland eingesetzt wurde. Erste Ergebnisse werden im Jahr 2006 erwartet. (Anm. d. Hrsg.)
　　Der DRP-Test wird bereits in mehreren Bundesstaaten und Schulbezir-
ken der USA eingesetzt. Er verwendet eine modifizierte Fassung des
Lückentext-Formats (beschrieben in Kapitel 6), bei dem die Schüler fehlen-
de Wörter in Sachbuchtexte einsetzen müssen, die sie aus einer Wortliste
auswählen. Bei den fehlenden Wörtern handelt es sich um allgemein ge-
bräuchliche Wörter, obwohl die Textpassagen mitunter auch schwierig
sind. Fehler im Test weisen also darauf hin, dass sich die Verständnisprobleme nicht auf die zur Auswahl gestellten Wörter, sondern auf den Text beziehen. Anders als die meisten standardisierten Lesetests, die das Lese. verständnis von Schülern anhand von Multiple-choice-Fragen nach der
Lektüre prüfen, konzentriert sich der DRP darauf, wie gut Schüler während
des Lesens die Bedeutung eines Textes konstruieren können. Er misst die
Fähigkeit von Schülern, zunehmend schwierige Prosatexte zu verarbeiten
und zu verstehen und setzt den Schwerpunkt auf das Erfassen der Ober-
flächenbedeutung von Texten, um den Prozess des Lesens selbst und weniger die Produkte des Lesens wie die Wiedergabe der Hauptaussagen oder
der Absicht des Autors zu messen.
　　Die Testleistung von Schülern wird in DRP-Tests auf einer Lesbarkeits-
skala (von DRP-Einheiten) vermerkt. Dieser beschreibt den schwierigsten
Text, den der Schüler auf der jeweiligen Verständnisebene lesen können
soll. Vielleicht ist es ein gravierender Mangel dieser Skalen oder Indizes,
dass sie Interesse und Vorwissen des Lesers hinsichtlich des Themas nicht
als Faktor des Textverstehens einbeziehen. Dennoch setzen sie einen Maß-

stab, an dem die Lesefähigkeit von Schülern gemessen werden kann. Sie vermitteln dem Lehrer außerdem eine Vorstellung davon, welche Textarten Schüler mit unterschiedlich ausgeprägtem Textverstehen lesen könnten. Zudem können die Testergebnisse von Schülern für statistische Vergleiche leicht in nationale Prozentränge und in Normalverteilungsskalen umgewandelt werden.

Der DRP half uns bei der Beantwortung der folgenden Frage: Zeigen Schüler, die an einem Kurs teilgenommen haben, der sie gezielt in die Problemlösung beim Textverstehen einbindet, als Ergebnis dieses Kurses bessere Leistungen bei der Bearbeitung eines gängigen Tests zum Leseverständnis?

### Qualitative Messung von Fortschritten in der Leseleistung
### Eingangs- und Ausgangsbefragungen zum Kurs

Vor Beginn und im Anschluss an den im Schuljahr 1996/1997 durchgeführten Unterricht in „Lesen macht schlau" führten wir eine Umfrage bei Schülern durch. Sie sollten Fragen zu ihren Überzeugungen, Lesegewohnheiten und ihrer Einstellung zum Lesen beantworten. Am Ende des Jahres konnten die Schüler (und ihre Lehrer) die Veränderungen reflektieren, die sich anhand dieser beiden Befragungen zeigten. Es gibt bereits brauchbare Fragebögen; darüber hinaus entwerfen Lehrer und Schulen oft eigene Vorlagen, die auf ihre jeweiligen Informationsbedürfnisse abgestimmt sind. Wir verwendeten einen Fragebogen, den wir von der Sprachdidaktikerin Nanci Atwell (aus ihrem Buch *In the Middle*) übernommen hatten. Wir waren wiederum nicht nur daran interessiert, Veränderungen aufzuzeigen, sondern auch daran, Lehrern verwertbare Informationen als Grundlage für die Planung von Unterrichtsaktivitäten und für Empfehlungen an einzelne Schüler bereitzustellen. Hier der verwendete Fragenkatalog:

1. Wie viele Bücher besitzt du schätzungsweise?
2. Wie viele Bücher gibt es deiner Einschätzung nach bei euch zu Hause?
3. Wie viele Romane hast du schätzungsweise in den letzten zwölf Monaten gelesen?
4. Wie hast du lesen gelernt?
5. Warum lesen Menschen?
6. Was muss man tun, um ein guter Leser zu sein?
7. Hältst du dich selbst für einen guten Leser? Warum oder warum nicht?
8. Welche Bücher liest du gerne?
9. Wie entscheidest du, welches Buch du lesen wirst?
10. Hast du jemals ein Buch mehrmals gelesen? Wenn ja, kannst du den/die Titel hier aufschreiben?

11. Liest du jemals zu Hause Romane aus Spaß am Lesen? Wenn ja, wie oft liest du überhaupt zu Hause aus Spaß am Lesen?
12. Wer sind deine Lieblingsautoren?
13. Gefällt es dir, wenn euer Lehrer euch vorliest? Wenn ja, gibt es etwas, das er unbedingt einmal vorlesen sollte?
14. Was hältst du im Allgemeinen vom Lesen?

## Beurteilung und Bewertung der Lernergebnisse von „Lesen macht schlau" 1996/97

Die Leistungen der Schüler, die an unserem Intensivkurs teilgenommen hatten, wurden Ende Oktober mit einer Form des DRP-Tests und sieben Monate später, Ende Mai, mit einem Paralleltest gemessen. Als Gruppe erreichten die Schüler der 9. Klasse vier Punkte (DRP-Einheiten), eine signifikant höhere Punktzahl im Vergleich zur erwarteten Fortschrittsrate für Schüler der 9. Klasse. Der Punktzuwachs korrespondiert mit einem höheren Niveau des eigenständigen Lesens. Der Leistungssprung entspricht in etwa der Fähigkeit, zunächst eigenständig Bücher auf dem Niveau des Kinderbuchs *Wilbur und Charlotte* und dann eigenständig Bücher auf dem Niveau des Südstaatenromans *Wer die Nachtigall stört* (To Kill a Mockingbird) von Harper Lee zu lesen. Wurden die Ergebnisse der Schüler mit speziellem Förderbedarf nicht berücksichtigt, entsprach das Niveau des eigenständigen Lesens zunächst der Fähigkeit, einen Text wie das Kinderbuch *Old Yeller* von Fred Gipson zu lesen, und steigerte sich zu der Fähigkeit, einen Jugendroman wie *Die Abenteuer des Tom Sawyer* von Mark Twain zu lesen.

Beim eigenständigen Lesen von Zeitschriften waren die Schüler zunächst nur fähig, Zeitschriften für Kinder zu lesen, machten aber Fortschritte, sodass sie später Zeitschriften für Teenager und Erwachsene lesen konnten. Das Leseniveau der Schüler bei Texten, die im Unterricht verwendet wurden, lag im Frühjahr 1997 bei einem Mittelwert von 66 DRP-Einheiten, der mit der Fähigkeit korrespondierte, Texte wie den Roman *Der scharlachrote Buchstabe* (The Scarlet Letter) von Nathaniel Hawthorne lesen zu können. Mit unterrichtlicher Unterstützung sollten diese Schüler in der Lage sein, so gut wie jedes anspruchsvolle Oberstufen-Lehrbuch zu bewältigen. Zwischen Herbst und Frühjahr nahm der Prozentrang um 2 Punkte zu und erreichte Werte von 48.11 Prozent (unter der Landesnorm) bis 50.41 Prozent (über der Landesnorm).

Zwischen Herbst und Frühjahr zeigten alle Schülergruppen, unabhängig von ethnischer Zugehörigkeit oder sprachlichem Hintergrund, beeindruckende Fortschritte (siehe Kapitel 3). In Bezug auf die verschiedenen Lehrer und ihren Unterricht waren keine signifikanten Unterschiede zu verzeichnen, was darauf hindeutet, dass der individuelle Stil von Lehrern nicht zu unterschiedlichem Lernfortschritt bei den Schülern führte.

**Ergebnisse der Schülerumfrage**

Die Antworten der Schüler in den Eingangs- und Abschlussbefragungen zum Kurs zeigten deutliche positive Veränderungen der Gewohnheiten und Einstellungen, die wir bei den Schülern fördern wollten, damit sie sich selbst zunehmend als kompetente Leser sehen konnten. Im Folgenden sind Beispiele für Schülerantworten gegeben.

*Wie viele Bücher besitzt du schätzungsweise?*
In der Eingangsbefragung gaben die Schüler an, während des Vorjahres im Durchschnitt 5,58 Romane gelesen zu haben; in der Ausgangsbefragung gaben sie für das laufende Jahr die Lektüre von durchschnittlich 10,99 Büchern an.

*Was muss man tun, um ein guter Leser zu sein?*
In der Eingangsbefragung gaben 71 Prozent der Schüler dazu an, dass man das Lesen üben müsse, um ein guter Leser zu sein; in der Abschlussbefragung nannten sie viel mehr Möglichkeiten, ein guter Leser zu werden: Doppelt so viele Schüler sagten, dass eine Person verstehen müsse, was er oder sie liest. Mehr als doppelt so viele Schüler führten spezifische Strategien an, die gute Leser anwenden müssten, um einem Text Sinn zu entnehmen. Doppelt so viele Schüler glaubten, dass Menschen Spaß am Lesen haben und für sie interessante Bücher auswählen müssten, um gute Leser zu werden.

*Wie entscheidest du, welches Buch du lesen wirst?*
Die Anzahl der Schüler, die angaben, sich einen Überblick über ein Buch zu verschaffen, um dann zu entscheiden, ob sie es lesen würden, hatte sich in der Abschlussbefragung im Vergleich zur Eingangsbefragung verdoppelt. Im Frühjahr hatten 80 Prozent bzw. 134 der Schüler entweder durch überfliegendes Lesen oder durch Lesen einzelner Passagen eines Buches geprüft, ob es ihnen gefallen würde.

*Wer sind deine Lieblingsautoren?*
42 Prozent der Schüler konnten in der Eingangsbefragung keinen Lieblingsautor nennen, dagegen waren in der Abschlussbefragung nur 20 Prozent der Schüler nicht in der Lage, einen Lieblingsautor anzugeben.

*Was hältst du im Allgemeinen vom Lesen?*
In der Eingangsbefragung gaben 42 Prozent der Schüler an, dass sie gerne lesen oder dass sie Spaß daran haben, 38 Prozent fanden Lesen ganz in Ordnung und 17 Prozent sagten, dass sie nicht gerne lesen. In der Abschluss-

befragung sagten 67 Prozent der Schüler, dass sie gerne lesen oder dass sie Spaß daran haben, 27 Prozent fanden Lesen ganz in Ordnung und nur 6 Prozent der Schüler sagten, dass sie nicht gerne lesen.

Ein Vergleich der Schülerantworten machte deutlich, dass sie begonnen hatten, das Lesen weniger als eine Fertigkeit zu sehen, über die sie entweder verfügten oder nicht, sondern eher als sinnvolle Beschäftigung, die sie selbst durch die Anwendung von Lesestrategien und die Auswahl von für sie interessanten Büchern steuern konnten. Ihre Antworten zeigten, dass sie im Verlauf des Schuljahres eine erheblich differenziertere Vorstellung über das Lesen, Lesestrategien, nötige Fähigkeiten und einen ausgeprägten Sinn für ihre eigenen Potenziale, Verantwortlichkeiten und Steuermöglichkeiten in Bezug auf die Art und Weise erworben hatten, wie sie lasen. Sie wurden sachkundiger in der Auswahl von Büchern, wussten, wie sie Lesesituationen schaffen konnten, die ihnen entgegenkommen, und schätzten das Lesen auf neue Weise.

# Begriffserläuterungen (von Dorothee Gaile)

## I. Bezeichnungen rund um das kalifornische Förderprogramm

**Academic Literacy:** Bezeichnung des einjährigen verpflichtenden Förderkurses der Pilotstudie; wörtlich: Sprachkompetenz in der weiterführenden Bildung, hier „Lesen macht schlau" (in der Sekundarstufe) genannt

**Network for Strategic Literacy** (SLN): Netzwerk für strategische Lese- und Sprachförderung

**Reading Apprenticeship:** Ausbildung im Lesen nach Art einer Handwerkslehre, vom Leselehrling zum Lesemeister (Leseexperten), hier „Leseausbildung" genannt

**Strategic Literacy Initiative (SLI):** Programm zur strategischen Lese- und Sprachförderung

**Thurgood Marshall High School:** die Pilotstudie und weitere Erprobung des Programms erfolgten an dieser multiethnischen Gesamtschule mit mathematisch-naturwissenschaftlichem Profil in San Francisco

**WestEd:** 1965 gegründetes gemeinnütziges Forschungs- und Schulentwicklungsinstitut in Oakland/San Francisco mit 450 Mitarbeiterinnen und Zweigstellen in 16 Bundesstaaten, finanziert durch private Stiftungsgelder sowie aus Leistungsverträgen mit Schuldistrikten und anderen öffentlichen Instituten, kennzeichnend: die enge Verzahnung aus Modellen, unterrichtlicher Praxis und ihrer Evaluation unter „Laborbedingungen"

## II. Amerikanisches Schulwesen

**Lehrpläne:** Vorgegeben sind zu erreichende Bildungsziele, formuliert als Standards, und der Nachweis des Lernerfolgs durch die vom Schüler beherrschten Kompetenzen. Die inhaltliche Ausformung der Curricula fällt weitgehend in die Verantwortung der Distrikte oder Einzelschulen.

**„Lesekrieg":** Teils heftig geführte Debatte um die „richtige" Vermittlungsmethode beim elementaren Lese-Unterricht: insbesondere zwischen den Anhängern des so genannten ganzheitlichen Ansatzes und den Verfechtern eines auf Wortebene ausgerichteten Lesetrainings. Er entbrannte nach einer US-Bildungsstudie in den 80er-Jahren, die ergab, dass ein hoher Prozentsatz von Kindern nur unzureichend lesen konnte. Die Kontroverse fand ihren Niederschlag auch in einem Bestseller mit dem Titel: *Johnny can't read.* Das Statement *If Johnny still can't read it's not too late* (siehe Vorwort) ordnet sich in diesen Kontext ein.

**Noten:** Skala von A (bester) bis E (schlechtester Note)

**Staatliche Leseförderprogramme in den USA:**

*Becoming a nation of readers:* 1985 aufgelegtes Programm zur elementaren Leseförderung vom Kindergarten bis zum Ende der 3. Klasse

*Reading Excellence Act:* unter der Clinton-Administration 2001 aufgelegtes umfangreiches Leseförderprogramm mit der Verpflichtung zur schulischen Förderung aller Kinder unter Abbau sozialer und bildungsmäßiger Benachteiligungen, programmatischer Titel: *No child left behind* (Kein Kind wird zurückgelassen)

**Tests:** Große Zahl standardisierter Vergleichstests auf Distrikt-, Bundesstaaten oder US-Ebene in allen Jahrgangsstufen, z. B:.

*SAT Scholastic Aptitude Test,* wird von den Schülern der oberen High-School-Jahrgänge als College-Zugangstest absolviert

*Cloze Test:* Wortergänzungstest im Lückenformat

*Degrees of Reading Power Test:* Lückentest mit Auswahlmöglichkeiten zur Überprüfung des Leseverständnisses

**Vorherrschendes Organisationsmodell:**

*Elementarstufe:* Kindergarten und Grundschule (Elementary School; 4- bis 10-jährige); der Besuch des Kindergartens ist gewöhnlich freigestellt.

*Sekundarstufe:* 6.- 8. Klasse (Middle School; 11- bis 13-Jährige) und 9.- 12. Klasse (High School; 14- bis 17-Jährige) 90% der amerikanischen Jugendlichen in weiterführenden Schulen durchlaufen staatliche, etwa 10% besuchen private Institute.

## III. Zur Begrifflichkeit bei der Leseausbildung

**Buddy Reading:** Lesen in altersgemischten Zweier- oder Gruppen-Teams, bei dem der ältere Lernpartner als Lesevorbild und Monitor fungiert.

**Dekodieren:** Identifizieren von Wörtern durch Herstellen der Phonem-Graphem-Verbindung

**Integrierte Sprach- und Leseförderung:** Diese Leseförderung ist zugleich umfassende Sprachförderung. Vielfältige schriftliche wie mündliche Lernaktivitäten begleiten das Lesen. Dies sind schriftliche Aufgaben wie das Lesetagebuch, mehrspaltige Leseprotokolle und nach Portfolio-Prinzip gestaltete Sammelmappen neben mündlicher Anschlusskommunikation, Buch- und Projekt-Präsentationen im Unterricht.

**Kognition:** Reading Apprenticeship, die Handwerkslehre im Lesen, eine Variante der kognitiven Meisterlehre, die Ende der 1980er-Jahre von Collins, Brown und Newman entwickelt wurde und sowohl Reflexion über Inhalte als auch Selbstreflexion enthält.

**Langer Leseatem:** Beharrlichkeit beim Lesen als Effekt häufiger vielseitiger Leseaktivitäten

**Lesefluss:** (Geläufigkeit) Fähigkeit zu automatisiertem bedeutungserkennendem Lesen

**Lesen:** wird nicht als passive Aufnahme von Information aus Texten, sondern als aktive Bedeutungskonstruktion verstanden. Dieses komplexe Geschehen wird möglich durch Interaktion zwischen den Vorgaben des Textes und den geistigen Aktivitäten des Lesenden bei der Lektüre und ist gebunden an die jeweilige Lesesituation. Während der Lesebegriff bei PISA pragmatisch auf Alltagsverwendung bezogen ist, ist der Lesebegriff hier komplexer, etwa durch regelmäßigen Einbezug der Anschlusskommunikation über das Gelesene oder durch Interpretation des Lesens als motivationales und emotionales Geschehen.

**Lesevolumen:** Umfang und Vielfalt der Lektüre

**Metakognition:** das Nachdenken über das eigene Denken, die Reflexion über das eigene Lernen

*Metakognitiver Diskurs:* Austausch über die eigenen Lern- und Leseprozesse in der Selbstreflexion oder in der Kommunikation mit anderen; z. B. *Think aloud:* das laute Nachdenken, auch das „Denken auf Papier" oder *Talking to the text,* der stille innere oder laut geäußerte „Dialog mit dem Text"

**Modellieren,** d. h. Demonstrieren von gewünschtem Lernverhalten. Daran schließt sich eine Phase angeleiteter, gestützter Selbsttätigkeit des Schülers an, das Scaffolding (scaffold = Baugerüst). Erst dann agiert der Lernende weitestgehend selbstständig.

**Schema:** Kategorie der Hirnforschung, bezeichnet das Vor- und Weltwissen, das im Umfeld der Lektüre eines Textes geöffnet wird

**Sozialformen des Lesens und Lernens:** Das kalifornische Leseförderprogramm verwendet vorrangig die folgenden Sozialformen, die in der angloamerikanischen Lesedidaktik fest etabliert sind:

*Think Pair Share:* fester Bestandteil des Unterrichtsarrangements in der kalifornischen Leseausbildung: Dreischritt aus individueller Reflexion, gedanklichem Austausch mit einem Partner (Nachbar) sowie abschließender Diskussion im Plenum.

*Reziprokes Lernen (RL):* Strukturierte Form des Lesens und Lernens in heterogenen Kleingruppen, die von den Didaktikerinnen A.S. Palinscar und A.L. Brown 1983 erstmals entwickelt w≥urde. Kernstück sind die vier Strategien: Fragen, Zusammenfassen, Vorhersagen, Klären. Die Rolle des Moderators übernimmt anfänglich der Lehrer, zunehmend Schüler.

*Literatur-Zirkel ( Literary Circle):* Gruppenarbeitsform, bei der literarische Ganzschriften in Schülergruppen mit festen Rollen wie z. B. Vokabelexperte, Moderator, Illustrator, Vortragender erarbeitet werden. Die Rolle des Gruppenleiters wird zunächst vom Lehrer modelliert, danach wird sie wechselweise von den Gruppenmitgliedern übernommen. Initiiert werden alle diese Gruppenlernprozesse vom Lehrer durch so genanntes

**Stilllesephase oder freie Lesezeit:** feste Lesephasen (ca. 20 Minuten) individueller Stilllektüre von selbst gewählten Büchern während des regulären Sprachunterrichts.

**Text:** umfassender Textbegriff, der konventionelle Sach- und Literaturtexte ebenso umfasst wie Hypertexte und visuelle Botschaften der Medien.

**Verstehendes Lesen:** Lesen vor allem jenseits der Grundschule, weitgehend auf Textverständnis ausgerichtet

**Weiterführendes oder aufbauendes Lesen:** auf verstehendes Lesen ausgerichtete umfassende Lesekompetenz jenseits des Grundschulbereichs; zu unterscheiden von den Lesefertigkeiten (= Lesetechniken) wie dem Dekodieren, die im elementaren Schriftspracherwerb vermittelt werden

**„Werkzeuge des Verstehens":**

*Strategien:* Repertoire von Lern- und Lesetechniken, die die Informationsverarbeitung steuern und überwachen. Gute Leser, so die Forschungsergebnisse, sind zugleich kenntnisreiche und flexible Strategienutzer. Bewusst erworbene Lernerstrategien sind bis ins frühe Erwachsenenalter entwicklungsfähig und gehören zu den besonders gut trainierbaren Erfolgsbedingungen des verstehenden Lesens. Eine Strategie unter vielen ist der Gebrauch von:

*Graphic Organizers:* grafische Gliederungs- und Darstellungshilfen vom Baumdiagramm bis zur wohl bekanntesten, der so genannten Mindmap (einer Landkarte der Assoziationen und Gedanken)

# Literaturverzeichnis

## I. Deutschsprachige Fachliteratur zur Förderung der Lesekompetenz

*Altenburg, Erika/Arbeitsgruppe der Bezirksregierung Köln:* Baustein Lesekompetenz, Köln 2004

*Bundesministerium für Bildung und Forschung* (Hrsg.): Expertise – Förderung von Lesekompetenz, Berlin 2005

*Garbe, Christine:* Mädchen lesen anders als Jungen. In: JuLit. Informationen des Arbeitskreises für Jugendliteratur, Heft 2/2003

*Garbe, Christine u. a.:* Wiesbadener Proklamation zum Lesen. In: Gläser, Eva/Franke-Zöllner, Gitta: Lesekompetenz fördern von Anfang an – Didaktische und methodische Anregungen zur Leseförderung, Hohengehren 2005

*Harmgardt, Friederike (Hrsg.):* Lesegewohnheiten – Lesebarrieren. Schülerbefragung im Projekt „Öffentliche Bibliothek und Schule – neue Formen der Partnerschaft", Gütersloh 1997

*Hurrelmann, Bettina:* Leseförderung. Basisartikel. In: Praxis Deutsch 127/1994, S.17 - 26

*OECD (Hrsg.):* Lesen kann die Welt verändern – Leistung und Engagement im Ländervergleich. Ergebnisse von PISA 2000, Paris 2003

*Pieper, Irene/Rosebrock, Cornelia:* Lesesozialisation in schriftfernen Lebenswelten, Lektüre und Mediengebrauch von HauptschülerInnen, Weinheim 2004

*Rosebrock, Cornelia:* Informelle Sozialisationsinstanz Peer Group. In: Groeben/Hurrelmann (Hrsg.): Lesesozialisation in der Mediengesellschaft, Weinheim 2004, S. 250 – 279

*Schoen, Erich:* Jugendliche Leser und ihr Deutschunterricht. In: Balhorn, Heiko/Brügelmann, Hans (Hrsg.): Bedeutungen erfinden – im Kopf, mit Schrift und miteinander. Zur individuellen und sozialen Konstruktion von Wirklichkeiten. Konstanz 1993, S. 220 - 226

*Steffens, Ulrich/Messner, Rudolf (Hrsg.):* Neue Zugänge zum Lesen schaffen - Lesekompetenz und Leseförderung nach PISA, Institut für Qualitätsentwicklung, Wiesbaden 2005

*Willenberg, Heiner:* Lesen und Lernen, Eine Einführung in die Neuropsychologie des Textverstehens, Heidelberg, Berlin 1999

*Wygotski, Lew S.:* Denken und Sprechen, Frankfurt/Main 1982

## II. Englischsprachige Fachliteratur zum vorliegenden Förderprogramm

*Baumann, James F./Duffy, Ann M.:* Engaged Reading for Pleasure and Learning: A Report from the National Reading Research Center (Athens, Ga., 1997)

*Calkins, Lucy/Montgomery, Kate/Santman, Donna:* A Teacher's Guide to Standardized Reading Tests, Knowledge is Power (Heinemann, 1998)

*Collins, Alan/Brown, John S./Newman, Susan E.:* Cognitive Apprenticeship: Teaching the Craft of Reading, Writing and Mathematics, in L.B. Resnick (Hrsg.), Knowing, Learning and Instruction (Hillsdale, N.J., 1989)

*Courts, Patrick L.:* Multicultural Literacies: Dialect, Discourse and Diversity (New York 1997)

*Daniels, Harvey:* Literature Circles: Voice and Choice in the Student–Centred Classroom (Stenhouse Publications, 1994)

*Fielding, Audrey/Schoenbach, Ruth (Hrsg.):* Building Academic Literacy: An Anthology for Reading Apprenticeship (WestEd 2003)

*Fielding, Audrey/Schoenbach, Ruth/Jordan, Marean (Hrsg.),* Lessons from Reading Apprenticeship Classrooms, Grades 6-12 (WestEd 2003)

*Guthrie, John/Wigfield, Allan:* Reading Engagement: Motivating Readers through Integrated Instruction (Newark, Del.: International Reading Association, 1997)

*Levine, Mel:* Keeping a Head in School: A Student's Book About Learning Abilities and Learning Disorders (Cambridge, Mass.,1990)

*Palinscar, Annemarie S./Brown, Ann L.:* Reciprocal Teaching of Comprehension Monitoring Activities, Technical Report No 269, (Cambridge, Mass., 1983)

*Ruddell, Robert/Unrau, Norman:* Reading as a Meaning-Construction Process: The Reader, the Text and the Teacher, in R. Ruddell, et al., (Hrsg.), Theoretical Models and Processes of Reading (Newark, Del: International Reading Association, 1994)

### Kopiervorlagen in diesem Buch:

# Register

# Ideen für den Deutsch - Unterricht

**Cornelsen**
SCRIPTOR

Katrin Manz
Cornelsen Copy Center
**Lesekompetenz: kreativ**
Deutsch für das 5./6. Schuljahr
80 Seiten mit Abb., Paperback
ISBN-10:      3-589-22160-7
ISBN-13: 978-3-589-22160-8*

Kollegium der Realschule Enger
**Lernkompetenz:**
**Bausteine Deutsch**
5. bis 10. Schuljahr
Buch mit Kopiervorlagen auf CD-ROM
200 Seiten mit Abb., Paperback
ISBN-10:      3-589-21857-6
ISBN-13: 978-3-589-21857-8*

Nicole Breitling/Ulrike Weiblen
Lernen an Stationen
in der Sekundarstufe I
**Besser lesen**
Kopiervorlagen und Materialien
für das 5./6. Schuljahr
48 Seiten mit Abb., Paperback
ISBN-10:      3-589-22156-9
ISBN-13: 978-3-589-22156-1*

Sonja Grimm/
Wiebke Gerstenmaier
**Praxishandbuch Deutsch**
Sprechen - Schreiben - Lesen
240 Seiten mit Abb., Paperback
ISBN-10:      3-589-22068-6
ISBN-13: 978-3-589-22068-7*

*(gilt ab 1.1.2007)

Fragen Sie bitte in Ihrer Buchhandlung!